从田野到房间
网络游戏对青少年发展的影响及其引导研究

Behind the Screen:
The Impact of Online Games on Adolescent Development and Guidance Research

刘德寰 李雪莲 等著

图书在版编目(CIP)数据

从田野到房间：网络游戏对青少年发展的影响及其引导研究 / 刘德寰等著. -- 北京：北京大学出版社，2024.10. --（传播学论丛）. -- ISBN 978-7-301-35740-8

Ⅰ．G775

中国国家版本馆 CIP 数据核字第 2024AU5345 号

书　　　名	从田野到房间：网络游戏对青少年发展的影响及其引导研究 CONG TIANYE DAO FANGJIAN: WANGLUO YOUXI DUI QINGSHAONIAN FAZHAN DE YINGXIANG JIQI YINDAO YANJIU
著作责任者	刘德寰　李雪莲　等著
责 任 编 辑	吕秀丽
标 准 书 号	ISBN 978-7-301-35740-8
出 版 发 行	北京大学出版社
地　　　址	北京市海淀区成府路 205 号　100871
网　　　址	http://www.pup.cn
新 浪 微 博	@北京大学出版社　@未名社科-北大图书
微信公众号	北京大学出版社　北大出版社社科图书
电 子 邮 箱	编辑部 ss@pup.cn　总编室 zpup@pup.cn
电　　　话	邮购部 010-62752015　发行部 010-62750672 编辑部 010-62753121
印 刷 者	河北博文科技印务有限公司
经 销 者	新华书店 965 毫米×1300 毫米　16 开本　18.5 印张　320 千字 2024 年 10 月第 1 版　2024 年 10 月第 1 次印刷
定　　　价	79.00 元

未经许可，不得以任何方式复制或抄袭本书之部分或全部内容。
版权所有，侵权必究
举报电话：010-62752024　电子邮箱：fd@pup.cn
图书如有印装质量问题，请与出版部联系，电话：010-62756370

序　言

　　游戏是孩童生活世界的主要场景,从适应、模仿,到学习,再到创造,游戏是"欢乐"的代名词。我们形容一个人随性、潇洒、不拘世俗地生活,叫"游戏人生",其中蕴含的欣赏、赞美和羡慕意味都是对孩童时期的怀念。

　　游戏一直是人们生活的一部分,只是随着年龄的增长,它逐渐退缩到了一个隐秘的角落。但只要有一个激发的条件,它便会毫不犹豫地"蹦跶"出来,带着孩童时期的经典节拍、旋律与无忧无虑。对生活中经历着各种无奈的芸芸众生来说,玩游戏实在是难得的舒畅,甚至是一种将人们带回孩童时光的逆向生长。

　　"游戏"一词被大众进行负面解读起源于"游戏机"的发明,它占据了许多孩童的日常时间,家长希望孩子玩游戏,但是不希望孩子玩游戏机。

　　随着网络时代的到来,网络游戏诞生了。对家长、老师来讲,网络游戏不过是"游戏机"的崭新形式而已,因为其更精致的设计而需要更多的警惕。

　　本研究起始于2013年,犹如电视的出现带来的社会争议一样,彼时对网络游戏的口诛笔伐勃兴。在网络游戏饱受争议的同时,其使用者(不是玩家,任何"家"都是非常态的)用自己的行动消弭了纷争,使游戏重新回归日常生活。

　　如今,网络游戏已成为青少年生活中不可或缺的一部分,它不仅改变了青少年的娱乐方式,也深刻地影响了他们的社交模式、认知发展过程和价值观念,成为一代青少年所选择的生活方式。它既是连接青少年与同伴、与社会的桥梁,也是青少年心理的映射。青少年与游戏的关系,反映了他们成长过程中的需求与认知,折射了他们与家庭、与学校、与整个时代的关系。在这个意义上,如何科学地理解和引导青少年的游戏行为,成为整个社会共同关切的问题。

基于此,我们希望能够做一个既"聚焦",又"延伸"的研究,真实地探讨青少年游戏使用的情况,挖掘他们为何、如何被游戏所影响,这种影响又如何辐射到社会。"聚焦"是说,本书将研究的视角从宏大的产业结构转向"人"本身,回归青少年的日常生活情景,以学习情况、现实人际交往状况等作为分类维度来探讨他们的游戏使用动机。另外,这些因素在分析过程中表现出互相影响的关系,青少年的游戏使用与其家庭背景、学校生活乃至整个社会结构都存在紧密的联系,因此我们也将青少年的游戏行为放在整个社会环境中进行考察。

本书由三编组成。在第一编中,我们对青少年的游戏使用行为进行了全面的描述和分析。我们探讨了当前网络游戏产业的发展和电脑游戏在青少年群体中的历程扩散,并描绘了青少年游戏者的族群特征和基本使用形态,强调了游戏在日常生活中的角色和意义。在第二编中,我们从青少年的游戏使用情况切入,讨论青少年的游戏涉入与沉迷,通过对游戏涉入指数和游戏沉迷界定标准的构建,深入分析了游戏沉迷的外部和内部影响因素,从生命周期的视角探讨了游戏涉入和沉迷的过程。在第三编中,我们将研究视角从游戏这一媒介扩宽至整个社会环境,综述了网络游戏对青少年社会化的多方面影响,揭示了游戏行为与学校表现及社会规范习得之间的关系。此外,我们还探讨了家庭和学校对青少年游戏行为的态度和管理方式,以及游戏使用在青少年同辈群体社会化过程中的作用。

本书的主要研究在 2013 年进行,尽管彼时所流行的网络游戏与当下略有差别,但青少年的游戏使用族群特征和心理机制并没有发生显著的改变。另外,如前所言,我们的研究更多地关注家庭、学校对青少年游戏沉迷的影响和青少年如何通过游戏进行社会化,而由于家庭结构和学校教育模式在过去十余年并未发生较大的变化,因此这些影响不因游戏类型的改变而变化。此外,在写作的过程中,我们根据近年来游戏的发展情况,对研究内容进行了一定的更新和补充。因此,书中的结论和建议仍然具有一定的现实意义和前瞻性。

本书中的数据来自两次大规模问卷调查。其一是在云南省昆明市进行的分层抽样调查,覆盖了 34 所中学,获得 5187 份有效样本。其二是通过线上数据平台进行的全国性抽样调查,获得14558份有效样本。这两项调查都是由"网络游戏对青少年发展的影响与引导研究"项目组实施的。此外,本书还在全国范围内对青少年家长进行了等比例抽样调查,获得5401份有效样本,并对昆明市34所中学的教师进行了调查,获得281份有效样本。这些调查均在2013年前后进行。书中的图表和数据分析主要基于这些调查结果,涵盖了不同年龄段、性别、学校类型和城市等级的青少年的游戏使用情况。需要注意的是,书中部分数据主要用于展示比例关系和变化趋势,其具体数值并不具有绝对意义,因此在图表中做了省略处理。同时,本研究还进行了30个深访,开展了3场焦点小组座谈会。这些定性研究与定量研究形成了交叉印证。

希望这本书能够为家长、教育者、政策制定者以及所有关心青少年发展的读者提供一些有益的启示和帮助,使之能够通过网络游戏这一窗口,从一个更客观、更平等的视角,了解媒介变革中的青少年。

本书是国家社科基金重点项目"网络游戏对青少年发展的影响与引导研究"的结项成果。腾讯公司为问卷的收集做出了巨大贡献。

在调查研究的各个阶段,很多老师和同学投入了巨大的精力。本书的作者主要包括刘德寰、李雪莲、朱琦、崔凯、刘向清,此外,王汉生老师和彭雪松、肖轶、夏月、王迪、陈斯洛、张翕、程馨仪等同学也参与了本书部分初稿的写作。承担统稿工作的主要是刘德寰、李雪莲、朱琦。

在调研的设计、抽样、访谈阶段,参与的老师与同学众多,刘向清、崔凯、李夏、刘志宇、王佳荣、刘佳丽、黄薏文、王易晨、梁皓云、尤成、彭思阳等的贡献显著而关键。

在全书成稿之后,很多同学参与了修改与校对工作,他们是朱琦、刘松吟、程馨仪、陈晨、狄蓉、刘芷湉、陈木子、李汝佳、仝煜、李易蓉、韩梓庭、李晓倩、张圆圆,在此一并感谢。

刘德寰

2024年10月9日于燕园

目 录

第一编 青少年网络游戏使用基本形态

第一章 玩游戏的"人"/3
  第一节 数据收集/3
  第二节 对互联网游戏产业的分析
    ——忽略"人"的重要地位/4
  第三节 网络游戏的使用群体研究
    ——"理想类型化"的倾向/7
  第四节 回归日常生活中的游戏者
    ——为什么玩游戏？/9

第二章 电脑游戏在青少年群体中的历程扩散/18
  第一节 游戏研究简史/19
  第二节 游戏扩散路径
    ——基于昆明市的调查数据/21
  第三节 全国范围内青少年游戏扩散路径/25

第三章 青少年游戏者族群特征/32
  第一节 青少年游戏行为概览/32
  第二节 不同游戏类型使用者的族群特征/37

第四章 青少年游戏使用的基本形态/45
  第一节 游戏类型/45
  第二节 游戏频率/55
  第三节 游戏时长/61
  第四节 游戏花费/66
  第五节 游戏地点/71

第六节　游戏玩伴/77
第七节　游戏接触与退出/82
第八节　游戏动机与实现/91

第二编　青少年游戏涉入与沉迷

第五章　如何衡量"度"/97
第一节　青少年游戏沉迷研究现状/97
第二节　涉入的相关概念及研究/102

第六章　青少年游戏涉入指数构建/108
第一节　对游戏涉入的操作化/108
第二节　重要节点的模型建构/113
第三节　青少年游戏涉入情况概览/117
第四节　涉入指标的结构化/122
第五节　游戏涉入的影响因素分析与归纳/125

第七章　青少年游戏沉迷的界定及影响因素/153
第一节　游戏沉迷的界定标准/153
第二节　游戏沉迷者的特征/154
第三节　游戏沉迷的外部影响因素/156
第四节　游戏沉迷的内部影响因素/159
第五节　过程视角的引入/161

第三编　游戏使用与青少年的社会化过程

第八章　青少年的社会化研究与媒介使用/177
第一节　青少年社会化的内容研究/177
第二节　青少年社会化的代理机构研究/178
第三节　青少年特定行为的社会化影响研究/183

第九章　学业分类下的游戏互动过程
　　　——空间、规则与自我/187
第一节　学业表现优异的青少年的游戏互动模式/188

		第二节　学业表现欠佳的青少年的游戏互动模式 /195
		第三节　学业表现中等的青少年的游戏互动模式 /200
		第四节　游戏、学校表现与青少年社会规范习得 /205
		第五节　游戏与青少年校园日常生活的时间安排 /206

第十章　家庭、学校管理与青少年游戏使用的互动过程 /208
		第一节　对青少年游戏行为的看法 /208
		第二节　对青少年游戏行为的管束 /220

第十一章　游戏使用与青少年同辈群体社会化 /232
		第一节　游戏圈各地位群体族群肖像深描 /233
		第二节　游戏圈群体地位对同辈群体社会化的影响 /241
		第三节　游戏圈群体地位与团队精神 /246
		第四节　游戏动机对游戏圈群体地位的影响 /249
		第五节　游戏行为对游戏圈群体地位的影响 /251

第十二章　多元主体参与青少年网络游戏防沉迷治理 /262
		第一节　多元主体参与青少年网络游戏防沉迷治理
				的必要性 /263
		第二节　基于青少年游戏涉入模型提出的网络沉迷界定
				和影响因素 /264
		第三节　政府主导青少年网络游戏防沉迷治理的历程 /266
		第四节　多主体协同参与青少年网络游戏防沉迷治理
				的分析与建议 /272

结语 /277

附录　样本分布 /281

第一编　青少年网络游戏使用基本形态

随着互联网技术的普及和发展,"网络游戏"作为一种娱乐性极强的媒介产品,在当代社会扮演的角色日益凸显。尤其是在青少年群体中,游戏使用行为越来越普遍,但游戏沉迷、游戏成瘾等负面问题也随之出现,引起了家长、教师等社会各方的担忧。在此背景下,我们需要对青少年的游戏使用行为进行系统、深入的研究,并为之寻找科学的引导策略与方式。

目前,国内外业界与学界均有较丰富的对游戏产业和游戏使用群体的研究。然而,就青少年的游戏使用而言,为了避免出现空洞的分析和片面的"贴标签"现象,我们将研究对象进一步聚焦于"人"本身,即关注青少年的群体特征,同时还将深入探究青少年游戏使用的基本形态,将游戏研究的层次从对产业领域与商业模式的宏观研究,转向对生活领域和使用模式的中观研究。

在本编第一章中,我们将青少年游戏者带回日常生活,根据青少年对其学业表现的自我评价,对其游戏动机进行重点分析。在理解了"为什么"的基础上,我们结合宏观数据与微观深描,在第二章、第三章、第四章分别讨论了关于"是什么"的三个问题:游戏在青少年群体中的扩散过程是什么样的?青少年游戏者呈现出什么样的族群特征?青少年游戏使用的基本形态是什么样的?我们发现,网络游戏的历程扩散在不同的青少年群体(不同性别、年级、学校、地区、家庭情况等)中是有差异的,不同类型的玩家(PC网游玩家、移动终端网游玩家、单机游戏玩家等)有着不一样的游戏行为和族群特征。而对于青少年游戏使用的基本形态,我们结合游戏的历程扩散和青少年玩家的族群特征,进一步从八个方面(游戏类型、游戏频率、游戏时长、游戏花费、游戏地点、游戏伙伴、游戏接触与退出、游戏动机与实现)进行分析,以全面地揭示青少年游戏使用形态的多样性与复杂性。

第一章　玩游戏的"人"

每当新的媒介产品流行起来，青少年往往是最先踊跃尝试的群体之一。虽然经济尚未完全独立，可供支配的自由时间有限，但是一代代青少年都找到了他们独有的方法去克服障碍并体验新兴的媒介产品。他们曾经攒下零花钱溜进电影院去看电影，曾经为了看电视的时长和节目的选择与家长斗智斗勇……随着网络的兴起，网络游戏成为新的风潮，从电脑端网络游戏（以下简称 PC 网游）到手游，游戏行为在青少年群体中变得越来越普遍，即使家长对玩游戏存在不认同的心理，一味的阻拦也已经很难奏效。如何深入了解青少年的游戏行为并对其进行引导成为当今时代的重要课题。

第一节　数据收集

本研究通过定量与定性研究相结合的方式，在全国范围内进行了调查。在定性资料收集方面，我们共组织了五次焦点小组座谈会（其中一次面向青少年家长）和十次深度访谈，这些访谈覆盖了五座不同的城市：北京、深圳、成都、惠州和南充。我们的访谈对象年龄在 13～18 岁之间，就读于初中、高中以及职业技术学校的不同年级，其中，在深圳市的访谈活动主要针对的是农民工子女群体。这些访谈均于 2013 年 1 月完成，每场访谈的持续时间约为一小时三十分钟至两个小时。

在定性研究中，我们还对一些已进入大学，但初高中阶段有频繁游戏行为的人群进行了深度访谈，记录了他们对自己青少年时期游戏行为的回忆与自我评析。随着年龄的增长，他们的思想更加成熟，语言表达能力更强，因此对具体感受和态度的描述要优于年纪较小的青少年。他们能够相对客观地评价自己过去的游戏动机和玩游戏对他们造成的影响。尽管这些自评不可避免地掺杂了主观因素，但仍为我们了解青少年游戏行为提供了一些帮助。受到时间、经费等各方面条件的限制，我们无法完成一个时间跨度大的大型追踪研究，但这些大学生样本的个体发展轨迹可以成为游戏对使用者发展影响的参照。不过值得注意的是,这部分接受访谈的大学生的学业表现均较为优异且升学较为顺利,因此,即使他们对游戏行为的影响表述较为积极,也并不表示我们可以忽视或低估游戏行为潜在的负面影响。

在定量研究方面,课题组于2013年对12～18岁在校学生群体进行了两次问卷调查。第一次是在云南省昆明市进行了分层抽样调查,问卷覆盖了昆明市不同城区、不同类型的34所学校,最终获得有效样本5,187份。第二次是通过线上数据平台进行的全国性抽样调查,最终获得有效样本14,558份,问卷内容主要包括青少年游戏行为、游戏态度、游戏影响量表、日常生活形态、在校行为特征以及家庭互动模式等。

由于我国各地区、各城市的发展状况差距较大,不同城市的青少年在网络游戏的接触、使用习惯上也存在较大差别。为了让本次研究的结果尽可能真实地反映中国现阶段青少年群体游戏行为的实际状况,也为了收集到更客观和广泛的数据,我们在通过线上数据平台进行的调查中向全国多省市和地区投放了问卷,最终收集的有效样本覆盖了北京、上海、天津、重庆、黑龙江、内蒙古、辽宁、吉林、西藏、新疆、甘肃、宁夏、青海、河北、山西、陕西、河南、安徽、山东、浙江、江苏、湖北、湖南、江西、广西、广东、福建、云南、海南、四川、贵州等30多个省、自治区、直辖市的不同线级的城市。从样本结构来看,此次问卷调研不仅覆盖了我国发展程度不同的各线级城市,还同时覆盖了华北、华东、华南、华中、西南、东北、西北地区具有代表性的城市,以期呈现我国青少年群体游戏行为及日常生活形态的全貌。

除学生群体外,课题组还对青少年家长和教师进行了问卷调查,以了解这两个群体对青少年游戏行为的态度和应对方式。针对青少年家长,我们在全国范围内以等比例抽样的方式,在线上数据平台发放了问卷,共获得有效样本5,401份;针对教师,我们向昆明市34所学校的教师发放了问卷,共获得有效样本281份。

第二节 对互联网游戏产业的分析
—— 忽略"人"的重要地位

要阐明网络游戏产业(以下简称"网络产业")与青少年发展之间的关联,首先需要认清网游产业本身,特别是要在产业经济学和产业管理学的框架下分析网络游戏产业的技术演进、政策导向、产业交叉、产业链条等方面的内容。在这些研究领域,国内外学者业已积累了丰富的文献资源。

(一)国外学者对网络游戏产业的分析

国外学界关于网络游戏产业的分析,多集中于以下几个方面:第一,政策——政府部门支持游戏产业发展的行为;第二,发展战略——游戏企业如何扩大经营、保持竞争力并延伸价值链条;第三,实践策略——游戏发展和外包过程中的实际运作;第四,产业工人——出售游戏中的装备(货币)或帮助其他玩家在游戏中升级以换取现实收益;第五,影响——评估游戏产业发展的影响。其中,对政策和发展战略的研究,以波特提出的"钻石模型"[①]最为经典(见图1-1)。

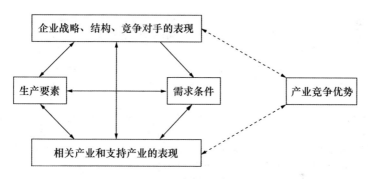

图1-1 波特的"钻石模型"

(二)国内学者对网络游戏产业的研究

国内学界对网络游戏产业的研究,主要从产业经济学和产业管理学两大视角出发。

从网络游戏产业经济学角度出发的研究主要讨论的是网络游戏产业的发展状况,具体包括网络游戏产业链形态和产业模式[②],产业现状、

---

① Porter, M. E., *The Competitive Advantage of Nations*, London: The Free Press, 1990, p.72.
② 相关研究参考黎力:《网络游戏产业发展现状概述》,《中国传媒科技》2004年第9期;卓武扬:《网络游戏产业研究》,《江西财经大学学报》2004年第1期;任亨日:《网络游戏产业链与商业模式分析》,《上海管理科学》2004年第1期;孙超:《我国网络游戏产业发展策略分析》,西南财经大学硕士学位论文,2006年;黄莹:《论中国网络游戏运营商赢利模式的研究和创新》,《现代商贸工业》2008年第5期;刘德寰、郑雪:《手机互联网的数字鸿沟》,《现代传播》2011年第1期;等等。

前景及对策①,市场结构、营销方式与盈利模式②,以及政策法规与行业监管③等。从网络游戏产业管理学角度出发的研究主要分为两类:一类是微观企业运营角度,另一类是消费者角度。其中,微观企业运营角度的研究,主要集中在战略定位④、运营模式⑤这两个方面;消费者角度的研究则主要从玩家的人口统计学特征、人际互动关系、行为等要素入手,重点分析对游戏客户的管理办法和基于顾客价值的网络游戏营销策略⑥等。

上述关于产业本身的分析为网络游戏研究提供了宏观层面的视角,但是缺乏对网络游戏产业真正的核心——"人"的观照,尤其缺乏对

---

① 相关研究参考杨健、郭建中:《试论中国的网络游戏产业》,《上海大学学报(社会科学版)》2004 年第 1 期;郝文静、惠太望:《中国网络游戏产业发展探析》,《浙江统计》2006 年第 5 期;高旭琳:《我国网络游戏产业的 SWOT 分析》,《华中师范大学研究生学报》,2006 年第 2 期;佟贺丰:《关于我国网络游戏产业的 SWOT 分析》,《科技管理研究》2006 年第 8 期;尚慧、郑玉刚:《中国网络游戏产业发展现状的实证研究》,《改革与战略》2009 年第 1 期;等等。

② 相关研究参考章恩伟:《我国网络游戏产业的经济学分析》,上海海事大学硕士学位论文,2005 年;梁艳、宋辰:《中国网络游戏产业的实证研究》,《大连理工大学学报(社会科学版)》2005 年第 2 期;沈明伟:《网络游戏产业外向型发展模式研究》,山东大学硕士学位论文,2006 年;杨明智:《网络游戏产业成功因素分析》,《大众科技》2006 年第 4 期;等等。

③ 相关研究参考尚志红、王素娟:《网络游戏分级的法律思考》,《广西政法管理干部学院学报》2006 年第 1 期;彭桂芳:《我国网络游戏产业的政府规制研究(1996—2007 年)》,华中师范大学硕士学位论文,2008 年;王洪:《对我国网络游戏产业监管方案的研究》,北京邮电大学硕士学位论文,2008 年;朱立峰:《美国网络游戏管理的启示》,《新闻爱好者》2011 年第 15 期;等等。

④ 相关研究参考魏锋:《盛大的经营之道》,对外经济贸易大学硕士学位论文,2007 年;朱守宇:《网络游戏运营商虚拟经营战略研究——基于价值链理论的分析》,东北财经大学硕士学位论文,2007 年;等等。

⑤ 相关研究参考黄漫宇:《从盛大看网络游戏运营企业的主要商业模式》,《中南财经政法大学学报》2005 年第 4 期;全振海:《中国网络游戏企业竞争战略研究》,对外经济贸易大学硕士学位论文,2005 年;梁菲明:《网络游戏运营模式研究》,华中师范大学硕士学位论文,2008 年;等等。

⑥ 相关研究参考章浩芳:《网络游戏顾客价值感知要素实证研究》,浙江大学硕士学位论文,2006 年;郭兵:《网络游戏消费者行为分析》,浙江大学硕士学位论文,2006 年;陈慧敏:《网络游戏顾客满意度影响因素研究》,东华大学硕士学位论文,2007 年;杨鹏、胡春:《网络游戏消费行为影响因素的归纳性分析》,《北京邮电大学学报(社会科学版)》2007 年第 6 期;郭欣:《基于玩家需求的网络游戏虚拟道具设计研究》,上海交通大学硕士学位论文,2008 年;林栋:《网络游戏消费意愿影响因素研究——基于中国网络游戏消费者的实证研究》,北京邮电大学硕士学位论文,2008 年;于淼:《我国当代大学生网络游戏消费动机研究》,吉林大学硕士学位论文,2008 年。

青少年群体特征和游戏行为的具体研究。这一状况在将网络游戏的使用群体纳入分析范畴之后,得到了极大的改善。

第三节 网络游戏的使用群体研究
——"理想类型化"的倾向

在国外业界,经常有组织机构采取调查问卷的方法,对青少年的网络生活进行细致、全面的调查研究。如美国格伦瓦奥德联盟2000年进行了全国调查,结果显示美国2~17岁的青少年游戏者占到80%。阿曼达·伦哈特、玛雅·西蒙、迈克·格拉齐亚诺共同编写的《互联网与教育:皮尤互联网与美国生活项目的发现》是由美国皮尤研究中心针对全国各州的大部分青少年以发放问卷、电话调查和发送电子邮件的方式,对其网络生活进行具体的分析研究的成果——这类调查为国外学者深入剖析网络游戏的使用群体,提供了丰富而宝贵的实证材料。

从调查领域回到研究领域,理查德·希克斯通过分析网络游戏的消费维度与生产维度的交叉,将网络游戏从产业研究的层面,带回群体和行为研究的层面——认识到网络游戏的服务与产品,同消费领域中使用群体的教育和休闲活动相互交叉、密切关联(见图1-2)。①

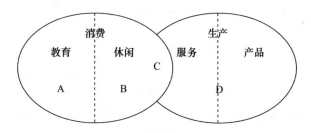

图 1-2 消费维度与生产维度的交叉

在群体特征的维度上,有学者区分了网络游戏使用者群体的四种类型:专注与其他玩家竞争的"杀手"(killer),专注在虚拟世界中实现特定目标的"成就者"(achiever),与其他玩家互动的"社交者"(socialiser),与虚拟世界互动的"探测者"(explorer),并以此来说明,网络游戏玩家对游戏的使用,往往并不仅仅是游戏而已,还涉及玩家心理、玩家

---

① 参见 Heeks, R., "Current Analysis and Future Research Agenda on 'Gold Farming': Real-World Production in Developing Countries for the Virtual Economies of Online Games," *Working Paper Series*, 2008(32)。

间互动等问题(见图1-3)。①

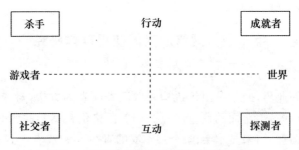

图 1-3　网络游戏使用者群体的四种类型

另外,对于青少年使用网络游戏(或更广义的网络行为)的行为特征和投入程度,国内研究者也从青少年的年龄阶段特征、心理需求、互动需要、网络认知、网络情感、网络活动、上网时间、同一性状态、网络内容偏好、网络游戏意识等角度出发进行了分析。②

将游戏研究从宏观层面带入中观层面,从产业领域和商业模式引入生活领域和使用模式,是本书研究游戏使用及其影响的路径。然而,目前对网络游戏使用群体的研究更偏好基于调查分析对游戏使用者群体进行归类或者"贴标签",类似于马克斯·韦伯提出的"理想类型"方法,因此,我们称之为"理想类型化"倾向。理想类型化固然是一种认识社会现象的研究方法,能够帮助研究者更好地抓住研究对象的主要特征和主要类型,但进一步地,我们需要在理想类型以外更系统、更具体、更翔实地对研究对象进行分析和研究。结合本研究的主题,我们需要在网络游戏使用者群体的理想类型的基础上更具体地研究青少年游戏使用的基本形态,而这也是进一步研究使用者与网络游戏之间关系的

---

① 参见 Bartle,R. ,"Hearts, Clubs, Diamonds, Spades: Players Who Suit MUDs," *Journal of MUD Research*,1996,1(1)。
② 相关研究参考刘志华、张漓雅:《青少年网络情结的心理分析》,《教育理论与实践》2003年第1期;才源源、崔丽娟、李昕:《青少年网络游戏行为的心理需求研究》,《心理科学》2007年第1期;黄少华:《青少年网络游戏行为研究》,《淮阴师范学院学报(哲学社会科学版)》2008年第1期;周世杰、唐志红、彭阳:《网络成瘾青少年的网络相关行为特征》,《中国临床心理学杂志》2009年第2期;黄少华:《网络游戏意识对网络游戏行为的影响——以青少年网民为例》,《新闻与传播研究》2009年第2期;柴晓运、龚少英:《青少年的同一性实验:网络环境的视角》,《心理科学进展》2011年第3期;Bertrand, J. T., et al., "Systematic Review of the Effectiveness of Mass Communication Programs to Change HIV/AIDS-related Behaviors in Developing Countries," *Health Education Research*,2006,21(4);等等。

影响因素,以及网络游戏给使用者,特别是青少年群体带来何种影响等问题的经验基础。

第四节 回归日常生活中的游戏者
—— 为什么玩游戏?

当分析青少年游戏使用者时,一个首先要考虑的问题即是其动机:为什么玩游戏?从其接触游戏之初的情形开始进行分析有助于我们了解其游戏使用行为及过程,这也是完成"效果分析"的必经步骤。在青少年时期,学习与人际交往是个体社会化过程中最重要的两项日常生活实践活动,因此,本研究将学业表现和人际交往作为分析青少年游戏使用动机的切入点。

在本小节中,我们将主要讨论以青少年的学业表现为基础进行的游戏使用相关的分析,并对青少年的人际交往情况、家庭互动状态等进行一些辅助性考察。我们认为,正是这些日常生活维度上的具体差异,使得青少年在网络游戏使用的动机方面呈现出各自鲜明的趋向,进而影响他们具体的日常游戏使用行为。至于青少年的不同人际交往状况所导致的对网络游戏的不同需求,则可参考我们在相关研究[①]中的分析。

学习是青少年日常生活的主要组成部分,也是本研究考察的首要因素。青少年的天赋、家庭环境、性格特征等都会对其学习状况产生影响,同时,学习状况也会持续影响青少年的亲子关系、人际关系、性格培养等。因此,学习状况,包括成绩、学习主动性等与游戏使用的关系是游戏使用研究中非常重要的研究视角。此前的研究主要集中于游戏使用行为对学业表现的影响,属于结果视角,而较少考虑青少年使用游戏之前的状态。

本研究与传统研究相比的创新点在于将学业表现视为影响青少年游戏使用行为的因素之一,而非从结果视角研究游戏使用对学业表现的影响。我们认为,学业表现受青少年使用者自身多方面条件(如天赋、家庭因素、学校环境等)综合影响,仅将游戏使用作为变量很难得到真实有效的结果。而且由于本研究非追踪研究,研究者不能武断地下结论认为游戏使用对学业表现产生了影响,使它更好或更差。反之,学

---

① 刘德寰、李雪莲:《日常情境下的网络游戏使用与青少年人际交往的质性研究》,《广告大观(理论版)》2014年第2期。

业表现作为因可对青少年的日常生活情境产生重要影响,自然也有很大可能会影响其游戏使用行为,可作为有效的分类维度。因此,本研究突破性地以学业表现作为划分游戏使用者族群的一个重要因素,以被访者接受调查时的学业表现为分类维度,综合其日常生活情境,包括亲子关系、人际交往等,考察学业表现不同的青少年基于其生活状态在游戏使用动机、使用行为及其影响方面所体现出的差异。

需要说明的是,在本研究中,学业表现不是单一地用分数或排名来表征,而是综合考量了青少年的学习能力、掌握新技术、获得信息的能力、学习主动性以及对个体本身学习状况的满意程度等,通过青少年的自我评价来寻找青少年游戏使用行为的分类维度。选择以青少年的自我评价为依据来划分学业表现主要有三个原因。首先,分数和排名虽然便于量化,但是不免在一定时间段内存在波动情况,尤其在涉及不同地区、不同学校、不同年级的学生时,难以建立一个统一的参照系。例如,一名高一的学生可能在初中名列前茅,却在升入竞争激烈的高中后排名下滑,因此难以用某次或者某几次的分数和排名来衡量他持续的学业表现。其次,随着教育改革和考察目标的多元化,学习能力、掌握新技术、获得信息的能力,以及学习主动性等综合素质对正处于成长期的青少年愈发重要,与本研究考察目的的联系也更为紧密。最后,依循社会科学的研究传统,格伦·霍尔·埃尔德在研究美国加州奥克兰市"大萧条时期的孩子"时提出"在一个稳定、同质的环境中,孩子对自我的想象一般都与'重要他人'[①]对其的想象一致",即社会给个体提供了结构和参照系,人们往往可以通过稳定环境中的社会互动来明确自己所处的位置。基于此种逻辑,我们认为依据青少年的自我评价对其学业表现进行分类是可行的,并且可以根据这一分类来考察青少年在游戏使用方面的特点和差异。

(一)学业表现优异的游戏使用者

学业表现在青少年日常生活中的指标性、衡量性作用在学业表现优异的孩子身上体现得更为明显,尤其在升学压力大和竞争激烈的基础教育阶段。学业表现在规范他们的行为、使他们时时警惕于成绩下滑的同时,也成为他们和家长及老师"谈判"并争取"特权"(个人空间、可支配时间、可支配金钱等)的有效砝码。

---

① 重要他人指在个体社会化和人格塑造过程中具有重要影响的人。

如前所述,游戏在其发展、演变的历史过程中与"竞技"行动密切相关。对于许多学业表现优异的青少年来说,他们对自己的期许如同曹植《白马篇》中所描述的"控弦破左的,右发摧月支。仰手接飞猱,俯身散马蹄。狡捷过猴猿,勇剽若豹螭",自信满满、跃跃欲试地想在学业以外的其他领域证明自己的实力。

案例:BJ01 是北京市某所非重点高中的一名高二男生。在调查覆盖的同一年龄段的高中群体中,BJ01 的成绩并不算突出,但是在他所在的学校班级中,他的成绩不错,并深受老师信任,担任班长职务。由于其学业表现较为优异,BJ01 的家长和老师尽管知道他爱玩游戏,但只要成绩不受影响就不会干涉。两方面的认可和信任也为 BJ01 的游戏使用行为画了一条底线,即"保证成绩不掉下来"。

BJ01 对自己的学习状态非常满意,但同时也对自己的局限有很明确的认知。当谈到一年后即将到来的高考时,BJ01 表示不会将目标设定为考取清华、北大这样的顶级名校,而是考虑去香港读大学。他希望自己在大学期间可以经济独立,并且在高二就已经在和朋友"计划创业的事情"了。

明确的人生规划、清晰的目标体系,以及高支持度的社会网络,构成了 BJ01 所处的日常情境。在这种情况下,BJ01 的游戏使用动机可以概括为"证明自己",这在学业表现优异的游戏使用者群体中具有一定的普遍性。

1. 竞技需求——自我成就的动机

BJ01 性格外向好动,在学习之余喜欢偏竞技性、需要与他人合作的体育运动。他很喜欢打篮球和台球,并且不只将运动作为消遣,还有技能提升的计划和长远的成就动机。他投入了许多课余时间练习台球,注重打磨自己的策略和技巧,表示"开球算角度需要立体感特别强",并希望将来可以参加业余比赛。在游戏过程中,他也很重视策略和思维训练,认为对青少年有积极影响的游戏需要兼备美感和难度。

在 BJ01 的感知中,玩网络游戏的人群以高中生和大学生为主,其中,大学生有更多的生活费和可支配时间可以投入游戏。BJ01 在谈论网络游戏时并不侧重其休闲、放松的功能,而是强调在游戏中胜出需要投入资源,认为游戏的成绩与"时间和掌控的钱"这两大因素有关。时间上,BJ01 作为全日制高中生,日常时间主要被学习所占据,能花费在网络游戏上的时间较少;金钱上,BJ01 有较稳定的金钱花费,每个月 600 元的零花钱会花 300 元或以上用于购买更好的游戏装备。尽管

BJ01 的游戏花费在本次研究的访谈对象中属于较高水平,他仍认为大学生有生活费更适合玩游戏,一定程度上表明他对游戏中基于金钱激励的成就有较强的认同感。

在整个访谈中,关于金钱在游戏使用中的意义,受访者的态度形成非常鲜明的差异。例如,BJ01 认为金钱投入在取得"胜利"的过程中具有一定的重要性,因为他希望高效地取得胜利。对于 BJ01 而言,在游戏竞技中取得胜利是他的核心目的,而这一目的一方面可以通过积累游戏时间、提升技巧实现,另一方面可以通过花费金钱使装备更先进、升级速度更快实现,这两条路径对 BJ01 是相对平等的。

但对于另一些游戏玩家来说,通过技巧和策略获得的胜利才是更好的自我证明。受访者 NC03 就表示,要想在游戏中取得好成绩需要较高的综合素质,首先要看"你脑袋聪不聪明",其次要考验操作技巧,最后还要有策略和全局观。NC03 的心态在学业表现优异的游戏玩家中普遍存在,即将游戏玩得好视为自己智商高、个人能力强的体现。这些青少年想通过玩游戏证明"我不光读书厉害,我做什么都厉害"(NMG01)。

2. 学习动机

BJ01 具有较强的社交能力、学习能力和解决问题的主动性,这些特质在他的游戏使用过程中也有所体现。在 PC 网游流行时,很多想玩游戏的青少年都因为家用电脑的配置不足而遭遇了阻碍,但由于没有足够的经济能力去更换设备,只能相对被动地等待家长某天更换或升级设备,或选择将网吧作为游戏场所。但是,BJ01 选择了一种更积极主动的方式应对该挑战,他上网查询了许多关于显卡、驱动、内存等硬件相关的知识,然后拿着自己存的零花钱跑到中关村,和电脑城的店员一起动手"攒"设备,最终获得了一台符合自己需求,而且运行"完全没有问题"的电脑。

与一些因为对某个游戏的人物角色设置入迷等"入坑"的游戏者不同,BJ01 接触游戏的时间相对较长(从小学四年级开始)、体验过的游戏类型也较为广泛,已经算是"老手"。当他考虑玩一款新游戏时,会综合考虑多方面因素,包括其画面感、语言、对网速和硬件的要求、上手的难易程度等。有些玩家没有明确了解游戏对配置的要求就下载了大型游戏,导致安装后电脑频繁死机,但 BJ01 在这些方面都非常谨慎,下载游戏前会确认显卡、内存、驱动、网络平衡状态设置等。在玩游戏的过程中,当遇到没有汉化版等问题时,他会主动探究解决方案,也会关注游戏厂商在每次升级中进行了哪些修改、如何优化游戏等。可以看出,在玩游戏的过程中,BJ01 已经掌握了大量相关知识,并对"什么样的游戏是好游戏"形成了许多自己的看法。

对 BJ01 来说,游戏也意味着一种学习乐趣,而不仅仅是被动地接受刺激、"为游戏而游戏"。尽管他有着明确的成就动机——在游戏中升级、获胜,但是他并没有止步于此,而是乐于从更宏观的视角思考游戏、通过主动付出努力来获取这种学习乐趣。

值得注意的是,并不是所有学业表现优异的青少年游戏使用者都像 BJ01 一样非常积极主动地参与游戏使用,也有相当一部分是因为群体压力①、好奇心,或在偶然事件的驱使下成为游戏使用者。不过,尽管群体内部的游戏使用动机存在差异,但无论是出于追求成就的动机还是为了适应同辈群体,这些学业表现优异的青少年游戏使用者都在游戏使用中体现出一些共性:(1)对自我证明的重视;(2)有意识地控制游戏时间、保持成绩水平,以符合家庭和学校的社会规范,满足外界对于一个"好学生"的角色期待;(3)将游戏作为人际交往中的重要工具。

(二)学业表现欠佳的游戏使用者

对于学业表现欠佳的游戏使用者来说,他们使用游戏的动机与学业表现优异的群体有明显差异。家庭和学校往往将学业表现作为衡量青少年整体表现的主要标准之一,这使学业表现欠佳的青少年承受了更多的心理压力,也导致他们在学习过程中容易产生挫败感。而游戏的存在一方面可以填补该群体因为不热衷于学习而产生的空余时间,另一方面则成为他们获取成就感的重要途径。这种成就感通常来自同辈的认可,游戏为他们提供了一种自我证明的路径,比如"就算学习不好,但是我打游戏很厉害"。

1. 填补日常空余时间

案例一:HZ08 是焦点小组座谈会的受访对象之一,他并没有选择上全日制高中,而是就读于中专。

在 20 世纪八九十年代,职高/中专/技校曾因拥有良好的教育资源

---

① 群体压力指群体对其成员构成的约束力与影响力。一般说来,群体对个体施加压力使其从众有两种形式:一种是来自群体的信息性压力,指提供有关个体应该如何行动、把事情办好的信息;另一种是来自群体的规范性社会压力,指如果个体不从众的话,群体可以拒绝(嘲笑、打击、排斥等)该个体。

和制度性优势(提供城市户口、分配工作等)成为非常抢手的教育选择,但随着时代的发展和大学日益产业化,职高/中专/技校已经不复往日辉煌,更多人希望能进入大学深造。在座谈会举办的2013年,尤其在一些教育资源相对较少的地区,人们对读职高/中专/技校普遍存在刻板印象,认为这是学业表现欠佳、没有其他选择的学生才会走的路。但是HZ08作为座谈会上少数的中专学生之一并没有感到不适,反而非常健谈。他认为自己并不适合读高中,与其先去读着试试,不行再去读中专,还不如一开始就直接去中专。

在HZ08的叙述中,中专学生和全日制高中学生在日常时间安排上差异明显。就读于全日制高中的HZ04每天早晨六七点就要到校开始上早自习,美术课和音乐课经常被主科占据,没有多少可自由支配的时间,而HZ08所就读的中专每天只安排一节课,因此他拥有更多的空余时间。HZ08坦然接受了这种时间表上的差异,认为自己已经和全日制高中的学生走上了不同的人生道路。他开解HZ04"你不喜欢怎么办?不读书怎么办?不读书怎么找到好工作?",并劝HZ04应该接受学校紧凑的时间表、好好读书。但HZ08认为,作为中专学生自己已不受制于同一套规则,不再需要为"好好读书"安排时间。

HZ08拥有的大量空闲时间是外部环境制约和个体主观选择的综合结果。他所在的学校并没有给他安排许多课程,他也没有通过主动学习等日常实践来改变这种处境,而是接受了这种安排,这导致他有许多时间需要打发。HZ08爱好不多,经常处于"实在没有事干"的状态,打游戏是他消磨时间的主要方式之一。游戏玩多了,他也会感到厌倦,觉得"没有意思",但是当没有其他休闲活动填补空余时间时,游戏就成了他仅有的选择。

和HZ08不同,就读于全日制高中的学业表现欠佳的游戏使用者大多并没有如此之多的空闲时间,他们虽然不喜欢学习,却被禁锢在学校的时间安排中,必须面对由固定的上下课时间、晚自习和考试等一系列事件组成的日常时间情境。对于一些缺乏学习主动性的学生来说,他们想要从这些制度中逃离,而游戏为他们提供了一个可以放松的、具有乐趣和包容性的空间。

案例二:在接受访谈时,DL01已经进入大学,并正在准备司法考试。他的父亲曾经在大学里教授哲学,后来自学法律并考取了律师从业资格证,现在正经营一家律师事务所。DL01计划学习一些法律知识,将来跟随父亲从事律师行业。

在全日制高中就读时,DL01 的学业表现并不理想,但是父母并未给他很大压力,而是接受了现实。DL01 认为他的父母"还是很看得开的",而且虽然自己对学习不感兴趣、觉得学不会,但是也"不捣乱""不惹事儿"。由于父母的开明,DL01 尽管在高中时学业表现欠佳,但是其兴趣爱好、人际交往、亲子关系等都并没有受到什么影响。由于不想学习和写作业,早自习后、午休和放学后的时间都是 DL01 可支配的空余时间,他经常在这些时间和朋友们一起去网吧打游戏。

和案例一中的 HZ08 的相似之处是,DL01 许多时候玩游戏并不是因为游戏内容本身吸引人、激发了他的热情,而是由于有大量空余时间需要打发,而游戏是一个便捷的选项。回首看高中时期玩的游戏,DL01 点评道:"不像现在互动性好,画质也好","但是你说一群男孩子,不爱学习,又不能逃课在操场上打篮球,还能去哪儿呢?"网吧对这群男孩而言,成了一个临时的聚会场所,如《街头文化》中的文教馆、保龄球馆一样,无意中为无处可去的男孩们提供了一个远离教师的理想场所。去网吧需要支付上网费用,作为走读生,DL01 把每周用于购买早餐的生活费节省下来用于上网,但不久后他妈妈就开始给他更多生活费,DL01 认为妈妈一定是发现了自己去网吧的事情。

2. 积累炫耀资本与声望获得

对于学业表现优异的青少年,学习成绩是他们的声望的重要来源,为他们带来了广泛的社会支持。而对于学业表现没那么突出的青少年来说,游戏在一定程度上成为他们积累炫耀资本、获取声望的重要来源之一,这也促使他们将更多的时间和精力投入游戏世界。

例如,受访者 HZ08 就很热衷于谈论自己在游戏中获取的成绩。在座谈会中,当主持人问到谁的游戏玩得好时,HZ08 用近乎抢答的速度回答道:"我!"他认为游戏要有挑战性和刺激性才好玩,并且乐于分享自己在游戏中的通关经历和优秀战绩。当在座其他受访者质疑他是否真的有那么厉害时,他马上反驳道:"不是吹,要不你百度一下,我们战队百度上有名的。"HZ08 将自己的游戏战绩看作重要的炫耀资本,在维护"战队"荣誉的同时,也试图稳固自己通过游戏所建立的声望,即使面对一个只会在一间访谈室里共同度过两个小时的陌生青少年,他也有着强烈的意愿要证明自己。

HZ08 认为游戏中只有靠自己的操作和智力获取的成绩才是真实的、值得夸赞的。他不认同有些同学通过充值的方式在游戏中获得优势,认为通过"充很多钱,买很好的装备"而变得厉害的人并不是真正的高手。HZ08认为自己宣传战队获得的好成绩是"介绍",因为自己战队的成绩是通过"一关一关,努力打赢"获取的胜利,而通过金钱变得厉害的同学只是在"炫耀",两种成功是截然不同的。

(三)学业表现中等的游戏使用者

案例:受访者NC01在一所重点高中读高二。他认为自己对数学、物理、化学都不擅长,最后因为认为政治、历史等课程内容背诵起来较为轻松而选择了文科班。重点学校文科班的竞争本就较为激烈,NC01由于擅长的科目并不多,在班级中也较难脱颖而出。在自评中,他认为自己的成绩处于班级的中下水平。

NC01认为自己并不是一个典型的好学生,但是也在按部就班地做着应该做的事。他遵循学校的安排,每天早晨6点多起床,洗漱吃饭后去学校,上午5节课,下午4节课,晚上3节课,直到晚上10点多才放学,回家以后洗漱一下就睡觉了,每天大约睡六七个小时,寒暑假的时间也都用来补课。他对这种忙碌的日程习以为常,并表示自己在学校算是补课补得比较少了,寒暑假的时候"差不多能放两周"。在升学规划上,NC01的父母和他自己的规划相对一致,都希望他能上一个好一些的大学。NC01认为如果高三努力的话,应该可以考上二本。

从NC01的学习背景、学习期待、日常学习安排可以看出他对学习的基本态度:不喜欢,但也不排斥,并对自己未来的求学生涯有一定的期待。而网络游戏在他的生活中扮演了一个温和的调节阀角色。他对游戏并不狂热,但游戏让他可以从忙碌单一的学习生活中暂时抽离出来,获得一点调剂。NC01既不追求在游戏世界中的"成绩"和声望,也没有在各种规范的训诫下产生排斥心理,只是将游戏作为一个不想学习时可以用来调剂的选项,这种动机在其他学业表现中等的游戏使用者中也较常见。

(四)小结

学习作为青少年时期的主要"事业",占据着青少年日常生活的主要时间和精力,是青少年成就动机的主要组成部分,影响着青少年的社会支持获得。随着时代的发展,教育理念也变得更加开放和多元,但是对于大部分中国青少年而言,获得优异的考试成绩、升入好大学仍然是主流规训。

在这一背景下,网络游戏的使用情况因青少年学业表现不同而呈现出非常明显的差异。对于学业表现优异的青少年来说,他们尤为关注学业表现的维持与提升。基于这种共识,这一族群的游戏使用动机主要分为两类:(1) 获得成就感;(2) 适应性使用,即为适应家长及家长所代表的规范对自己进行塑造,同时为了适应周围参照群体的游戏行为而使用。学业表现欠佳的青少年群体玩游戏的主要目的是:(1) 填补日常空闲时间;(2) 积累炫耀资本及获得声望。学业表现中等的学生群体则多将游戏视为学习和日常生活的调节阀。

  以青少年的学业表现为基础对其游戏动机进行的探究,是我们将青少年的游戏行为还原到其日常生活中的重要努力。接下来我们将对其具体游戏使用行为进行分析,在"为什么"之后,借助宏观数据与微观深描,尝试对"是什么"进行深入分析与考察。

第二章 电脑游戏在青少年群体中的历程扩散

在2014年,"游戏"通常指代的是电脑游戏或者网络游戏,但游戏并非新鲜事物,它几乎出现在人类发展的各个历史阶段。事实上,广义的"游戏"是一种人类的精神文化状态,只需遵循一定的游戏规则,未必需要借助外在工具(比如"丢沙包"游戏中的沙包、电脑游戏中的电脑)。游戏在历史长河中不断发展、推陈出新。对游戏发展历史的梳理有助于研究电脑游戏的历程扩散,而对电脑游戏历程扩散的研究亦能给当下移动终端网游市场的发展提供重要的借鉴。本章着眼于对游戏历程的探究,既包括人类对游戏的认知历程,也包括电脑游戏在青少年中的历程扩散。

研究电脑游戏的历程扩散首先需了解何为"扩散"。新产品的扩散是技术创新的一种特殊形式,而电脑游戏正是在互联网时代诞生的游戏表现新形式,是游戏创新的具象化体现。埃弗雷特·M.罗杰斯提出"扩散是创新通过一段时间,经由特定的渠道,在某一社会团体的成员中传播的过程"[1]。由此可见,游戏的历程扩散也是具有一定规律性的传播,其随着技术发展及社会环境的变化而有指向性地在特定时间、特定地点、特定群体中走出了一条自己的成长之路。如图2-1所示,中国游戏市场的规模在2008~2013年间迅速扩大,2012年后增速放缓,说明游戏市场日趋成熟。选择在2014年开展电脑游戏历程扩散研究有助于了解电脑游戏的扩散路径及规律,发现不同青少年游戏者在游戏市场从萌芽到逐渐成熟的过程中所发生的群体类型变化,帮助探寻不同青少年游戏群体使用电脑游戏的深层逻辑。

---

[1] 〔美〕埃弗雷特·M.罗杰斯:《创新的扩散》,辛欣译,北京:中央编译出版社2002年版,第5页。

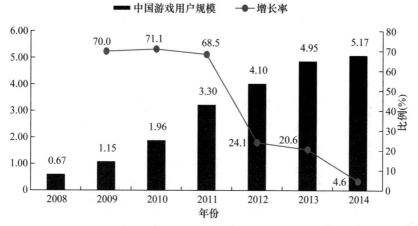

图 2-1　中国游戏市场规模增速，2002～2013 年①

第一节　游戏研究简史

游戏对于人类的意义可以从人们的游戏心理中管窥一二。国外学者通常把游戏心理归为四类：(1) 剩余精力说：由德国思想家席勒在其著作《审美教育书简》中提出，后由英国社会学家、心理学家斯宾塞继续发展，这一学说认为游戏是动物或人类在基本物质生活需要得到满足之后，用以释放剩余精力的释放；(2) 松弛说：认为游戏不是对剩余精力的释放，而是休息松弛、恢复精力的一种方式；(3) 复演说：认为游戏是对人类祖先生活的重现，如打猎、追逐等，不同年龄的儿童以不同的方式重复着人类祖先的本能活动；(4) 生活预备说：认为游戏是对未来生活的预演练习，是为未来的生活做准备。由此可见，游戏对于人类的意义不仅在于它是人们放松、恢复精力的一种方式，也在于它能够帮助人们特别是儿童对未来生活进行演习，实际上起到了社会化媒介的作用。也正因如此，游戏一直保持着对人类的吸引力，同时，作为一种文化现象，游戏也得以始终在人类历史中留存。②

事实上，在网络游戏诞生前，传统游戏在中国已经有相当长的发展历史。我国学者将传统游戏的发展划分为四个阶段：远古至西周，游戏

---

① 中国音数协游戏工委（GPC）等编：《2014 年中国游戏产业报告（摘要版）》，北京：中国书籍出版社 2014 年版，第 26 页。

② 参见〔美〕鲁宾、法因等：《早期游戏理论及对游戏的界说》，沈剑平、龙长生译，载瞿葆奎主编：《课外校外活动》，北京：人民教育出版社 1991 年版，第 67～91 页。

的起源阶段;春秋战国至两汉,游戏的发展阶段;魏唐宋元,游戏的繁荣阶段;明清,游戏的鼎盛阶段。① 到明清时期,棋类、板类、技艺类游戏已经流行开来。

20世纪40年代,电脑的诞生深刻影响了人类社会,随之出现的电脑游戏是一种重要的文化产物。电脑与游戏的结合创造出了"游戏"的现代形式,对人们产生了更大的吸引力,游戏也因此具有了更丰富的社会文化内涵。从发展历程来看,电脑游戏早期流行的地域是彼时的世界中心北美。1978年,世界上第一款电脑游戏《冒险岛》在美国问世,随后诞生的《巫术》《魔法门》《创世纪》等也受到了人们广泛的追捧。1999年问世的射击类电脑游戏《反恐精英》至今仍在全世界拥有大量用户。

电脑游戏在中国的发展相对较慢。1986年,精讯公司在台湾地区发布了中国人自制的第一款商业游戏《如意集》,但直到1995年前导软件公司成立和金山公司开发《中关村启示录》这款游戏,中国大陆的游戏行业才算真正萌芽。即便如此,20世纪八九十年代的大陆青少年也享受到了海峡对岸的发展成果——《大富翁》《仙剑奇侠传》等游戏成为那一代人的经典回忆。2000年6月,华彩公司正式发行了中国大陆第一款大型多人在线RPG游戏《万王之王》,这款由台湾大学教授开发的游戏标志着中国网络游戏时代的到来。②

在今天的中国,不管是成年人还是青少年,不管是在城市还是在乡村,都能看到"游戏者",而在青少年中,游戏者的比例尤其高。

电脑游戏的传播扩散和发展有其过程。在20世纪八九十年代,电脑游戏更多的是一种精英玩具,最开始有条件接触电脑游戏的也是经济条件较好的一部分家庭。在当时,游戏发挥了更加单纯的娱乐功能。电脑游戏发展到今天,早已经成为一种全民性的娱乐活动;特别是随着后来网吧的流行,电脑游戏日益深入欠发达地区和低收入家庭。在娱乐功能之外,电脑游戏还承担了教化、社会交往等功能。

上文中,我们着眼于游戏产业本身梳理了其发展历程。接下来,对于游戏的使用主体——青少年使用者,我们也要回应以下问题:他们是如何介入这一扩散过程的?谁最先开始玩游戏?游戏遵循什么样的模式和规律在青少年群体中传播开来?在系统探讨青少年的游戏③行为

---

① 参见李屏:《教育视野中的传统游戏研究》,华东师范大学博士学位论文,2005年。
② 参见张立:《中国网络游戏发展史》,《中国电子与网络出版》2003年第2期。
③ 本书中的"游戏"概念,除非特别说明,均指代狭义的电脑游戏。

之前，我们首先需要对游戏的扩散过程进行深入的分析。了解了游戏的扩散过程，才能够更好地理解今天游戏者表现出来的行为特征和倾向。

首先，我们将对在云南省昆明市进行的分层抽样调查中所采集的数据进行分析，将小范围的研究结果作为研究假设，再利用本次研究在全国范围内进行的网络调查所采集的大样本数据进行验证。①

第二节 游戏扩散路径
——基于昆明市的调查数据

从昆明市的分层抽样调查结果来看，游戏在青少年中的扩散始于2002年左右。2002~2008年，游戏的扩散比较缓慢，玩电脑游戏整体而言是一种小众而时髦的行为，至2008年，有20.9%的青少年玩电脑游戏。在2009年和2010年两年中，青少年中游戏者的比例迅速增长，到2010年时，玩游戏的青少年占青少年总体的比例已经接近一半（45.2%）。此后三年，游戏者的比例持续增加，但增速都低于2009~2010年。到2013年，这一比例达到了66.4%，游戏真正成为一种大众的娱乐方式和文化现象（见图2-2、表2-1）。

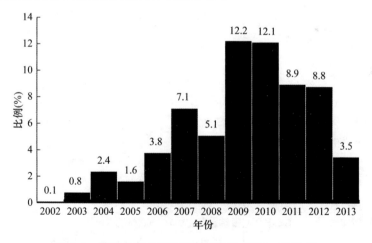

图2-2 昆明市青少年游戏者的增速，2002~2013年

---

① 需要说明的是，由于样本年龄限制，调查中年龄最大的被访者出生于1995年，这导致样本中游戏开始扩散的年份为2002年。这一偏差对判断某一时间点游戏玩家群体的相对比例有一定影响，但以本次调查中的"95后"青少年群体为例，我们仍然可以看到游戏在青少年中的扩散路径。

表 2-1 昆明市青少年游戏者的比例，2002～2013 年

年份	2002	2003	2004	2005	2006	2007	2008	2009	2010	2011	2012	2013
累计百分比(%)	0.1	0.9	3.3	4.9	8.7	15.8	20.9	33.1	45.2	54.2	63.0	66.4

根据前文所述的扩散过程，我们选取了三个典型年份——2008年、2010年和2013年作为数据截取点，分别建立"深描式Logistic"回归模型探讨这三个时间点上游戏者的群体特征（见表2-2）。"深描式Logistic"由北京大学刘德寰教授携研究团队于2010年提出，其主要以"是否"类型的行为作为因变量，以个体的基本属性、态度倾向及行为习惯作为自变量，通过构建变量的关系探寻所分析变量之间的逻辑关联。这种分析方法不仅可以多维度地考察各变量的逻辑结构与相互关系，还能通过不同维度的组合及相互影响将每一种关联深化与细化，使数据线上的每一个点都更加精确、真实地反映使用者的特点，进而从整体上反映使用者的变化趋势。

表 2-2 昆明市青少年游戏者与性别、年级、学校、住校情况、独生子女、家庭月收入、远郊区县、考试排名的 Logistic 回归，2008 年、2010 年、2013 年

2008 年	系数	2010 年	系数	2013 年	系数
常数	−4.09	常数	−2.26	常数	0.96
男生	0.54	男生	0.54	男生	0.81
所在年级	0.30	所在年级	0.19	所在年级	−0.08
重点学校	0.49	重点学校	−0.04	重点学校	−0.38
非重点学校	0.20	非重点学校	−0.22	非重点学校	−0.54
独生子女	0.55	独生子女	0.52	独生子女	0.47
住校学生	0.49	住校学生	0.50	住校学生	0.33
家庭月收入	0.07	家庭月收入	0.06	家庭月收入	0.04
远郊区县	−0.37	远郊区县	−0.28	—	—
考试排名	0.006	考试排名	0.003	—	—
考试排名的平方	−1.89E-05	考试排名的平方	−8.37E-06	—	—
R square	13.0%	R square	11.6%	R square	10.5%

（一）游戏扩散的群体路径

通过"深描式Logistic"回归，我们建立了青少年游戏者群体特征模型。从性别特征来看，青少年群体中，男生在游戏扩散之初是玩游戏的

主要人群,其比例显著地高于女生。2008年到2013年间,男女生游戏者的比例的差距呈现出扩大的趋势。这一趋势说明游戏对男生的吸引力远大于女生。在游戏的发展过程中,越来越多的男生开始玩游戏,而女生游戏者的比例虽然也有增加,但增速远不及男生(见图2-3)。

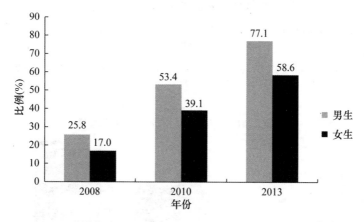

图2-3　昆明市男女生游戏者的比例,2008年、2010年、2013年

游戏在不同年级的青少年中的扩散情况非常有趣,玩游戏的主要群体经历了从高年级到低年级的转向。在游戏扩散之初,初中、高中的高年级学生游戏者的比例较高,成为游戏的最初尝鲜者。但随着游戏的进一步扩散,游戏者比例最高的年级出现了下移,低年级青少年成为玩游戏的主要群体(见图2-4)。

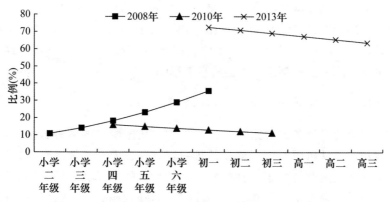

图2-4　昆明市青少年游戏者的比例与年级的Logistic回归,
2008年、2010年、2013年

随着青少年中游戏者比例的增加,游戏带来的各种负面影响日益显现,游戏也逐渐被"污名化"。人们逐渐将玩游戏的青少年与网瘾少年、不爱学习、成绩差等负面形象联系在一起。但从游戏的扩散过程来看,最初玩游戏的青少年群体反而是就读于重点学校的学生。在2008年,重点学校的青少年游戏者的比例显著地高于非重点学校和职高/中专/技校学生的比例。2008年以后,游戏逐渐从重点学校的学生扩散到非重点学校和职高/中专/技校等学校的学生。随后,职高/中专/技校的学生超越了非重点学校的青少年而成为玩游戏比例最高的群体(见图2-5)。

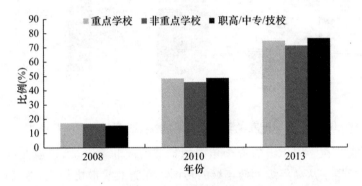

图2-5 昆明市青少年游戏者的比例与学校类别的Logistic回归,2008年、2010年、2013年

与这一趋势相似的是游戏在学业表现不同的青少年中的扩散情况。根据扩散模型的结果,在游戏扩散之初,学业表现中等及优异的青少年是玩游戏的主力人群。而随着游戏在青少年群体中的进一步扩散,游戏成为各个成绩段青少年的共同行为。到2013年,学习成绩对青少年游戏者的比例已经不构成显著影响。

(二)游戏扩散的地理和经济路径

游戏的另一条扩散路径是地理扩散。从昆明市的调查数据来看,游戏经历了从昆明城区到郊县的扩散过程。在游戏扩散之初,城区的游戏者比例显著地高于郊县的游戏者比例。随后,城郊之间游戏者的比例差异逐渐缩小,到2013年,城区和郊县的游戏者比例已经没有统计学意义上的显著差异(见图2-6)。

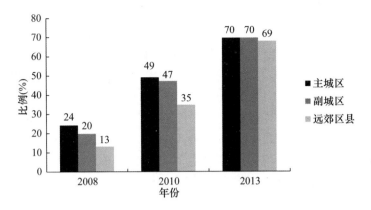

图 2-6　昆明市青少年游戏者的比例与城区位置的 Logistic 回归，
2008 年、2010 年、2013 年

青少年的家庭收入对其是否玩游戏也有显著影响。在游戏扩散的整个过程中，总体上呈现出家庭收入越高，青少年游戏者的比例越高的特点。但是，随着游戏的扩散，家庭收入对青少年中游戏者比例的影响逐渐减弱，其回归系数从 2008 年的 0.07 降为 2010 年的 0.06，到 2013 年时已经降低为 0.04。在游戏扩散早期，玩游戏的青少年家庭条件通常较好，彼时电脑还没有完全普及，家庭条件好的青少年接触到电脑设备的可能性较高。随着电脑、网络的逐步普及，游戏才逐渐从高收入家庭的青少年扩散到低收入家庭的青少年。

从昆明市案例的研究结果来看，电脑游戏的扩散过程可以从以下几个方面进行描述：(1) 在地域类型上，电脑游戏从城区逐渐扩散到郊县；(2) 在家庭收入上，电脑游戏从高收入家庭的青少年扩散到低收入家庭的青少年；(3) 在学校类别上，电脑游戏从重点学校扩散到非重点学校、职高/中专/技校；(4) 在学业表现上，电脑游戏在学业表现中等和优异的学生"尝鲜"之后，逐渐发展为青少年中普遍的娱乐活动；(5) 在性别差距上，青少年游戏者中男女生的比例差距随着游戏的进一步扩散呈现出加大趋势。

第三节　全国范围内青少年游戏扩散路径

通过对昆明市的抽样调查数据进行分析，我们从上述五个方面呈现了电脑游戏在青少年中的扩散过程。同时，这五个方面构成了进一步的研究假设,我们将通过全国性的抽样调查数据来对这些假设进行验证。

从全国层面来看,电脑游戏的普及状况随时间的变化表现出与昆明市案例大体相同的特征。2008年、2010年和2013年仍然是电脑游戏扩散过程中的三个关键年份。2008年以前,囿于各种条件,青少年中游戏者的比例较低,玩游戏是一种小众的行为;2010年时,青少年中游戏者的比例已经接近50%;到2013年时,青少年游戏者比例的增速已经比较慢,总体来看,青少年游戏者的比例达到64.3%,玩游戏成为青少年群体中的普遍现象(见图2-7、表2-3)。

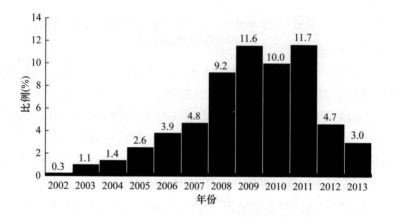

图2-7 全国青少年游戏者的增速,2002~2013年

表2-3 全国青少年游戏者的比例,2002~2013年

年份	2002	2003	2004	2005	2006	2007	2008	2009	2010	2011	2012	2013
累计百分比(%)	0.3	1.4	2.8	5.4	9.2	14.0	23.2	34.8	44.9	56.5	61.2	64.3

为了更好地验证依据昆明地区调查数据所形成的研究假设,在此,我们将针对每个年份中玩游戏的青少年的群体特征建立"深描式Logistic"回归模型[①],以梳理电脑游戏在青少年中的扩散过程(见表2-4)。

---

① 2002年和2003年由于符合条件的样本数量较少,不满足建立Logistic回归模型的样本规模而未建立模型。

表 2-4 全国青少年游戏者与性别、年级、学校类别、住校情况、独生子女、家庭月收入、城市线级、考试排名的 Logistic 回归,2004~2013 年

	2004 年	2005 年	2006 年	2007 年	2008 年	2009 年	2010 年	2011 年	2012 年	2013 年
常数	-6.09	-5.72	-5.43	-5.03	-4.38	-3.39	-3.28	-2.04	-1.61	-1.13
男生	1.00	1.04	0.98	0.99	1.18	1.20	1.41	1.65	1.89	2.04
所在年级	1.04	0.79	0.64	0.53	0.43	0.33	0.33	0.18	0.14	0.09
重点学校	—	—	0.31	0.18	0.23	0.05	-0.05	-0.08	-0.23	-0.33
非重点学校	—	—	0.12	0.05	0.07	-0.11	-0.07	-0.07	-0.18	-0.30
独生子女	0.73	0.56	0.67	0.62	0.57	0.51	0.49	0.44	0.42	0.41
住校学生	—	-0.23	-0.25	-0.12	-0.27	-0.17	-0.14	-0.10	-0.09	-0.07
家庭月收入	0.06	0.06	0.06	0.06	0.05	0.05	0.04	0.03	0.02	0.02
一线城市	0.63	0.54	0.55	0.53	0.64	0.58	0.62	0.50	0.51	0.54
二线城市	0.36	0.47	0.24	0.27	0.31	0.28	0.30	0.25	0.21	0.26
三线城市	0.19	0.21	0.14	0.15	0.24	0.27	0.33	0.25	0.21	0.20
四线城市	0.21	0.23	0.15	0.14	0.15	0.04	0.05	0.01	0.05	0.08
考试排名	0.01	0.00	0.00	0.01	2.6E-03	0.00	0.01	0.00	0.01	3.9E-03
考试排名的平方	—	—	—	—	9.6E-07	—	-3.7E-05	—	—	—
R square (%)	32.4	29.2	27.4	26.2	26.3	24.4	27.9	25.1	27.2	27.8

（一）游戏扩散的群体路径

从图 2-8 可以看出,在游戏扩散之初青少年中男生游戏者的比例就显著地高于女生,且随着时间的推移两者的差异越来越大。从学校来看,在游戏扩散之初,重点学校学生游戏者的比例显著地高于非重点学校的学生,后者又显著地高于职高/中专/技校的学生,可以明显看出前文所述的游戏从重点学校逐渐扩散到非重点学校和职高/中专/技校的特征(见图 2-9)。

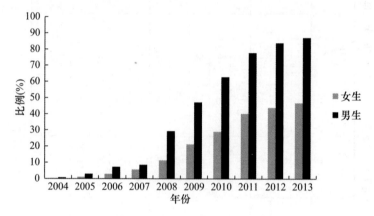

图 2-8　全国青少年游戏者的比例与性别的 Logistic 回归,2004～2013 年

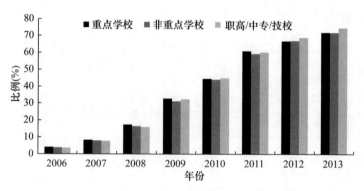

图 2-9　全国青少年游戏者的比例与学校类别的 Logistic 回归,2006～2013 年

青少年所在年级与游戏者的比例之间的关系也再一次得到了验证。虽然在各个年份中,年级与游戏者的比例都是呈正相关的,但是青少年所在年级对青少年玩游戏的影响逐年降低,在模型中显示为,随着

青少年所在年级的升高其回归系数不断降低(见图 2-10)。

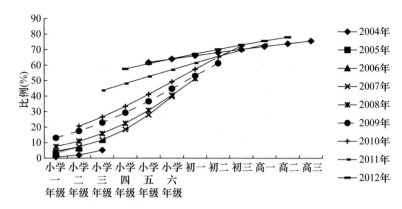

图 2-10　全国青少年游戏者的比例与所在年级的 Logistic 回归,2004～2012 年

对于不同年份中学业表现对青少年游戏者的比例的影响全国数据与昆明数据呈现了不同的趋势。在昆明案例中,呈现出"在游戏扩散之初,学业表现中等及优异的青少年是玩游戏的主力人群;随着游戏在青少年群体中的进一步扩散,游戏成为各个成绩段青少年的共同行为"的特点。但全国数据的分析结果并不支持这一观点。

(二) 游戏扩散的地理和经济路径

在昆明市的案例中,电脑游戏的扩散路径是从主城区到副城区,再到远郊区县。这一路径同样适用于全国,发达地区青少年游戏者的比例始终高于欠发达地区青少年游戏者的比例,但随着时间的推移,发达地区青少年玩游戏的比例增速放缓、欠发达地区青少年游戏者的比例增速显著上升的情况并未出现。因此,从昆明市案例中发现的青少年游戏群体由城区向郊县扩散的规律在全国数据中没能得到证实。

从家庭收入的角度来看,各年份都呈现出家庭收入越高,青少年中游戏者比例越高的特点。但随着电脑游戏的扩散,家庭收入对青少年玩游戏的概率的影响越来越弱,正向回归系数逐渐降低,这与昆明市的案例相同。

至此,我们依据全国范围内的调查数据对昆明市抽样调查中形成的游戏扩散路径研究假设的验证结果如表 2-5 所示,五个假设中有三个假设成立:(1) 在性别差距方面,青少年游戏者中男女生的比例差距随着游戏的进一步扩散呈现出加大趋势;(2) 在学校类别方面,电脑游戏从重点学校扩散到非重点学校、职高/中专/技校;(3) 在家庭收入方面,电脑游戏从高收入家庭的青少年扩散到低收入家庭的青少年。而未能得到证明的假设主要为针对地域类型和学业表现的假设,即(4) 电脑游戏从城区逐渐扩散到郊县和(5) 在学业表现上,电脑游戏在学业表现中等和优异的学生"尝鲜"之后,逐渐发展为青少年中普遍的娱乐活动,这两个假设未能在全国数据中得到验证(见表2-5)。

表2-5 研究假设验证结果

假设内容	实证结果
性别差距:青少年游戏者中男女生的比例差距随着游戏的进一步扩散呈现出加大趋势。	成立
学校类别:电脑游戏从重点学校扩散到非重点学校、职高/中专/技校。	成立
家庭收入:电脑游戏从高收入家庭的青少年扩散到低收入家庭的青少年。	成立
地域类型:电脑游戏从城区逐渐扩散到郊县。	不成立
学业表现:电脑游戏在学业表现中等和优异的学生"尝鲜"之后,逐渐发展为青少年中普遍的娱乐活动。	不成立

游戏在"95后"青少年群体中的扩散,2008年、2010年和2013年是三个重要的时间点。2008年及以前,游戏是一种小众的娱乐行为,玩游戏在整个社会中还比较少见。2010年,青少年游戏者的比例接近一半。到2013年,玩游戏的青少年接近青少年总体的64.3%,至此,游戏才成为一种真正的大众文化现象。

从这个结果来看,截至2013年,电脑游戏在中国的扩散已经经历了超过十年的时间。而从2012年、2013年青少年中游戏者占比增速放缓的趋势来看,电脑游戏日趋成熟,其在特定人群(在本次研究中为12~18岁)中的占比也逐渐达到一种稳定状态。

电脑游戏从小众到流行的扩散过程可以从多个角度来进行描述。从早期接触人群来看,与固有的看法不同的是,游戏的早期接触者并不是学业表现欠佳的学生,而其实更多的是重点学校的学生,之后才扩散到非重点学校和职高/中专/技校等学生群体中。除此以外,游戏扩散中还存在两个重要的趋势:一是随着游戏的扩散,男性游戏者占比更多、更快地参与进来;二是家庭收入对游戏使用概率的影响逐渐减弱。

在梳理完电脑游戏的历程扩散后,我们可以更深刻地理解它在发展过程中所呈现的特征和产生的影响。电脑游戏的扩散开始于大城市、重点学校、学业表现中等和优异的青少年群体中,随后才逐渐扩散到欠发达地区、非重点学校、学业表现欠佳的青少年群体中。结合下文将要展示的研究成果,我们可以发现,真正沉迷于游戏的群体更多的是游戏扩散后期才接触游戏的青少年群体。这一发现说明电脑游戏对不同青少年群体的影响是有差异的,先接触游戏的大城市青少年反而相对更少地沉迷于游戏,这提醒我们需要重新审视游戏对青少年的社会化的影响。

第三章 青少年游戏者族群特征

要对青少年游戏使用的情况有所了解，首先需要了解其游戏使用行为本身的多样性。在详细分析青少年网络游戏基本使用形态之前，本书将从"族群"的思路出发，对青少年游戏使用者进行类别上的划分，以便之后的讨论更具针对性，并贴近使用行为的现实状态。

电脑游戏发展至今，其主要类型依据游戏设备和联网状态可分为电脑端网络游戏（PC网游）、单机游戏和移动终端网游（在手机、平板电脑等移动设备上玩的游戏）三类。不同类型的电脑游戏有其相对独特的吸引力，需要玩家投入的时间和精力也各不相同，因此，对不同游戏类型的偏好是区分游戏者的一个主要维度。在本章，我们将依据青少年偏好的游戏类型来划分青少年游戏"族群"。

第一节 青少年游戏行为概览

在各类游戏中，PC网游最受青少年欢迎，在受访对象中，有约五成青少年表示最近半年玩过PC网游。此外，33.7%的受访对象表示最近半年玩过电脑单机游戏，最近半年玩过移动终端网游的仅有17.2%，是三类游戏中比例最低的。另外，还有35.7%的青少年最近半年三类游戏都没玩过，这部分青少年我们进行了单独归类，将在之后的几章中作为参照组进行对比分析（见图3-1）。

通过对青少年主玩游戏类型的调研可以看出，PC网游在青少年中较受欢迎。在最近半年玩过游戏的青少年（以下简称游戏玩家）中，有64.8%的游戏玩家主要玩PC网游，主要玩单机游戏的则有26.7%，而主要玩移动终端网游的仅有8.5%。由于本次调查的青少年群体尚处于学校和家长的管束之下，拥有或能够使用移动设备的比例还相对较低。但随着智能手机的普及，移动终端网游的使用比例在整个社会中会有非常明显的上升趋势（见图3-2）。

从对游戏的历程扩散分析中我们可以看到，男生和女生对电脑游戏感兴趣的程度具有显著差异。与女生相比，男生对游戏的兴致更高。

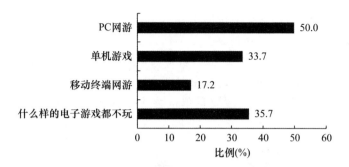

图 3-1 青少年最近半年玩过的游戏类型，2013 年

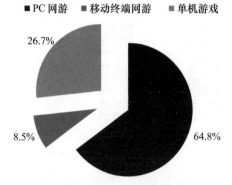

图 3-2 青少年主要玩的游戏类型

在最近半年青少年玩过的各类游戏中，男生的比例都要明显高于女生。其中，PC网游最受男生的喜爱，最近半年玩过的男生占比达 75.1%，是女生占比的两倍以上。另外，有超过一半的女生表示最近半年什么游戏都没玩过（见图 3-3）。

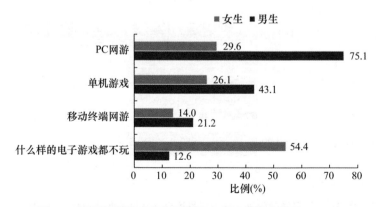

图 3-3 不同性别的青少年最近半年玩过的游戏类型，2013 年

从不同性别青少年主玩的游戏类型来看,男女生都喜欢尝试各种类型的游戏,其中 PC 网游最受他们的喜爱。最近半年玩过游戏的玩家中,73.4%的男生表示主要玩的、玩得最多的是 PC 网游,女生玩家中则有 51.5%。相比之下,女生玩家对于 PC 网游的钟爱度没有男生高。在三种游戏类型中,女生主要玩单机游戏和移动终端网游的比例都明显高于男生(见图 3-4)。

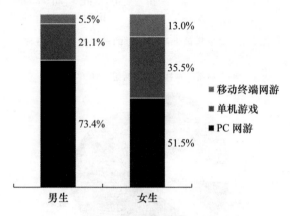

图 3-4　不同性别的青少年主玩的游戏类型

通过对比不同学龄阶段的青少年最近半年玩过的游戏类型,我们发现,与小学生相比,初中生、高中生更爱玩游戏,玩各种游戏的比例都较高。在小学生中,什么游戏都不玩的比例达 45.4%,高于初中生中的 34.3%和高中生中的 29.1%。而随着年级的升高,越来越多的青少年开始接触到游戏,游戏经历更加丰富,玩过的游戏类型也更多(见图 3-5)。

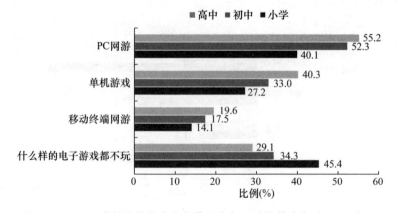

图 3-5　不同学龄阶段的青少年最近半年玩过的游戏类型,2013 年

毋庸置疑，游戏已经成为当今青少年重要的娱乐方式，但游戏在青少年各项娱乐活动中的地位如何，还需进一步明确。从统计数据来看，在游戏日益普及的今天，青少年在游戏之外仍有很多其他的休闲娱乐活动，将游戏作为主要娱乐方式的青少年并不是主体人群（见图3-6）。

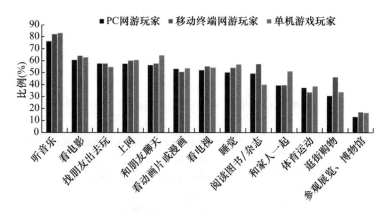

图 3-6　青少年游戏之外的娱乐活动，2013 年

青少年的娱乐活动整体上比较丰富，听音乐、上网、看电视等个人活动，以及和朋友出去玩、和朋友聊天等群体活动都是在青少年中比较受欢迎的休闲娱乐活动。在各项娱乐活动中，听音乐是青少年最主要的娱乐方式。在三类游戏玩家中，将听音乐作为主要娱乐活动的比例均为最高。此外，上网也是青少年普遍较偏爱的娱乐活动（见图3-7）。

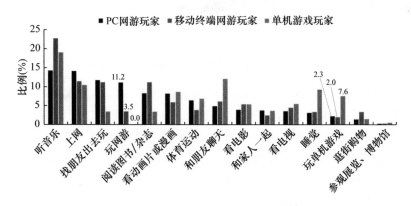

图 3-7　青少年的主要娱乐活动，2013 年

从玩家类别来看，PC 网游玩家中将游戏作为主要娱乐活动的比例最高，为 13.5%。相比之下，仅有 7.6% 的单机游戏玩家、5.5% 的移动

终端网游玩家将游戏作为主要的娱乐活动。

整体来看,在所有青少年中,有 26.6% 将游戏作为主要的娱乐活动。究其原因,最重要的一点是游戏所具有的时间经济性。调查结果显示,三类游戏玩家选择"游戏最能在有限时间内获得最大放松"的比例均为最高。此外,选择玩游戏"方便,得空就能玩"的比例也较高。如今,青少年的学业负担普遍较重,空闲时间较为有限,游戏作为一项耗时少,又可以让人充分放松的娱乐活动,自然得到了他们的青睐(见图 3-8)。

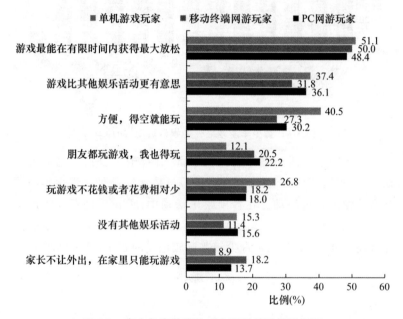

图 3-8 青少年将游戏作为主要娱乐活动的原因

此外,因为"游戏比其他娱乐活动更有意思"而选择游戏作为主要娱乐方式的青少年比例也较高。还有相当比例的青少年是因为"朋友都玩游戏,我也得玩",这一点在 PC 网游玩家中体现得尤为明显。而在单机游戏玩家中,选择"游戏不花钱或者花费相对少"的比例也较高,这恰好呼应了我们在研究中发现的单机游戏玩家有较高的游戏消费敏感度这一情况。

第二节 不同游戏类型使用者的族群特征

不同类型的游戏拥有不同的操作特点、互动特点等。相应地,其玩家在游戏行为、游戏心理、受到游戏的影响等方面也存在一定的差异。基于此,我们将游戏玩家依据主玩游戏类型分为三个群体,并将非游戏玩家作为参照组进行对比分析(见图3-9)。

(1) PC网游玩家:最近半年玩过PC网游且最常玩、玩得最多的是PC网游;

(2) 移动终端网游玩家:最近半年玩过移动终端网游且最常玩、玩得最多的是移动终端网游;

(3) 单机游戏玩家:最近半年玩过单机游戏且最常玩、玩得最多的是单机游戏;

(4) 非游戏玩家:最近半年什么样的电子游戏都不玩。

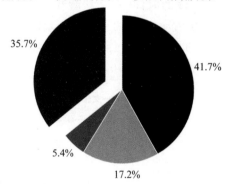

图3-9 青少年各类游戏玩家的比例

PC网游玩家和单机游戏玩家是青少年中的主要玩家群体,分别占青少年玩家总体的41.7%和17.2%。由于青少年在移动终端产品的使用上受到的阻碍较多,比如手机性能不佳、父母和学校对于其使用手机的限制等,移动终端网游玩家的比例相对较低,只占总体的5.4%。

此外,由于青少年受到父母、学校等方面的约束,又面临繁重的学业压力,所以有超过三分之一的青少年近半年未玩过电子游戏,属于非游戏玩家。

(一)非游戏玩家:中小城市中低收入家庭的女生

在游戏成为青少年群体重要娱乐活动的背景下,对非游戏玩家的研究就变得至关重要。通过对前期调研的分析,我们发现非游戏玩家中女生居多,比例远高于男生,且在各个年龄段的女生中,非游戏玩家的比例分布也较为均匀。

对照游戏扩散的整个过程来看,相较于女生,电脑游戏对男生有更大的吸引力。对女生来说,整天对着电子屏幕玩游戏并不是她们最青睐的娱乐方式,在游戏之外还有许多其他的休闲娱乐选择。而在男生中,玩游戏已经成为他们日常生活中的一项重要活动,因此男生中非游戏玩家的比例要低得多。

研究还发现,在男生非游戏玩家中,年龄在14~16岁的比例最低,年龄更小和更大的男生比例都有所增加。这是因为,年龄较小的男生中许多人还没开始接触游戏,而年龄较大的男生则具有更重的学业压力,很可能因此减少玩游戏的时间,甚至从游戏玩家转变为非游戏玩家。游戏虽然是一种娱乐活动,但也需要花费一定的时间,从游戏中获得的收益和投入的成本的相关性,也会随着青少年的年龄和所处生命周期的变化而不断发生变化(见图 3-10)。

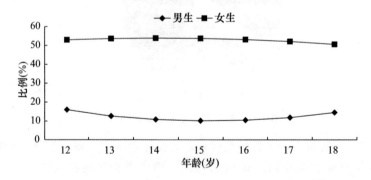

图 3-10 青少年非游戏玩家与年龄、性别的 Logistic 回归

与高收入家庭的青少年相比,来自低收入家庭的青少年的非游戏玩家比例更高。这是由于,玩游戏需要游戏设备上的支出,无论是家里买电脑还是去网吧,都需要青少年的家庭为之支付一定的费用。对于家庭经济情况较差的青少年来说,花钱玩游戏就显得有些奢侈,因此不在他们可选的娱乐活动之列(见图 3-11)。

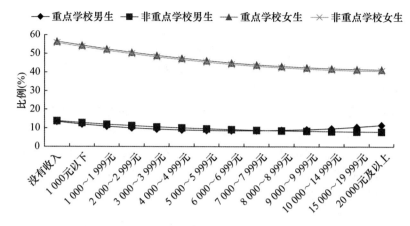

图 3-11　青少年非游戏玩家与家庭月收入、学校和性别的 Logistic 回归

在女生中,非游戏玩家的比例随家庭收入的降低而升高的趋势更为明显,整体来看,女生中非游戏玩家的比例要远高于男生。其原因在于,女生对于玩游戏的兴趣和需求相对男生而言较低,又相对懂事和听话,来自中低收入家庭的女生可能更懂得体贴家里的难处,通常不会因为自己玩游戏的需要而增加家里的经济负担。

在三、四、五线城市生活的女生中,非游戏玩家的比例要高于在一、二线城市生活的女生;而男生中非游戏玩家的比例无论在何种城市线级都处于较低的水平。在大城市中,玩游戏已经成为青少年中流行的娱乐方式;而在中小城市,游戏在青少年中的流行程度则相对较低。生活在大城市的女生虽然拥有更好的休闲娱乐设施和条件,但由于大都市中人与人之间距离遥远,她们成了彼此隔绝的孤岛,因此,在家中玩游戏自然成了她们休闲娱乐的一种选择(见图 3-12)。

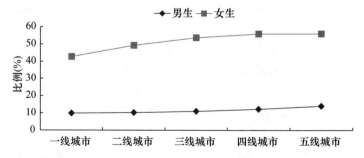

图 3-12　青少年非游戏玩家与城市线级、性别的 Logistic 回归

(二) PC 网游玩家：受到的管理较宽松、时间充裕的青少年

PC 网游是非常具有代表性的一类网络游戏，也是整个游戏行业中最重要的细分市场。基于多玩家网络协同操作的方式，PC 网游为每个玩家在独立的进程之外提供了一个与外部世界沟通的广阔平台，进而在游戏中建立起一个庞大的虚拟世界。这个庞大的虚拟世界需要玩家持续不断地投入时间和精力。对于青少年而言，是否拥有充足的空闲时间是决定他们能否成为 PC 网游玩家的关键因素。通过对回归分析结果的研究，我们发现了 PC 网游玩家中的三类代表性人群：不住校的男生、非重点学校的初中生和中小城市的非独生子女（见图 3-13）。

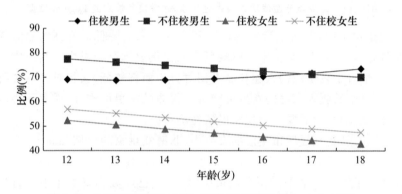

图 3-13　PC 网游玩家与年龄、性别、住校情况的 Logistic 回归

整体来说，男生中 PC 网游玩家的比例要远高于女生。PC 网游是各类游戏中较为复杂的一种，需要更多时间和精力的投入，对于追求游戏成就的男生有更大的吸引力。在男生中，不住校的男生成为 PC 网游玩家的比例整体上要高于住校的男生。相对于住校生而言，走读生可自由支配的时间更多，有更多的机会接触电脑，成为 PC 网游玩家的可能性自然更高。在女生群体中也是如此，不住校女生中 PC 网游玩家的比例要明显高于住校的女生。

在住校和不住校的男生中，PC 网游玩家的比例随年龄的增长呈现出不同的变化。在不住校的男生中，PC 网游玩家的比例会随着年龄的增长而逐渐下降，在住校男生中则相反；在 17～18 岁的青少年中，住校男生中的 PC 网游玩家比例甚至超过了不住校的男生。这是因为，住校男生长期生活在家长管控之外，最初他们由于学校的严格管理而较难

接触到需要持续投入大量时间和精力的 PC 网游,但随着年龄的增长、自我意识的发展和叛逆心理的出现,学校的围墙就无法阻隔他们对 PC 网游的热情了。相比之下,不住校的男生一直生活在家长的管控之下,随着年龄的增长、学业压力的加大,可以玩游戏的时间不断减少,其 PC 网游玩家的比例也随之逐渐下降。

不住校的低年级男生是 PC 网游玩家中非常具有代表性的一类群体,他们之中 PC 网游玩家的比例最高。一方面,他们有很多接触电脑的机会;另一方面,较轻的学业负担使他们拥有更多的空闲时间。基于此,互动性强的 PC 网游成了他们钟爱的娱乐活动。

在各个学龄阶段和各类学校的青少年中,非重点学校的初中生成为 PC 网游玩家的比例最高。这类青少年的学业压力较小,与小学生相比,他们又具有更高的电脑接触率及更熟练的操作技能。而进入高中后,即便是非重点学校的青少年,仍承担着高考带来的巨大压力,他们因此不得不放弃需要花费大量时间和精力的 PC 网游。

对就读于重点学校的青少年而言,PC 网游玩家的比例虽然在他们当中也呈现出从小学、初中到高中由升到降的趋势,但整体变化并不明显。面对较重的学习负担、学校和父母更为严格的管理,PC 网游对于重点学校的青少年来说,是一项在时间和精力消耗上过于奢侈的娱乐活动(见图 3-14)。

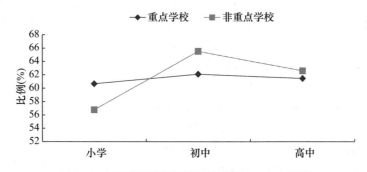

图 3-14　PC 网游玩家与年级、学校的 Logistic 回归

来自不同线级城市的青少年中,中小城市的青少年成为 PC 网游玩家的比例更高,其中的非独生子女更是 PC 网游玩家中的主力军。这在一定程度上是由于其所在环境中的娱乐设施和资源相对匮乏,电子游戏便成为他们娱乐活动的主要选择。同时,相对于需要高性能移动设备的移动终端网游以及对显卡和 CPU 要求极高的单机游戏,PC 网游

对设备性能的整体要求不高,更具普遍性,在家里的旧电脑和低配置的网吧电脑上都可以玩,因此在经济发展水平相对低的中小城市更为流行。此外,相对于独生子女家长对孩子无微不至的关注而言,非独生子女拥有更多可自由支配的时间,成为 PC 网游玩家的比例也较高(见图 3-15)。

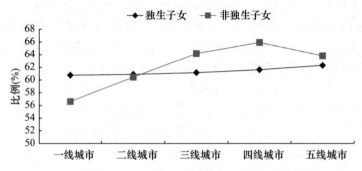

图 3-15　PC 网游玩家与城市线级、独生子女的 Logistic 回归

(三)移动终端网游玩家:休闲需求与女生玩家

移动终端网游继承了网络游戏的互动性特点,但其对游戏设备的要求相对于 PC 网游更高。在本研究进行调查的 2013 年,智能手机、平板电脑等移动终端在青少年群体中还没有大面积普及,这也限制了移动终端网游在青少年群体中的扩散。青少年中移动终端网游玩家的比例要远低于 PC 网游玩家和单机游戏玩家。

从性别来看,女生中移动终端网游玩家的比例要明显高于男生。从前文青少年玩游戏的情况概览中可以看到,男生整体比女生更爱玩游戏,男生中玩过移动终端网游的比例也要高于女生。但在各类游戏中,大部分男生主要花时间在 PC 网游中,因此被归为 PC 网游玩家;移动终端网游玩家中女生则成为主要群体。

移动终端网游的休闲性相较于其他游戏类型更强,对女生有更大的吸引力。同时,移动终端网游的操作相对简单,因此在年纪较小的女生中受到欢迎。而在男生群体中,移动终端网游玩家的比例在各年龄段男生中都维持在较低的水平。从总体来看,随着年龄的增长,移动终端网游玩家的比例会有所上升。这是因为,随着年龄的增长,越来越多的青少年拥有了自己的移动设备;同时,逐渐加重的学业压力也迫使他们放弃消耗大量时间和精力的 PC 网游,转向可以随时随地利用碎片化时间玩的移动终端网游,因此高年级男生中移动终端网游玩家比例较高(见图3-16)。

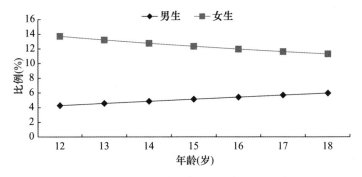

图3-16 移动终端网游玩家与年龄、性别的Logistic回归

整体而言,独生子女中移动终端网游玩家的比例要明显高于非独生子女。许多研究认为,相较于非独生子女,独生子女家庭更容易为子女提供更好的物质条件。在针对青少年的调查中,我们发现独生子女更可能拥有自己的移动设备,成为移动终端网游玩家的可能性也相对更高(见图3-17)。

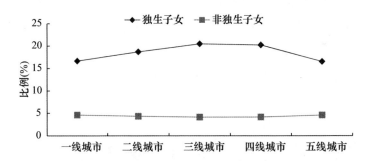

图3-17 移动终端网游玩家与城市线级、独生子女的Logistic回归

(四)单机游戏:高年级的游戏玩家

单机游戏虽然不能通过互联网实现多人互动,但其精致的画面、生动的故事、震撼的音效对于游戏玩家也有着巨大的吸引力。与网络游戏相比,单机游戏不需要投入太多的时间和精力,因而成为时间较有限的青少年的选择。

就读于重点学校、14～18岁的青少年是单机游戏玩家的主要群体。他们的学业压力较大,没有太多可以自由支配的空闲时间,因而花费时间相对较少的单机游戏受到他们的欢迎(见图 3-18)。

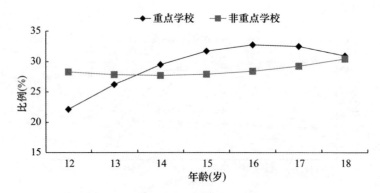

图 3-18　单机游戏玩家与年龄、学校的 Logistic 回归

不住校的青少年是 PC 网游玩家的主体,而在住校生中,单机游戏玩家的比例则整体更高。其中,一线城市的住校生成为单机游戏玩家的比例尤其高。这是由于,他们尚处于较严格的学校管理环境中,不能随时接触到游戏设备,可自由支配的休闲娱乐时间也较少,到周末回家时,玩一玩耗时少、轻松休闲的单机游戏成了不错的选择。

与 PC 网游相比,单机游戏在中小城市青少年中受欢迎程度较低,无论是否住校,大城市中单机游戏玩家的比例都要高于中小城市(见图 3-19)。

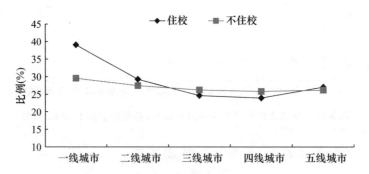

图 3-19　单机游戏玩家与城市线级、住校情况的 Logistic 回归

第四章 青少年游戏使用的基本形态

青少年对游戏的使用是多方面的，其基本形态也可以从多个维度进行描述与分析。在这一章中，我们将从游戏类型、游戏频率、游戏时长、游戏花费、游戏地点、游戏玩伴、游戏接触与退出以及游戏动机与实现八个方面来进行说明，并着重探究青少年游戏使用行为的社会和文化意义。

第一节 游戏类型

在PC网游、移动终端网游和单机游戏三大类游戏中，各自都有更为细致的游戏种类和题材的划分。在具体的游戏种类选择上，各类玩家存在着不同的倾向，但在青少年群体中，一个比较一致的趋势是复杂游戏的吸引力在降低。

(一) 不同类型玩家的游戏选择

大型有端网游是最能全面体现PC网游特点的一类网络游戏，其对PC网游玩家的吸引力不言而喻。在接触网络游戏种类方面，PC网游玩家对大型有端网络游戏的接触比例最高，近九成的PC网游玩家表示玩过大型有端网络游戏；此外，76.8%的PC网游玩家表示这类游戏玩得最多，比例远远超过其他种类的PC网络游戏（见图4-1、4-2）。

社交游戏、平台类联网游戏和虚拟社区儿童产品在PC网游玩家中也有一定市场，玩过这三类游戏的PC网游玩家的比例分别为28.5%、24.9%和22.5%。但是与大型有端网游相比，其他种类的网游对于PC网游玩家来说只是辅助性的娱乐方式，他们虽然也会玩社交游戏、平台类联网等其他网游，但不会将其作为主玩的游戏种类。

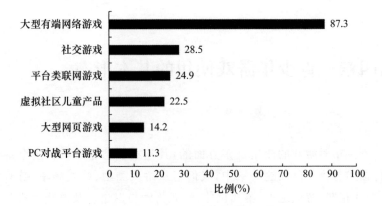

图 4-1 PC 网游玩家接触的游戏种类

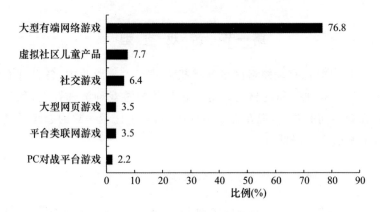

图 4-2 PC 网游玩家最常玩的游戏种类

对移动终端网游玩家而言,社交游戏是他们的最爱(见图 4-3)。56.3%的移动终端网游玩家玩过社交游戏,最常玩社交游戏的移动终端网游玩家占比也达到了 45.6%(见图 4-4)。此外,平台类联网游戏也较受移动终端网游玩家的欢迎,42%的移动终端网游玩家玩过该类游戏,25.6%的移动终端网游玩家表示玩平台类联网游戏玩得最多。

相比之下,大型网络游戏在移动终端网游玩家中并不普及,仅 27.3%的移动终端网游玩家在移动设备上玩过大型网游,最常玩大型网游的移动终端玩家占比仅为 15.9%。移动终端的大型网络游戏对移动设备的性能以及网络环境的稳定性有较高的要求,游戏体验与 PC 端大型网游有一定差距,因此对于玩家的吸引力有限。

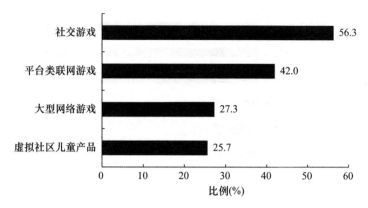

图 4-3 移动终端网游玩家接触的游戏种类

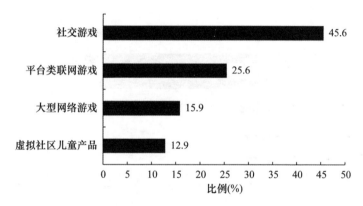

图 4-4 移动终端网游玩家最常玩的游戏种类

在单机游戏玩家接触的游戏种类中,无须联网的手机游戏最为普及,53.4%的单机游戏玩家表示玩过这类游戏。无须联网的手机小游戏对于设备的要求不高,对于游戏的地点、时间也没有过多的限制,因此很容易成为单机游戏玩家的休闲娱乐选择(见图4-5)。

但是,在最常玩的游戏种类上,PC单机游戏超越手机游戏成为单机游戏玩家玩得最多的游戏,占比为35.9%。相对手机游戏而言,PC单机游戏设计更宏大、画面更精美、游戏体验更好,因此能够吸引玩家在这类游戏上投入更多的时间和精力。此外,有28.8%的单机游戏玩家表示玩得最多的游戏是手机游戏,电脑上的小游戏也较受单机游戏玩家的喜爱,26.2%的单机游戏玩家最常玩这类游戏(见图4-6)。

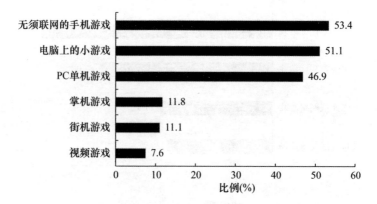

图 4-5 单机游戏玩家接触的游戏种类

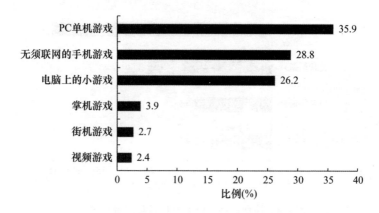

图 4-6 单机游戏玩家最常玩的游戏种类

（二）游戏种类偏好

在具体的游戏种类方面，无论是对于 PC 网游玩家、移动终端网游玩家还是单机游戏玩家，角色扮演 RPG 游戏都是最受喜爱的游戏种类，三类玩家中分别有 50.2%、37.7% 和 42.9% 的玩家表示经常玩角色扮演 RPG 游戏（见图 4-7、4-8、4-9）。角色扮演 RPG 游戏通过构建一个游戏中的虚拟世界，为玩家提供虚拟身份，使玩家能够在游戏的世界中体验到现实中无法得到的快感。除角色扮演 RPG 游戏外，射击、策略、动作、冒险等游戏种类在各类游戏玩家中也都比较受欢迎。

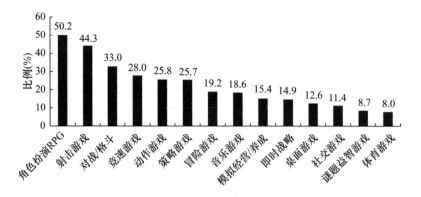

图 4-7 PC 网游玩家最常玩的游戏种类

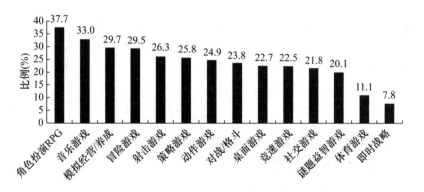

图 4-8 移动终端网游玩家最常玩的游戏种类

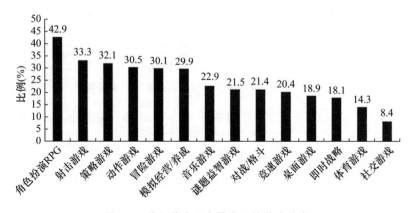

图 4-9 单机游戏玩家最常玩的游戏种类

由于三类游戏玩家所玩游戏类型和游戏设备不同,在常玩的游戏种类上也存在一定差异。PC网游能够通过网络实现多人交互,因此,对战/格斗类游戏在PC网游玩家中有较大的市场。相比之下,移动终端网游由于设备限制难以满足玩家对于游戏体验的较高要求,而单机游戏只能实现人机交互,因此对战/格斗类游戏在这两类玩家中的受欢迎程度相对较低。此外,由于移动终端相对有限的性能,在移动终端网游玩家中,音乐游戏、模拟经营/养成游戏等占用内存相对较小、对设备性能要求较低的游戏种类格外受欢迎。

在所玩的游戏种类方面,男生玩家和女生玩家存在较为明显的差异。总的来说,男生偏爱较为复杂、需要投入大量时间和精力的游戏,女生则较偏爱相对较简单的休闲类游戏。

在PC网游玩家中,男生和女生最常玩的都是大型有端网络游戏,但在具体比例上差异较大:男生中高达85.1%的玩家最常玩大型有端网游,女生玩家中这一比例仅为58.6%。而在虚拟社区儿童产品、社交游戏、平台类联网游戏等较为简单、休闲的游戏上,女生玩家的比例都要明显高于男生玩家(见图4-10)。

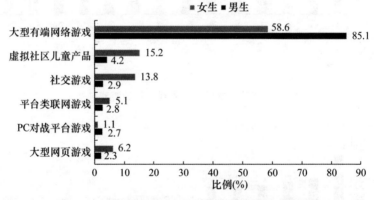

图4-10　不同性别的PC网游玩家最常玩的游戏种类

移动终端网游相对PC网游整体偏简单,平台类联网游戏、大型网络游戏在移动终端网游中属于相对较复杂的游戏种类,社交游戏、虚拟社区儿童产品则属于相对休闲的游戏种类。在移动终端网游种类的选择倾向上同样可以看到明显的性别差异。超五成的女生玩家最常玩社交游戏,超出男生玩家近22个百分点。在虚拟社区儿童产品上,女生玩家的比例也显著高于男生。相对而言,男生玩家玩平台类联网游戏、大型网络游戏的比例较高;尤其在大型网络游戏方面,28%的男生玩家最常玩这类游戏,比例是女生玩家的 3 倍以上(见图 4-11)。

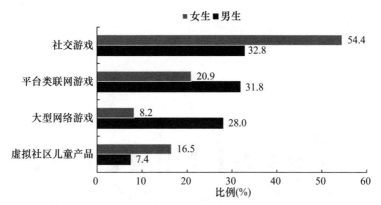

图 4-11　不同性别的移动终端网游玩家最常玩的游戏种类

在单机游戏玩家中,男女在游戏种类选择上的差异同样明显。单机游戏中最为复杂的 PC 单机游戏是男生玩家最常玩的游戏种类,55%的男生玩家表示玩 PC 单机游戏玩得最多;相比之下,只有 18.2% 的女生玩家最常玩 PC 单机游戏。无须联网的手机游戏和电脑上的小游戏这类较为简单、休闲的游戏在女生中更受欢迎,最常玩这两类游戏的女生玩家比例分别为 39.1% 和 37.6%,均为同类别男生玩家占比的 2 倍以上(见图 4-12)。

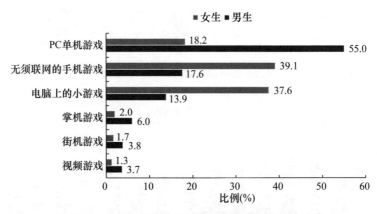

图 4-12　不同性别的单机游戏玩家最常玩的游戏种类

在具体的细分游戏种类方面,男、女玩家的差异体现得更为突出。PC 网游、移动终端网游、单机游戏三类游戏玩家中,无论男生还是女生玩家对角色扮演 RPG 游戏都较喜爱,但在射击、竞速、动作、策略、对战/格斗等相对复杂、需要涉入程度更高的游戏上，男生玩家的比例均远远高于女生。相对男生而言，女生玩家更喜欢音乐、模拟经营/养成、社交、桌游等更为简单、休闲的游戏种类，这在三类游戏玩家中都有较为明显的体现（见图 4-13、4-14、4-15）。

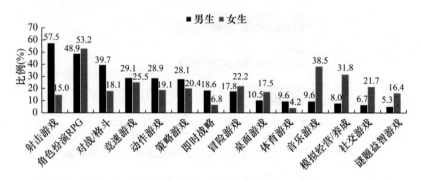

图 4-13　不同性别的 PC 网游玩家最常玩的游戏种类

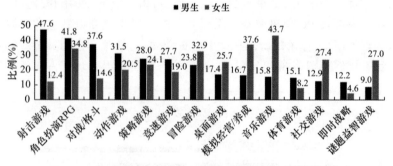

图 4-14　不同性别的移动终端网游玩家最常玩的游戏种类

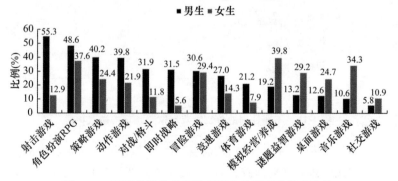

图 4-15　不同性别的单机游戏玩家最常玩的游戏种类

（三）游戏种类与年级变化

不同年级的玩家在游戏种类选择上存在明显的差异。整体而言，初中、高中生玩家更倾向于玩较为复杂的游戏，小学生玩家则更喜欢简单的娱乐性游戏。随着年级的增长，玩家的游戏种类选择存在着由简单向复杂逐渐变化的趋势。

对于 PC 网游中最为复杂的大型有端网游而言，初中生和高中生玩家的比例显著高于小学生玩家。有 82.5% 的高中生玩家和 78.2% 的初中生玩家表示最常玩大型有端网游，小学生玩家中最常玩大型有端网游的比例则为 65.3%。而在虚拟社区儿童产品上，小学生玩家的比例达到 19.8%，远远高于初中生和高中生玩家（见图 4-16）。

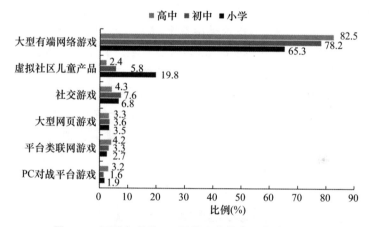

图 4-16 不同年级的 PC 网游玩家最常玩的游戏种类

在移动终端网游玩家中同样可以看到这一趋势，社交游戏在小学生、初中生和高中生玩家中都很受欢迎，不同年级的玩家在社交游戏的偏好程度上没有表现出显著差异。但是，对于平台类联网游戏、大型网络游戏这类较复杂的移动终端网游，可以明显地看出高年级玩家的比例更高。而在虚拟社区儿童产品方面，小学生玩家的比例则要远高于初中生和高中生玩家（见图 4-17）。

不同年级的单机游戏玩家在游戏种类选择上也与前两类玩家相类似。对于单机游戏中最为复杂的 PC 单机游戏，高中生玩家和初中生玩家的比例分别为 39.2% 和 38.3%，相比之下小学生玩家中最常玩 PC 单机游戏的比例仅为 26.9%。在各类单机游戏中，小学生玩家玩得最多的是电脑上的小游戏，有 38.5% 的小学生玩家表示最常玩这类游戏，

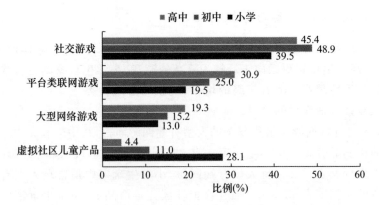

图 4-17 不同年级的移动终端网游玩家最常玩的游戏种类

比例远高于初中生和高中生玩家。值得注意的是,无须联网的手机游戏也属简单游戏之列,但在这类游戏上,初中、高中生玩家的比例要稍高于小学生玩家。一个可能的解释是,随着年级和年龄的增长,青少年持有移动设备,尤其是较高性能移动设备的可能性增加,高年级玩家更常玩手机游戏的现象可能与其相对低年级玩家而言更高的手机持有率有关;另外,高年级学生的学业负担较重,相较于需要花费较多时间的PC 游戏,能够充分利用碎片化时间的手机游戏更受他们的青睐(见图 4-18)。

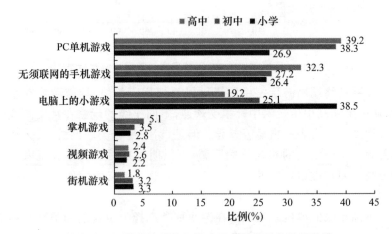

图 4-18 不同年级的单机游戏玩家最常玩的游戏种类

除去现实的制约因素(如时间约束)以外,游戏本身在青少年日常生活和社会化过程中所扮演的角色差异也很可能是造成青少年游戏类型选择差异的重要原因。事实上,相对复杂的角色扮演 RPG 游戏在不同性别、不同年龄段青少年中的流行印证了游戏心理理论中"复演说"和"社会化"的观点。一方面,青少年通过自成体系、相对完整和精细的电脑游戏提前预演和经历未来社会化的一些阶段。而另一方面,随着年龄逐渐增长,青少年的社会化过程逐渐完成,游戏对青少年的吸引力也逐渐降低。虽然在本研究中没有对此进行专门的研究设计并验证此种趋势,但复杂的游戏在完成其教化和社会化功能后对青少年的吸引力有所削弱甚至消失是一个完全符合观察的研究假设。复杂游戏的吸引力降低反映了游戏在青少年不同的社会化阶段扮演了不同的角色。

第二节 游戏频率

游戏频率是描述青少年游戏行为的又一个重要方面,也是家长、学校、社会关注的重点。其实,青少年的游戏频率受到很多因素的影响。对于 12～18 岁的青少年而言,上学期间玩游戏比较有节制,频率主要集中在一周 1～3 次。一周玩 1 次和一周玩 2～3 次的青少年占比分别为 18.6% 和 28.5%。受青少年使用者自身情况、家长和老师的管理程度等因素影响,青少年玩游戏的频率分布较为分散,有 24.9% 的青少年玩游戏的频率低于一周 1 次,其中,6.5% 的青少年表示上学期间从来不玩游戏。但也有 28% 的青少年会一周玩 4～5 次及以上,其中,17.1% 的青少年几乎天天玩游戏(见图 4-19)。

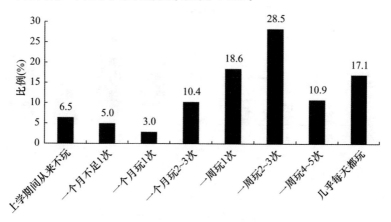

图 4-19 青少年上学期间玩游戏的频率

但是到了寒暑假,青少年普遍开始通过游戏释放上学期间的压力,玩游戏的频率大幅上升。近一半的青少年表示在寒暑假期间几乎每天都玩游戏,比例比上学期间上升了32.3个百分点。一周玩4～5次游戏的青少年比例也从10.9%上升到了21.2%,一周不足1次的比例则从24.9%下降到6.4%(见图4-20)。

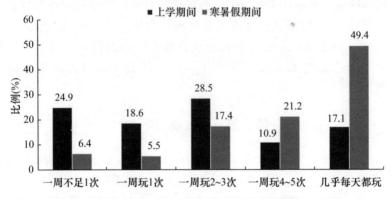

图4-20 青少年寒暑假期间玩游戏的频率

性别是影响游戏频率的另一个因素。从整体上看,男生玩游戏的频率高于女生。上学期间,无论男生还是女生,一周玩2～3次的比例最高,但男生几乎每天都玩游戏的比例达到了19.9%,女生则是12.8%,相差7.1个百分点。上学期间从来不玩游戏的女生比例是9%,比男生高出4.1个百分点(见图4-21)。

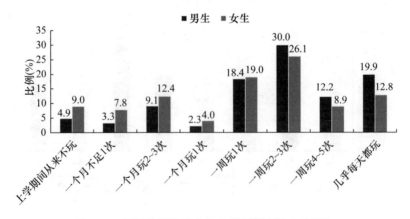

图4-21 不同性别的青少年上学期间玩游戏的频率

在寒暑假期间,男生、女生玩游戏的频率都有明显上升。但男生玩游戏的频率分布比女生更加集中,55.2%的男生几乎每天都玩游戏,而女生每天都玩游戏的比例仅为40.4%,比男生低了14.8个百分点;女生一周玩4~5次的比例与男生持平,而一周玩2~3次、一周玩1次以及一周不足1次的比例都高于男生。只有4.1%的男生玩游戏的频率低于每周1次,同样情况下女生的比例仍有10.2%(见图4-22)。

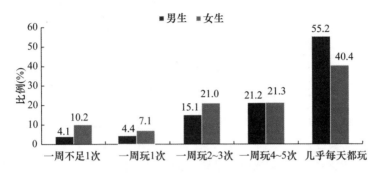

图4-22 不同性别的青少年寒暑假期间玩游戏的频率

不同学校学生玩游戏的频率也有所不同。与重点学校相比,非重点学校有更多上学期间高频率玩游戏的学生,一周玩4~5次及以上的比例为31.8%,比重点学校高出8.7个百分点;而重点学校的学生低频率玩游戏的比例更高,一周玩1次及以下的青少年占到玩游戏学生比例的48.1%,比非重点学校高出8.1个百分点(见图4-23)。

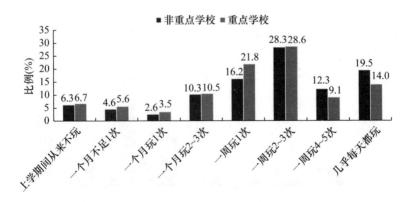

图4-23 不同学校类型的青少年上学期间玩游戏的频率

在寒暑假期间,重点学校和非重点学校的青少年都开始高频率地玩游戏,各频率的分布比例大致相当,非重点学校的青少年几乎每天都玩的比例高出重点学校2.8个百分点,为50.6%(见图4-24)。

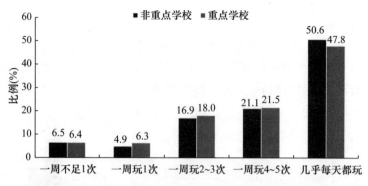

图 4-24 不同学校类型的青少年寒暑假期间玩游戏的频率

不同的游戏类型也对游戏者的游戏频率有着重要影响。PC 网游的虚拟现实性最强,玩家往往更容易沉浸其中,通过频繁进入游戏世界,获得现实中无法实现的满足感。另外,PC 网游在游戏任务、游戏关卡的设置上比较复杂,需要长时间、高频率的投入。从数据中我们也可以看到,PC 网游玩家高频率玩游戏的比例更高。

但是在上学期间,"几乎每天都玩"的比例最高的并不是 PC 网游玩家,而是移动终端游戏玩家,比例达 18.2%。这主要是因为青少年上学期间的休闲时间是零散的,移动终端游戏是他们接触和使用最方便的游戏形式(见图 4-25)。而当青少年进入寒暑假,PC 网游玩家和移动终端游戏玩家每天都玩的比例差距明显增大。PC 网游玩家中有 53.6%的人每天都玩,比移动终端游戏玩家的比例高出了 14.6 个百分点(见图 4-26)。

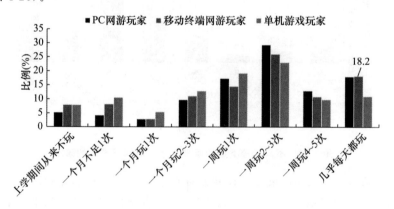

图 4-25 不同游戏类型的青少年上学期间玩游戏的频率

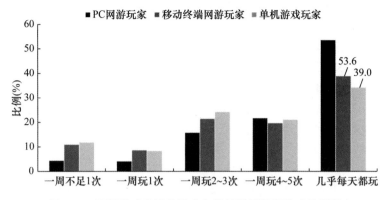

图 4-26 不同游戏类型的青少年寒暑假期间玩游戏的频率

在各年级阶段的青少年 PC 网游玩家中,都有 6%～7% 的学生上学期间从不玩游戏。一般来说,PC 网游玩家玩游戏的频率主要集中在一周玩 2～3 次,但是不同年级的比例分布差异较大。小学生一周会玩 2～3 次的比例为 31.8%,31% 的小学生玩游戏的频率低于一周 2 次,而 37.2% 的小学生则高于一周 3 次;到了初中,学习任务加重,高频率玩游戏的学生比例有所降低,仅为 29.6%,而低频率玩游戏的学生比例上升至 38.3%,一周玩 2～3 次的比例相比小学则基本持平,为 32.1%。在高中阶段的使用者中,虽然低频率玩游戏的学生比例上升到了 47%,但高频率玩游戏的学生比例并没有下降,甚至略有上升(见图 4-27)。

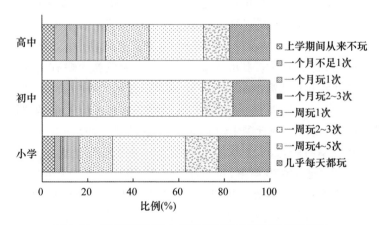

图 4-27 PC 网游玩家上学期间玩游戏频率的年级差异

在移动终端网游玩家中,小学生一周玩 2～3 次的比例为 33%,44.3% 的小学生玩移动游戏的频率低于一周 2 次,而有 22.7% 的小学生则高于这个频率；初中生整体变化不大，高频率和低频率玩游戏的学生比例略有增加；但高中生的情况差异最为明显。随着学习任务加重，游戏时间越来越少，但为了缓解学习压力，高中阶段的青少年仍有很大的游戏需求。此时，移动终端游戏时间碎片化的特征刚好契合了这个年级青少年的需求，一周玩2～3次的比例下降到20.9%，而高频率玩游戏的学生比例则从初中的25.8%激增到了38.6%，与此同时，低频率玩游戏的学生比例下降到40.6%（见图4-28）。

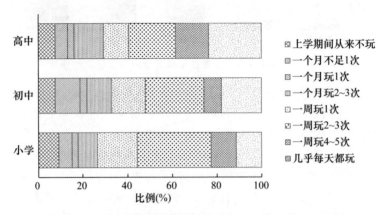

图4-28 移动终端网游玩家上学期间玩游戏频率的年级差异

在单机游戏玩家中，随着年级的升高，上学期间从来不玩、一个月玩2～3次及以下的青少年比例逐级递增，而一周玩4～5次的比例则逐级递减。也就是说，高年级的青少年玩单机游戏的频率更低，尤其是一周玩2～3次的比例从初中的26.1%直接下降到高中的17%。但值得注意的是，高中生玩家中几乎每天都玩的比例较初中略有上升，即由初中的9.1%上升到高中的11.9%。这可能是因为高中阶段是学习的关键时期，家长和老师在其他游戏和游戏设备方面多有管束，如断掉家里的网线等，使得部分青少年转向单机游戏（见图4-29）。

游戏频率的概念，除去其物理含义以外，更重要的是它还是游戏吸引力的表征。通过游戏频率，我们可以再次看到：游戏对于男生的吸引力远大于女生；随着年龄和年级增长，游戏对青少年的吸引力逐渐下降。第三章分析了不同类型青少年游戏玩家的比例及特征差别，其中，PC网游玩家比例最高。事实上，通过游戏频率以及下一节将会分析的游戏时长可以发现，PC网游也是对青少年吸引力最大的一种游戏类型。而这种吸引力，是游戏的娱乐功能和社会化功能的直接体现。

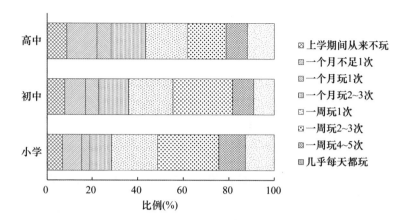

图 4-29 单机游戏玩家上学期间玩游戏频率的年级差异

第三节 游戏时长

青少年的游戏时长是多方关注的另一个问题。从对青少年的调研来看,仅有 23.3% 的青少年单次玩游戏的时长在 1 小时以内。26% 的青少年单次玩游戏的时长在 1~2 小时之间,21.4% 的青少年在 2~3 小时之间,有 29.3% 的青少年玩游戏会超过 3 个小时(见图 4-30)。

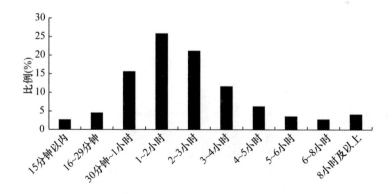

图 4-30 青少年单次游戏时长分布

PC 网游玩家玩 PC 网络游戏的时间普遍在 1 个小时以上,这一比例达到 84.4%,远远高于移动终端网游(51.8%)和单机游戏(55.9%)的占比。青少年玩 PC 网游的时长主要集中在 1 个小时到 4 个小时之间,其中 1~2 小时占 24.8%,2~3 小时的占 24%,3~4 小时的占

14%。单机游戏的时长则主要集中在30分钟~1个小时之间。受到终端形态的影响,移动终端网游的时长分布最为集中,移动终端网游玩家中有28.5%玩游戏的时长在30分钟~1小时之内(见图4-31)。

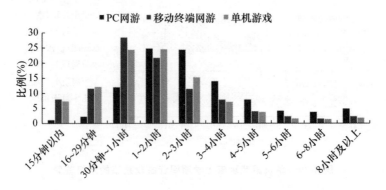

图4-31 不同游戏类型的青少年单次游戏时长分布

从整体来看,女生单次游戏时长比男生短,但不同游戏类别的性别差异程度不同。其中,移动终端网游玩家的性别差异最小,单次游戏时长不超过1小时的女生比例为51.3%,高出男生7.9个百分点。PC网游玩家单次游戏时长不超过1小时的女生比例为22.6%,比男生(12.4%)高出10.2个百分点。单机游戏玩家中,单次游戏时长不超过1小时的女生占了57.5%,男生仅为27.6%,相差近30个百分点(见图4-32、4-33、4-34)。

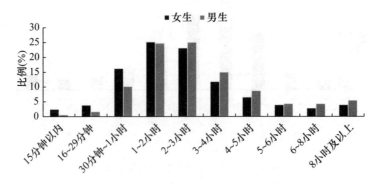

图4-32 不同性别的PC网游玩家单次游戏时长分布

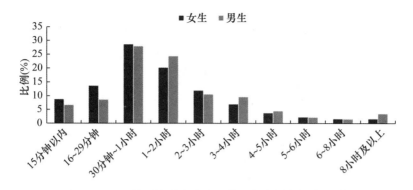

图 4-33 不同性别的移动终端网游玩家单次游戏时长分布

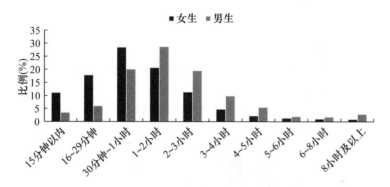

图 4-34 不同性别的单机游戏玩家单次游戏时长分布

三类玩家单次玩游戏的时长都显示出随着年级的升高而增加的趋势,即高中阶段有更多青少年长时间玩游戏,PC 网游玩家和单机游戏玩家的这一趋势更为明显(见图 4-35、4-36、4-37)。从 PC 网游玩家的

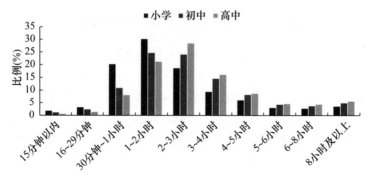

图 4-35 不同年级的 PC 网游玩家单次游戏时长分布

数据中可以看到：小学生玩游戏的时长集中在 1～2 小时，比例为 30.2%；初中生玩游戏的时长分布向 2～3 小时集中，单次游戏时长在 1～2 小时和 2～3 小时的比例分别为 24.8% 和 24.2%；而高中生玩 PC 网游的时长主要集中在 2～3 小时，比例为 28.5%。

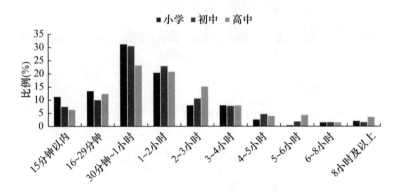

图 4-36　不同年级的移动终端网游玩家单次游戏时长分布

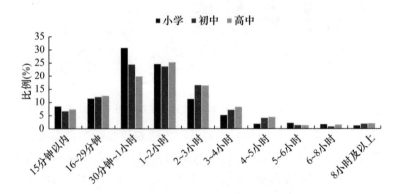

图 4-37　不同年级的单机游戏玩家单次游戏时长分布

在移动终端网游玩家中，小学生和初中生单次游戏时长分布比较集中，一般在 30 分钟～1 小时，其中，小学生的比例为 31.4%，初中生的比例为 30.6%。这个阶段的孩子相对高中生来说较少拥有自己的手机或其他移动设备，家长对他们的管束也较多，他们往往被要求将游戏时间控制在 1 小时之内。高中生可能是受到学习压力的影响，单次玩游戏的时长分布情况比较分散，但长时间玩游戏的比例仍高于小学生和初中生。

无论是 PC 网游玩家、移动终端网游玩家，还是单机游戏玩家，住校生比走读生长时间玩游戏的比例都更高(见图4-38、4-39、4-40)。其中,PC网游玩家最明显。PC网游黏性大、耗时长,退出往往需要有较强的外因。住校的青少年虽然有学校制度的约束,但相对于"二对一"的家长,学校的管束效果仍然较轻微。且住校青少年更容易找到玩伴,获得网游中人际互动的乐趣。在移动终端网游玩家中,依然是走读的青少年短时间玩游戏的比例更高,而住校青少年长时间玩游戏的比例更高。这可能和走读青少年每日往返学校与家之间,拥有相对固定的碎片化时间有关。

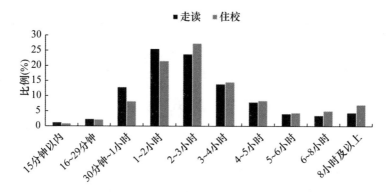

图4-38 不同就读方式的PC网游玩家单次游戏时长分布

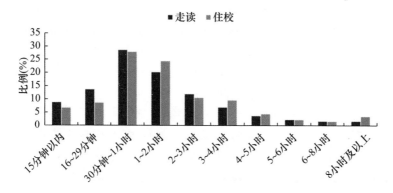

图4-39 不同就读方式的移动终端网游玩家单次游戏时长分布

与游戏频率类似,游戏时长是游戏吸引力的另一个外在表征。游戏频率和游戏时长与此同时也是社会和家长、学校关注和判别游戏利弊的重要标准。在一些情况下,"游戏沉迷"甚至被简单地等同于玩游戏的频率过高或时间过长。虽然这种界定有不合理的地方,但也能够

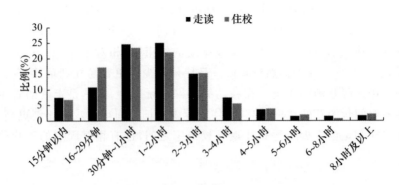

图 4-40 不同就读方式的单机游戏玩家单次游戏时长分布

从侧面反映出对游戏频率和游戏时长的控制在青少年游戏行为管控中的意义。而这方面的共识远未形成。

第四节 游戏花费

(一)游戏玩家总体花费情况

随着游戏的产业化越发成熟,游戏逐渐成为一个完整的消费领域,越来越多的游戏玩家开始在游戏上花费金钱。虽然有许多青少年高频率、长时间玩游戏,但总体而言,他们在游戏消费上普遍较有节制。超过一半的青少年从不花钱玩游戏,比例为 54.8%。这主要是因为青少年没有收入来源,经济高度依赖父母,且玩游戏时不进行消费照样可以满足心理需求。但同时需要注意的是,仍有 15.7% 的青少年每月游戏花费超过 50 元。虽然随着金额的增加,青少年玩家人数不断减少,300~399元、400~499元的比例均不足 1%,但 500 元及以上的比例又升高到了 3%,消费金额呈现两极化的趋势(见图 4-41)。

为了深入分析青少年玩家游戏消费的特点,我们将月游戏花费在 50 元及以上的青少年玩家(仅占总体的15.7%)定义为游戏高消费群体,并对这类人群进行了相应的分析。从 Logistic 回归模型中可以看出,零花钱越多的青少年游戏高消费的可能性越大。尤其是每周零花钱在一百元以上的青少年,高消费的可能性超过 10%,并且年龄越小,高消费的可能性越大。这主要是因为,年少的孩子平时衣食住行都在家长的照顾之下,很少需要独立消费,他们的零花钱主要被用来玩游戏。零花钱在 100 元以下、年龄在 15~16 岁的青少年高消费的可能性更大,这可能是因为这部分青少年通常处于青春期的叛逆阶段,又没有

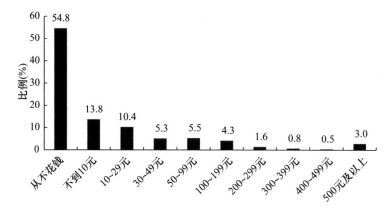

图 4-41　青少年总体游戏花费金额分布

其他的关注点和消费需求,将钱花在玩游戏上的可能性更大;而 17、18 岁的青少年在经历了一个较高的消费期后,游戏消费趋于理性,游戏的消费支出开始减少(见图 4-42)。

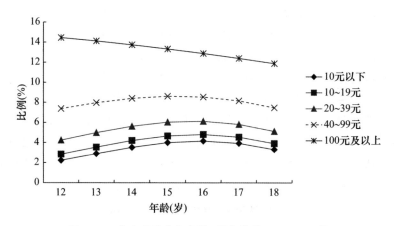

图 4-42　游戏高消费与年龄、零花钱的 Logistic 回归

整体来看,男生玩家中游戏高消费的可能性大大高于女生,一线城市男生高消费的可能性接近 18%,而女生则不足 8%。男生群体随着城市级别的降低,游戏高消费的可能性缓慢下降。这一方面可能是因为小城市的家长对孩子进行管束较方便,另一方面,男生玩游戏大多是为了自我实现与结交朋友,而小城市中现实的人际交流和往来更多,青少年利用游戏满足社交需求的概率相应降低。女生游戏高消费的趋势呈现出不明显的 U 形曲线,这一趋势的出现可以从城市发展形态差异

的角度进行解释。五线城市没有丰富的替代性娱乐设施,而一线城市规模太大,女生不适合独自出门活动,父母工作又繁忙,很少能使用到丰富的娱乐设施,这在一定程度上导致一线城市和五线城市的女生更常玩游戏、在游戏上有更高的花费(见图4-43)。

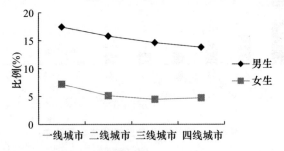

图 4-43　游戏高消费与性别、城市线级的 Logistic 回归

(二) 不同类型游戏玩家的游戏花费

PC 网游、移动终端网游和单机游戏的不同属性也导致了玩家在游戏消费上的不同表现。三类游戏玩家在游戏的花费上呈现出明显差异。PC 网游花费项目多,玩家深度嵌入游戏,黏性大,在游戏上的花费金额最高;其次是移动终端网游玩家;单机游戏玩家往往是一次性消费,故花费最少。从数据来看,82.4%的单机游戏玩家从来不花钱,移动终端网游玩家从来不花钱的比例是 64.6%,而 PC 网游玩家不花钱玩游戏的比例只有 45.7%。游戏高消费(每周花费超过 50 元)的情况则与从不花钱的情况分布相呼应,PC 网游玩家最高,为 18.9%,移动终端网游玩家为 9.5%,单机游戏玩家仅为 4.8%(见图 4-44)。

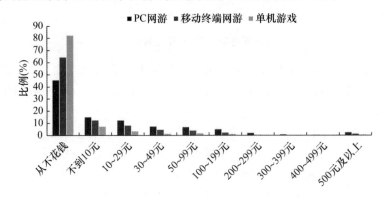

图 4-44　不同游戏类型玩家的游戏花费情况

网络游戏主要通过出售点卡、游戏道具、游戏虚拟货币等方式创收。要想在网络游戏中获得更好的游戏体验和更多的游戏特权,玩家必须支付一定的费用。所以无论是 PC 端还是移动终端,网络游戏玩家的付费情况都明显高于单机游戏玩家。其中,PC 网游玩家的游戏花费最多。通过对 PC 网游玩家的调研发现,大部分 PC 网游玩家的游戏玩伴会存钱玩游戏,从侧面反映出了 PC 网游玩家群体较高的游戏消费水平和消费意愿(见图 4-45)。

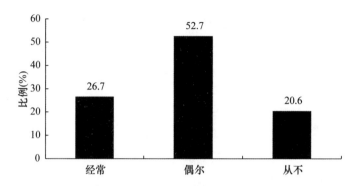

图 4-45　PC 网游玩家的游戏玩伴为买网游点卡或道具而省钱、存钱的情况

通过对 PC 网游玩家中高消费人群(每月网游花费在 50 元以上)的 Logistic 回归分析发现,14 岁及以下的青少年零花钱越多,游戏高消费的可能性越大。这一阶段的青少年大多和父母等长辈住在一起,很少需要独立消费,零花钱越多,可以用于游戏的钱越多。从模型中可以看到,零花钱不同的 PC 网游玩家在游戏高消费的可能性上呈现出不同的趋势。零花钱在 40 元及以上的青少年游戏高消费的可能性随着年龄的增大而缓慢降低,而零花钱在 40 元以下的青少年年龄越大,游戏高消费的可能性反而越大(见图 4-46)。

在城市线级方面,一线城市青少年游戏高消费的可能性最大,接近 13%,出现这种现象可能有如下几方面的原因:一是一线城市的消费水平较高,青少年有更多可支配的零花钱;二是一线城市对游戏花费的观念更开放;三是大城市的线下人际交往不足,线上游戏的交往成为重要的替代方式。随着城市级别的下降,青少年游戏高消费的可能性也随之降低。但到了五线城市,青少年可替代的线下娱乐性活动很少,高消费的可能性出现回升(见图 4-47)。

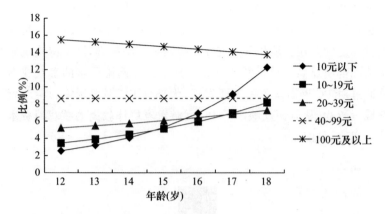

图 4-46　PC 网游玩家高消费与年龄、零花钱的 Logistic 回归

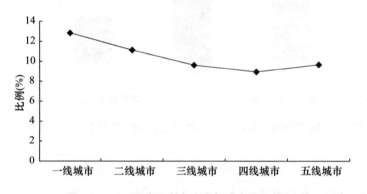

图 4-47　PC 网游玩家高消费与城市线级的 Logistic 回归

总体来看,男生 PC 网游玩家高消费的比例远远高于同类女生玩家。女生玩家每月游戏花费高于 50 元的比例仅为 8.1%,而男生玩家达到了 20.5%,高出前者 12.4 个百分点。69.8% 的女生玩家从不为游戏花钱,男生玩家中的这一比例仅为 45.1%(见图 4-48)。

为游戏付费的 PC 网游玩家主要购买游戏币、会员或 VIP 服务以及装饰性道具和功能性道具,但不同性别的玩家在消费的内容上有较明显的差异。玩 PC 网游的男生更看重游戏中技能的提升和自我成就感的实现,所以他们更喜欢在游戏币等道具上消费,这既使他们玩的时间更长、玩得更尽兴,也使得他们拥有更多的技能,可以深入体验游戏的设计,以满足自我实现的需求。而女生玩游戏更看重小圈子的交流和视觉上的满足,所以她们往往更喜欢购买会员、VIP 服务以

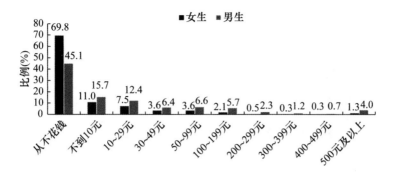

图 4-48 不同性别 PC 网游玩家的游戏花费

及装饰性道具,这使得她们有可以炫耀的话题,以迅速获得小圈子的认可。另外,值得注意的是,男生的网吧消费额大大高于女生(见图4-49)。

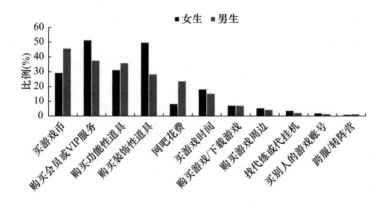

图 4-49 不同性别 PC 网游玩家的游戏消费内容

第五节 游戏地点

在青少年游戏者的游戏类型、游戏频率、游戏时长和游戏花费以外,游戏地点因为涉及管束的有效性与便利性,成为另一个重要的问题。游戏地点不仅在很大程度上影响了家长、老师管束行为的效果,也直接影响着青少年玩游戏的环境。不同的环境很可能会导致青少年在游戏行为和受到的影响方面的巨大差别。从本次研究来看,自己家是青少年玩游戏的主要地点。93.9%的青少年会在自己家里玩游戏,

19.1%的人会去网吧玩(见图4-50)。

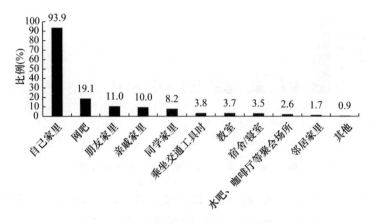

图4-50 青少年玩游戏的地点

对于学校、家长而言,网吧是不可控的,学校、家长很难对去网吧玩游戏的青少年进行游戏频率、游戏时长、游戏玩伴等方面的限制。事实上,一些网吧虽然有"未成年人禁止入内"的标识,却往往没有严格落实。同时,网吧中经常可见的暴力、血腥等内容也容易对青少年产生负面影响。数据结果也反映了这一点:相比在家玩游戏的青少年,在网吧玩游戏的青少年学习成绩更不理想,也更容易出现游戏沉迷(关于沉迷的界定,在第七章有详细介绍及论证)(见图4-51、4-52)问题。正因如此,去网吧玩游戏成为学校、家长等多方面整治的内容,把孩子限制在自家玩游戏也成为多数家长的管束方式之一。

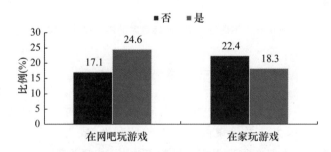

图4-51 不同游戏地点的青少年考试排名均值

对于三类游戏玩家而言,自己家都是他们玩游戏的首选地点。朋友家、同学家、亲戚家虽远不如在自家玩受欢迎,但也有较高的比例。其中,PC网游玩家选择去除自己家外的地方玩的比例最高,网吧尤其

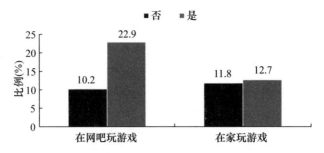

图 4-52 不同游戏地点的青少年沉迷于游戏的比例

受到青睐。移动终端网游玩家和单机游戏玩家选择在乘坐交通工具时玩游戏的比例较高(见图 4-53、4-54、4-55)。

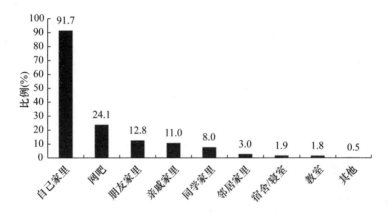

图 4-53 PC 网游玩家玩游戏的地点

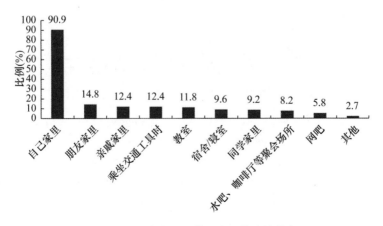

图 4-54 移动终端网游玩家玩游戏的地点

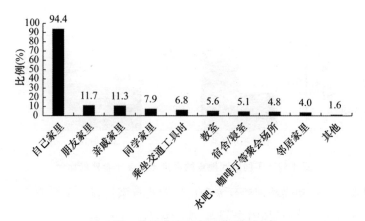

图 4-55　单机游戏玩家玩游戏的地点

对于 PC 网络游戏玩家来说,随着年级的升高,他们越来越倾向于选择社会性的游戏场所。高中生更爱在网吧或者集体宿舍玩游戏,小学生、初中生则更爱在自己家、亲戚家、同学家、朋友家、邻居家玩游戏。这可能是因为随着年级的升高,青少年的自主性增强,更有意愿和能力融入具有自主性的社会空间(见图 4-56)。

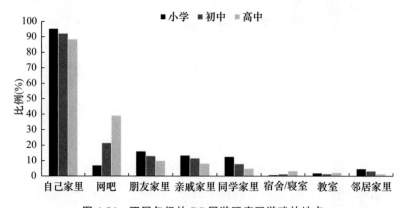

图 4-56　不同年级的 PC 网游玩家玩游戏的地点

对于移动终端网游,小学生玩家更多在自己家里玩,一方面是因为课业负担不重,另一方面是因为小学生的移动终端设备多是在家长的监控下使用。高中生则会充分利用各种碎片时间玩游戏以缓解学习压力。除了在自己家里,他们会更多在教室、宿舍/寝室、咖啡厅等聚会场所以及乘坐交通工具时玩移动终端网游(见图 4-57)。

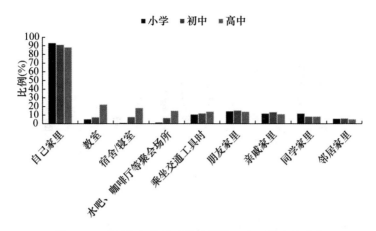

图 4-57　不同年级的移动终端网游玩家玩游戏的地点

对于单机游戏来说,各年级单机游戏玩家在游戏地点的选择上区别相对较小,他们都最常在自己家里玩游戏(见图 4-58)。

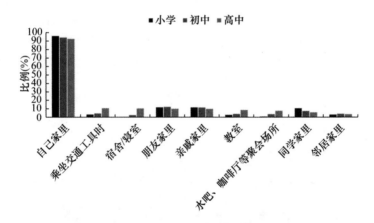

图 4-58　不同年级的单机游戏玩家玩游戏的地点

由于移动终端网络游戏的设备特征,玩家在各个场合玩的比例都很高。无论是平时放学后,还是课间休息时,无论是长途出行途中,还是公交、地铁或出租车上,都有超过 20% 的移动终端游戏玩家在玩移动终端游戏。其中,平时放学后和长途出行途中是所有玩游戏场合中连续可支配时间相对较长的两个情景,因此选择在这两个场合玩游戏的玩家比例最高,均接近 42%(见图 4-59)。

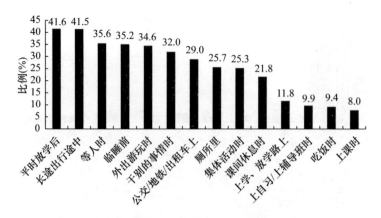

图 4-59　移动终端网游玩家玩游戏的场合

这些情境也因为移动终端玩家年级的不同而呈现出不同的倾向。高中生由于空闲时间最不连续,在各个场合玩游戏的比例都比较高,其中,课间休息时和临睡前的比例显著高于小学生和初中生。课间休息时,小学生中仅有15.7%会玩游戏,初中生中仅有14.6%,而高中生的比例则达到了36.5%。临睡前,有22.2%的小学生移动终端网游玩家会选择玩游戏,初中生的比例是33.7%,高中生则达到了47%(见图4-60)。

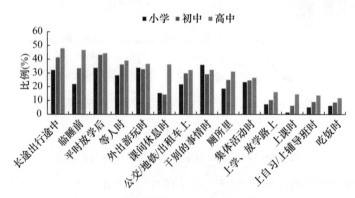

图 4-60　不同年级的移动终端网游玩家玩游戏的场合

不同级别的城市中,青少年的游戏地点选择略有不同。一线城市的PC网络游戏玩家无论是第一次接触游戏还是现在的日常游戏玩乐,都更多选择在自己家,而很少去网吧。随着城市级别的降低,这种情况呈现出相反的趋势。这主要是因为一线城市的网络普及程度较高,大多数家庭都已经联网,而小城市有更多的家庭尚没有连接互联网;其次,大城市的网吧分布相对较分散,且管理较严,而小城市的网吧分布密度高,管理上存在许多漏洞,青少年可以用各种方法轻松出入(见图 4-61、4-62)。

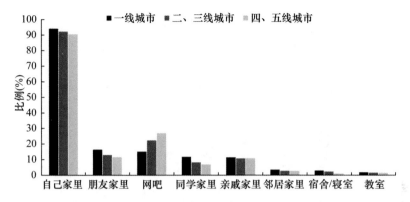

图 4-61　不同线级城市 PC 网游玩家玩游戏的地点

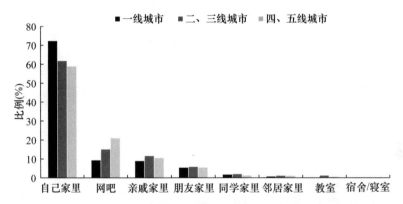

图 4-62　不同线级城市 PC 网游玩家第一次玩游戏的地点

第六节　游戏玩伴

我们在定性调查中询问被访者:"你认为游戏对你来说首先意味着什么?"或者"如果用一个词来形容游戏,你认为是什么?"我们听到的最多的答案是:"和朋友在一起""朋友"。对于作为独生子女成长起来的青少年,朋友在他们的日常生活中扮演了非常重要的角色,而游戏则扮演了非常重要的交往中介的角色。我们在对家长群体进行调查时,发现孩子对游戏玩伴的选择同样会引起家长群体的密切关注,因此我们也单独对游戏玩伴进行了研究分析。但在这一部分,我们仅就其宏观的基本形态进行分析。

网络游戏的互动性是青少年喜欢网络游戏的重要原因。从调查中我们可以看到,青少年在游戏中的社交对象也比较多元。与成年玩家不同的是,大多数青少年游戏的玩伴仍以现实生活中的同学、朋友为主,比例分别为 64.9% 和 44.4%。但需要注意的是,现实生活中并不认识的网友也占据较高的比例,达到 33.4%(见图 4-63)。

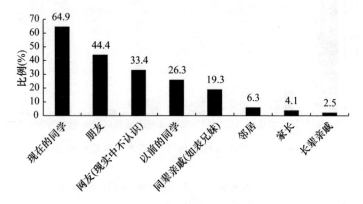

图 4-63 青少年游戏玩伴的分布

青少年对游戏玩伴的选择有较明显的性别差异。其中,男生选择同学、朋友、邻居的比例更高,而女生比男生更喜欢和同辈亲戚一起玩游戏(见图 4-64)。

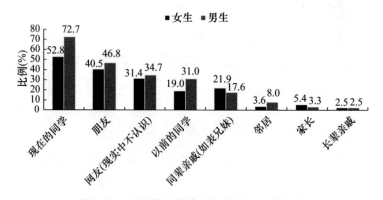

图 4-64 不同性别的青少年游戏玩伴的分布

大部分 PC 网游玩家在最常玩的游戏中都有经常和自己一起玩的线上朋友。其中,3~4 个朋友的比例最高,为 26.7%,还有 19.2% 的青少年表示和自己一起玩的朋友有 15 个及以上,而没有朋友的比例仅为

8%(见图 4-65)。

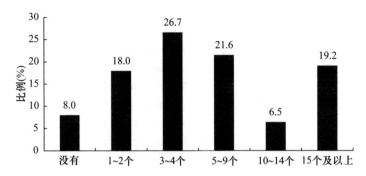

图 4-65　PC 网游玩家最常玩的游戏中线上朋友的个数

在对现实生活中朋友数量的调查中,我们发现,有相当一部分青少年线上朋友的数量远远超过了身边的同学或朋友,这在一定程度上说明,通过游戏交友是 PC 网游玩家中比较常见的行为(见图 4-66)。

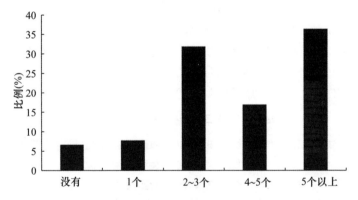

图 4-66　PC 网游玩家线上朋友中身边同学、朋友的个数

在 PC 网游玩家的游戏朋友圈中,与游戏玩法、升级、通关等相关的内容是聊天的焦点,选择比例达到 74.6%,因为在 PC 网游中,玩家间的通力合作与交流是完成任务的重要手段。但值得注意的是,选择比例仅次于它的聊天内容和游戏没有关系,为"自己生活中遇到的事情",选择比例为 31.9%。还有 20% 的 PC 网游玩家会聊社会上发生的事。这说明游戏朋友圈已经从游戏渗透进生活的方方面面,成为玩家之间人际交往的重要场所(见图 4-67)。

此外,不同性别的 PC 网游青少年玩家在聊天内容上有明显不同的倾向。男生更喜欢就游戏论游戏,对与游戏玩法、升级、通关等相关的

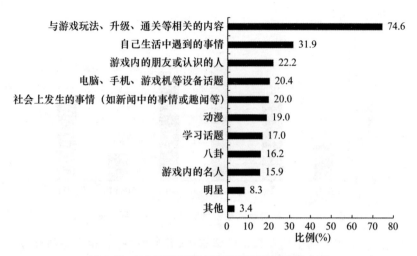

图 4-67 PC 网游玩家在游戏朋友圈的聊天内容

内容,游戏内的名人,电脑、手机、游戏机等设备话题的关注度显著高于女生。其中,与游戏玩法、升级、通关等相关的内容选择比例比女生高出了 17.6 个百分点。而女生更容易将游戏朋友圈转换成生活朋友圈,在聊八卦和自己生活中遇到的事情上选择比例显著高于男生。其中,聊八卦的女生比例要比男生高出 17.2 个百分点,聊生活的女生比例比男生高出 13.4 个百分点(见图 4-68)。

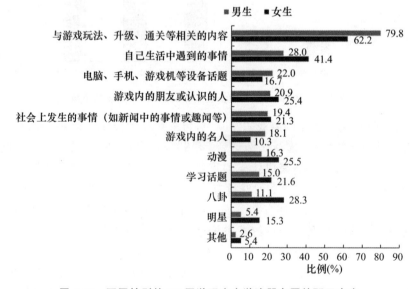

图 4-68 不同性别的 PC 网游玩家在游戏朋友圈的聊天内容

PC网游玩家对网络游戏中朋友关系的看法整体比较正面,认为网游中的朋友能互相帮助、友好合作、相互信任、坦诚相待。而认为网络游戏中的朋友可以利用、背弃的比例不到10%。从这个角度看,PC网游中的人际交往并不是匿名的肆意狂欢,而是现实人际交往的模拟与训练(见表4-1)。

表4-1 PC网游玩家对网络游戏中朋友关系的看法

对网络游戏中朋友关系的看法	认同比例(%)
网游中,我和朋友之间是相互帮助的	67.9
我在网游中可以和朋友很好合作	58.8
我和网游中的朋友是相互信任、坦诚相待的	45.2
在游戏中如果缺乏合作不可能打赢	37.1
在游戏中答应了别人的事情,即便不愿意,我也都能做到	28.6
我在游戏中没有朋友,都是自己玩	10.5
我认为网络游戏中的朋友是可以利用的	6.6
网络游戏中背弃朋友不算什么,毕竟不是现实生活	4.8
在网络游戏中遇到利益纠纷时,我会背弃朋友	2.5

目前来看,青少年从PC网游中获得了较为积极的朋友关系,但这种关系仅限于线上。55%的青少年表示自己游戏朋友圈中的人只在线上交流,完全没有线下的聚会或者活动,表示经常线下联系的青少年比例仅为5.6%(见图4-69)。

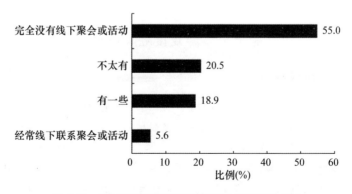

图4-69 PC网游玩家游戏朋友圈的线下活动情况

移动终端网游往往满足的是青少年随时随地玩游戏的需求,单次游戏时长比PC网游短。正是因为移动终端网游的这种使用特征,青少年更倾向于选择临时玩伴。所以,有高达 34.3% 的青少年在移动终端网游中没有线上朋友,相比之下,PC 网游玩家中这个比例仅为 8%(见图 4-70、4-71)。

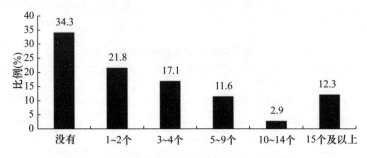

图 4-70　移动终端网游玩家线上朋友的个数

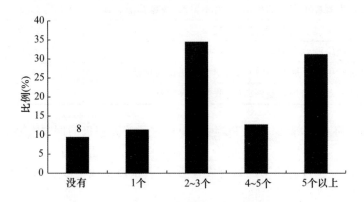

图 4-71　PC 网游玩家线上朋友的个数

第七节　游戏接触与退出

(一)首次接触

通过本章前面几个小节,我们已经对当前青少年游戏者的游戏类型、游戏频率、游戏时长、游戏花费、游戏地点、游戏玩伴等方面的情况进行了分析。在这部分,我们将依靠数据分析,从"过程—事件"的视角探究青少年如何接触新游戏、如何退出一款玩过的游戏等,从中找寻游戏在青少年游戏者中的传播路径。在游戏首次接触时间方面,小学三、四年级和五、六年级是青少年首次接触游戏的高峰期,其比例分别为 32.8% 和 24.2%(见图 4-72)。

对于三类玩家而言,小学中、高年级是他们接触各自最常玩的游戏

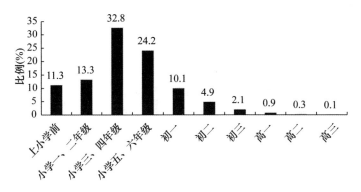

图 4-72 青少年首次接触游戏的时间

类型的高峰期。PC 网游玩家中,有 56.5% 是在这一时期首次接触网游,移动终端网游玩家中的比例是 48.8%,而单机游戏玩家中的比例为 54.6%(见图 4-73、4-74、4-75)。

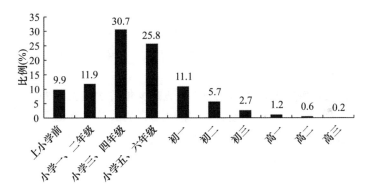

图 4-73 PC 网游玩家首次接触 PC 网游的时间

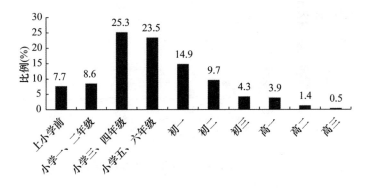

图 4-74 移动终端网游玩家首次接触移动终端网游的时间

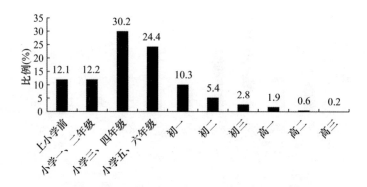

图 4-75 单机游戏玩家首次接触单机游戏的时间

与 PC 网游玩家和单机游戏玩家相比,移动终端网游玩家首次接触移动网游的时间略向后偏移。34.7%的移动终端网游玩家是在初一及以后才接触移动终端网游,而 PC 网游玩家和单机游戏玩家在初一及以后接触 PC 网游和单机游戏的比例分别为 21.5%和 21.2%。移动终端网游略迟的接触时间,一方面与低年级青少年中较低的移动设备持有率有关,另一方面,移动终端网游相对 PC 网游较短的发展历史可能也是一个原因。

从首次接触的地点来看,自己家是青少年首次接触游戏的最重要地点。在 PC 网游青少年玩家中,有 61.9%的人第一次玩网络游戏是在自己家里;单机游戏玩家中在自己家里第一次玩单机游戏的比例则为 68%(见图 4-76、4-77)。

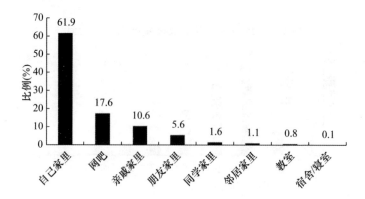

图 4-76 PC 网游玩家首次接触 PC 网游的地点

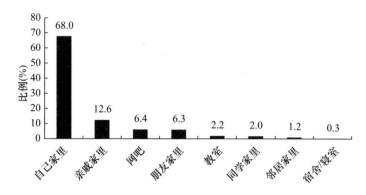

图 4-77 单机游戏玩家首次接触单机游戏的地点

对于 PC 网游玩家而言,网吧也是他们接触游戏的重要地点。17.6% 的 PC 网游玩家是在网吧第一次接触到网络游戏,而在单机游戏玩家中这一比例仅为 6.4%。

首次接触 PC 网游的地点对后来的游戏行为会有显著影响。对于 PC 网游玩家而言,他们第一次玩游戏的地点深刻影响了其后来玩游戏的地点选择。第一次在网吧玩游戏的 PC 网游玩家在被问到现在一般在哪里玩游戏时,65.5% 的人会继续选择网吧,远高于首次在家接触网游的玩家后来选择在网吧玩游戏的比例。与此同时,第一次在自己家玩游戏的青少年有 97.4% 的人依旧会在自己家玩,去网吧的比例仅为 13.4%(见图 4-78)。

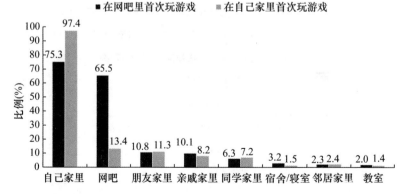

图 4-78 不同首次游戏地点的 PC 网游玩家现在玩游戏的地点

在首次接触游戏的原因方面,对于 PC 网游玩家和单机游戏玩家而言,朋友或亲人带动、自己主动尝试、无意中尝试是最主要的三个原因。

在 PC 网游玩家中,朋友或亲人带动是其接触网络游戏的最主要原因,占比达 43.9%。此外,有 33% 的 PC 网游玩家自己主动尝试网游,无意中尝试网络游戏的 PC 网游玩家占比为 18.2%(见图 4-79)。

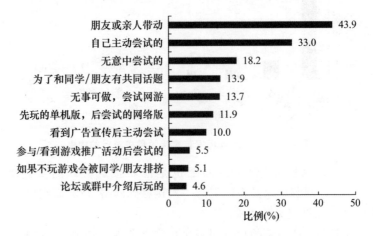

图 4-79　PC 网游玩家首次接触网游的原因

在单机游戏玩家中,自己主动尝试是首次接触的最主要原因。39.3% 的单机游戏玩家是自己主动尝试接触单机游戏的。无意中尝试而接触到单机游戏的比例也较大,为 36%。相比之下,单机游戏玩家通过朋友或亲人带动而接触的比例较 PC 网游玩家低,为 30%(见图 4-80)。

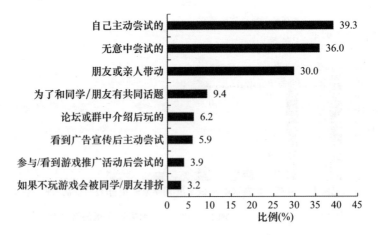

图 4-80　单机游戏玩家首次接触单机游戏的原因

值得注意的是,在 PC 网游玩家和单机游戏玩家中,都有部分玩家是出于现实中社交的需要而接触游戏。13.9%的 PC 网游玩家接触网游是为了和同学/朋友有共同话题,还有 5.1%的 PC 网游玩家表示玩网游是因为担心如果不玩游戏会被同学/朋友排挤。从这里也可以看出,电脑游戏在青少年群体中已经成为一种共同话题,并会对不参与其中的青少年产生某种群体压力。

男生与女生在首次接触游戏的原因上差异较为明显。总的来说,男生接触游戏相对女生而言更为主动。在 PC 网游玩家中,48.3%的女生玩家是通过朋友或亲人带动而接触网游,在男生玩家中这一比例为 41.9%。女生因无意中尝试和无事可做尝试网游而接触到网络游戏的比例也高于男生。相较于女生被带动接触或无意中接触的倾向,男生接触网游表现得更为主动。男生自己主动尝试接触网游的比例要略高于女生,为了和同学/朋友有共同话题、玩单机版后尝试网络版而接触网游的男生玩家比例也明显高于女生(见图 4-81)。

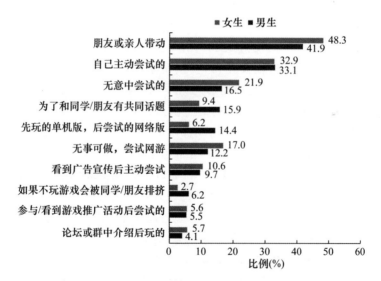

图 4-81　不同性别的 PC 网游玩家接触 PC 网游的原因

在单机游戏玩家中,同样可以看到男生更为主动的接触倾向。40.8%的男生玩家是通过自己主动尝试而接触单机游戏,女生玩家中自己主动尝试的比例则为 37.8%。女生无意中尝试和由朋友或亲人带动的比例都要高于男生(见图 4-82)。

在游戏接触上,男生玩家相较女生玩家表现出了更强的社交动机。

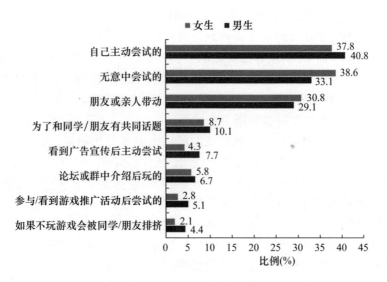

图 4-82 不同性别的单机游戏玩家接触单机游戏的原因

PC 网游玩家中 15.9% 的男生玩家是为了和同学/朋友有共同话题而接触网游,女生玩家中则仅为 9.4%;有 6.2% 的男生玩家接触网游是因为不玩游戏会被同学/朋友排挤,女生玩家中这一比例则仅为 2.1%。单机游戏玩家中情况也是如此,为了和同学/朋友有共同话题或为了不被同学/朋友排挤而接触游戏的男生玩家比例都要高于女生玩家。游戏已经成为青少年重要的娱乐活动,对于男生而言尤其如此。游戏在男生群体的社交中也逐渐占据了越来越重要的地位。和同学/朋友一起玩游戏成了男生重要的社交活动,通过玩游戏更好地融入同辈群体成了一个他们接触游戏的不可忽视的因素。

(二) 游戏退出

面对各种类型、各种题材的游戏,青少年拥有非常丰富的选择,在玩某款游戏一段时间之后不可避免地会出现退出现象。在游戏退出部分,我们主要向 PC 网游玩家询问了其一款游戏的最长接触时间以及放弃一款游戏的原因,并进行了相应分析。

在玩得最久的一款网络游戏的接触时间上,可以看到 PC 网游玩家对于网络游戏的黏性普遍较强。68.8% 的 PC 网游玩家玩得最久的一款网游玩了 1 年以上,玩了 5 年以上的占比也达到了 10.9%(见图 4-83)。

相对女生而言,男生对于网游表现出了更高的忠诚度。男生中玩

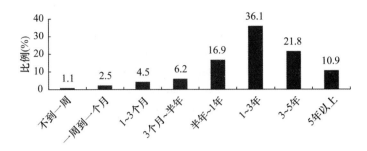

图 4-83 PC 网游玩家一款网游的最长接触时间

得最久的一款网游的接触时间在 1 年以上的占比达到了 72.3%，而在女生中则仅占 60.8%。与女生玩家相比，男生更加热爱网游，在网游上投入了更多的时间和精力。对于他们而言，在一款网游中不断升级、成为"高手"所体验的成就感要比尝试一款新游戏体验的新鲜感更具吸引力（见图 4-84）。

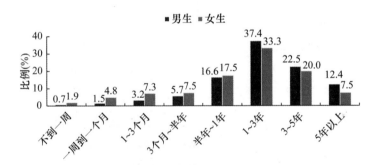

图 4-84 不同性别的 PC 网游玩家一款网游的最长接触时间

在放弃一款游戏的原因方面，选择"感觉不好玩了"的玩家比例最高，达到 57.4%。玩一款游戏一段时间后，随着新鲜感不断减弱，玩家的兴趣也开始衰退，最终放弃一款游戏（见图 4-85）。

不同性别的玩家在放弃一款游戏的原因上存在一定差异。女生因为"感觉不好玩了"而放弃一款游戏的比例很高，达到了 65.4%，高出男生 11.8 个百分点。女生对网游投入的精力较少，她们也较少有男生那种在游戏中成为"高手"的强烈愿望。女生在玩了一段时间、新鲜感过了之后，就会觉得不好玩了，进而退出游戏。此外，因为没时间而放弃一款网游的女生玩家比例也明显高于男生。

对于男生而言，游戏中的不公平因素则是他们放弃一款游戏的重要原因。因为外挂泛滥和感觉游戏很不公平而放弃了一款游戏的男生

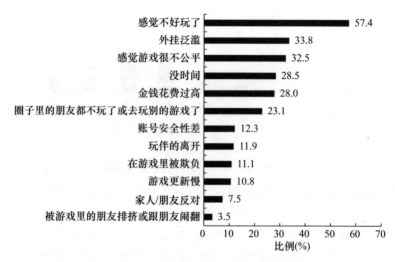

图 4-85 PC 网游玩家放弃一款网游的原因

玩家比例分别为 38.8% 和 37.9%。男生玩家因为金钱花费过高而放弃一款网游的比例也较高,为 31.3%。此外,还有 25.8% 的男生因为圈子里的朋友都不玩了或去玩别的游戏而放弃一款网游,高出女生 8.5 个百分点(见图 4-86)。

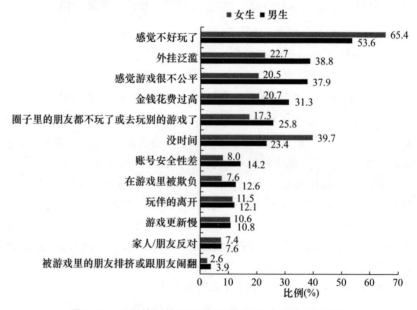

图 4-86 不同性别的 PC 网游玩家放弃一款网游的原因

除此之外,需要区分的是这里的退出游戏只是在具体游戏或者是游戏题材上的转换,并不一定是彻底放弃游戏,因此,我们可以把这种情况称为"游戏迁徙"。与"迁徙"的本意一样,之所以会有迁徙的现象,是因为原来的环境不再能满足需要,比如游戏中结成的社会网络的断裂或游戏本身吸引力的下降。

第八节 游戏动机与实现

在第一章中,我们曾以"青少年对其学业表现的自我评价"作为分类维度,对青少年的游戏使用动机进行过分析。在这一部分,我们也将以"青少年对其游戏使用的自我评价"为依据,对其游戏使用的动机及目标进行归类和分析。

动机是指向某种未满足的需求的力。沃尔德科夫斯基将动机定义为激发和启动行为、给予行为导向和目标、使行为得以持续、指导选择或者偏向一个特别的行为的一系列过程。① 动机与行为有着不可分割的联系,构成了完整、连贯的行为表征系统。游戏动机是驱动青少年进行网络游戏的主要个体内部力量。

网络游戏的使用动机研究经历了几个时期的变化。早在网络游戏雏形出现的 MUD(Multi-User Dungeon)时代,理查德·巴特尔就通过定性分析将游戏玩家划分为成就型玩家、探索型玩家、社交型玩家和杀手型玩家四种。② 在广泛流行的 MMORPG (Massive Multiplayer Online Role-Playing Game,大型多人在线角色扮演游戏)时期,尼古拉斯·伊通过开放式问卷和聚类分析的方法归纳出成就因素、代入感因素以及社交因素三种游戏动机类型。③ 随着网络游戏越来越精美、虚拟世界观架构越来越完整,在相关研究中也有学者提出超越现实、逃避现实的游戏动机,即玩家通过网络游戏来实现现实生活中无法完成的体验,或通过沉浸在游戏世界中来逃避现实世界中的压力和痛苦。④

---

① 参见 Wlodkowski, R. J., *Motivation and Teaching: A Practical Guide*, Washington D. C.: National Education Association, 1986, pp. 12-13。
② 参见 Bartle, R., "Hearts, Clubs, Diamonds, Spades: Players Who Suit MUDs," *Journal of MUD Research*, 1996, 1(1)。
③ 参见 Yee, N., "Motivations for Play in Online Games," *Cyberpsychology, Behavior and Social Networking*, 2006, 9(6)。
④ 参见 Wen-Bin Chiou, Chin-Sheng Wan, "A Further Investigation on the Motives of Online Games Addiction," National Educational Computing Conference, 2006。

在定性访谈中,我们也发现游戏动机不同的青少年被访者往往表现出不同的游戏行为和特征。HZ01表示他玩游戏的原因是"在家没事干,出去也没人玩,就是一个人逛大街"。另一被访者HZ07也觉得"闲的话,没有事就是上网,看有没有什么事可以干,别的东西也没什么好玩的,有时间就去玩一下(网络游戏)"。这样的描述体现出他们对网络游戏内容本身并没有十分痴迷,而是他们自身枯燥的生活形态使得网络游戏成为一种性价比最优的娱乐方式。

CD01则表现出截然不同的游戏动机。他的游戏方式是,每个假期都在小群体内以民主讨论的方式决定玩哪款游戏,然后换一个新服务器从零开始一起玩。"我们玩的都是那种团队技艺的游戏,必须要合作才能玩好这款游戏,我们之间就会有明确的分工,然后来玩好这款游戏。……有专门拿来扛水的、有专门拿来加水的、有专门防御的、有完全用来攻击的、完全用来输出的、完全用来防御的,就是那种可防可守,完全是一个整体,不让别人来攻击。"对于CD01来说,游戏的级别、奖励已经成为次要的东西,而朋友之间的团队合作、角色分工、谋篇布局带来的成就感成为他投入网络游戏的重要动因。

HZ08则表现出第三种游戏动机。他是一名职高在读学生,认为好的游戏"要有刺激性才好玩",当主持人问谁的游戏成绩好的时候,他以接近抢答的速度回答说:"我!"他对其游戏能力与游戏战绩表现出极强的自豪感。他认为,面对游戏挑战任务时,不仅他的报酬处在"顶级"水平,而且他完成任务的质量高、速度快,"我抢到了黄金,后面得分比较多""刷进去后,10分钟就搞定了"。HZ08的游戏动机来自游戏中的自我实现,且这种实现是他在现实的学习与生活中无法获得的。

根据以上三位被访者身上体现出的不同类型的游戏动机,结合既有研究者总结出的成就、社交、逃避现实等动机类型,我们用定量数据进行了检验。通过对"网络游戏最吸引你的地方"的15个条目进行因子分析,我们成功抽取了4个有效因子(KMO检验值0.888,巴特勒特球形检验显著性小于0.05,累积贡献度50.92%)。

通过归类发现,F1包含3个条目,我们将之命名为"理性计算"。这一类动机均是被访者对游戏与其他娱乐方式进行理性比较后做出的效用最大化选择,他们玩游戏主要是因为游戏与其他娱乐方式相比花费更少、便利性更强、更能让自己融入同辈群体,而并不是因为游戏本身能为他们带来多大的满足感。F2包含5个条目,我们将之命名为"社交成就"。这类游戏动机强调朋友、协作带来的成就感和能力提升,类似CD01反映出的特征。F3包含3个条目,均是游戏内容本身的吸引力,如音效、画面、玩法等,它们被命名为"游戏内容"。F4包含4个条目,此类动机反映出被访者对现实生活的不满,希望在游戏中发泄不满、改变现实,因此该因子被命名为"逃避现实"(见表4-2)。

表4-2 游戏动机因子分析结果

	F1 理性计算	F2 社交成就	F3 游戏内容	F4 逃避现实
相比其他娱乐方式花费更少	0.656			
能不被同学排挤	0.603			
不用出门就能享受娱乐	0.645			
能获得成就感		0.523		
能学到东西或锻炼能力		0.537		
和团队/朋友的协作配合		0.739		
能够加深与现实朋友圈的交流		0.418		
交到新朋友		0.472		
游戏玩法很吸引人			0.358	
音效震撼			0.801	
画面优美			0.863	
体验另一种生活				0.506
释放压力、发泄情感				0.590
消磨时间				0.726
现实中做不到的通过游戏实现了				0.404

到这里,我们已经比较清楚地梳理了电脑游戏在中国青少年中的历程扩散,并分析了青少年游戏使用的基本形态。历程扩散分析的意义在于帮助我们理解游戏在青少年群体中和在时间序列上的扩散过程,为在此基础上完成更进一步的研究课题提供思路。比如在对游戏沉迷的研究中,通过比较游戏的历程扩散和青少年游戏沉迷现象的人群特征,我们可以发现,最早接触游戏的大城市、重点学校的学生并不是如今沉迷游戏的主要人群。这部分青少年没有沉迷于游戏的原因很值得探究。这些问题让我们的视线从游戏行为本身深入更广阔的社会环境与生活。

本书关于青少年游戏使用的基本形态的研究,既可以为研究者和各相关方提供关于青少年游戏行为的一个全局性的通览,也可以为此后进一步的研究提供经验材料。接下来几章我们将在这一部分的经验基础之上,对游戏涉入、游戏沉迷及其界定,尤其是更重要的游戏涉入与沉迷的相关影响因素等关键问题开展深入研究。

第二编　青少年游戏涉入与沉迷

通过对青少年游戏使用基本形态和行为的研究，我们发现，网络游戏并不像既往研究中所认为的那样是少数"坏孩子"的消遣活动，也不是男生的专利。随着互联网在过去三十年的普及，以及近年来移动终端游戏的兴起，游戏已逐渐日常化，成为青少年群体中普遍的媒介使用行为。游戏日常化这一趋势会直接影响游戏沉迷研究的视角和观念的变革。

在这种媒介和生活背景下，网络游戏一方面为青少年行为和心理研究带来了新的问题，研究的重要性再次凸显；另一方面，游戏使用也反过来为了解当前青少年的日常生活和发展状况提供了路径。然而，当前的社会舆论、政府、业界、学界对于网络游戏的关注与争议仍然主要集中在网络游戏成瘾，以及由此引发的网络成瘾等方面。在定性与定量调查中我们都非常明确地感受到，家长、教师及青少年群体自身都深受"沉迷""上瘾"这类观念的影响，这是影响人们对网络游戏的认知的非常重要的一点。游戏使用与沉迷之间形成的强关联想象，在影响各界对网络游戏认知的同时，最终也将影响青少年自身对游戏使用的认知及使用行为。

这一现象并不孤立，也绝非偶然，它与每个时代的大众对于青少年媒介接触的担忧一脉相承。担忧并非毫无必要，但将视角如此集中于"沉迷"层面，却对沉迷缺乏科学认知的时候,矛盾与冲突就显而易见。在本研究针对家长群体进行的定性访谈中,"度"的概念被不断提及。"我并不是反对你玩游戏,而是凡事要讲一个度。"BJ08(家长座谈会被访者)说。因此,问题的关键在于如何为青少年的游戏行为界定一个"度"。

想要界定这个"度",我们将引用"涉入"这个概念,用来解决过去一直困扰网络游戏使用认知的"使用—沉迷"二元结构问题。我们认为,必须首先对使用、涉入和沉迷这三个截然不同的概念和研究思路进行明确区分。随着互联网的迅速发展,网络游戏的类型也越发多样化,终端的选择也随之更丰富,青少年面临更多来自网络游戏的吸引力。同时,生活背景和日常交往方面的客观因素,以及自我方面的主观因素,正共同促使青少年成为行为和心理上的"游戏涉入者"。

涉入是一个动态过程,涉及的范围更全面,包含的因素也更多元,是相对更客观、中立的研究视角。无论对青少年研究还是游戏产业发展,理解游戏涉入的状态并了解影响游戏涉入的因素都是有帮助的。

目前,大多数青少年网络游戏研究都针对相对极端的游戏沉迷,对游戏涉入的概念缺乏明确、全面的操作化定义,对于游戏涉入的影响因素也缺乏结构化的定量分析。基于此,本编的首要目的在于发现并量化当前社会情境下影响青少年游戏涉入的因素。我们通过建立一组相互关联的分析模型,将行为、心理等方面的表现纳入游戏涉入程度的评价体系,从而进一步寻找青少年日常生活形态中的影响因素。同时,我们将行为、心理等作为终结变量,观察这些因素的影响模式差异,从而更加结构化、系统地解释青少年涉入网络游戏的原因,而对于沉迷的界定和研究也将以此为基础展开。

第五章 如何衡量"度"

第一节 青少年游戏沉迷研究现状

目前关于青少年网络游戏使用的"度"的研究主要集中在沉迷研究层面。网络游戏沉迷是很多研究者关注的问题,这些研究者来自心理学、社会学、教育科学等不同领域,研究可以归纳为两类:一类是游戏沉迷与其他行为的相关分析,另一类是游戏沉迷的影响因素分析。其中,青少年网络游戏沉迷是被共同关注的问题,人们从游戏沉迷的动机、伤害、对策等方面进行了诸多研究。

从研究角度来看,目前国内外的研究主要可以划分为心理学/病理学、临床学、社会学角度的研究,研究内容覆盖游戏沉迷的界定、原因和建议等方面。

(一)心理学及其延伸视角

2012年8月7日前后,中国青少年网络协会发布了《2011年中国网络青少年网瘾调查数据报告》。报告显示,2011年我国网络青少年网瘾的比例高达26%,网瘾倾向比例达12%。更重要的是,这篇报告将网瘾评判标准的充分条件设定为:(1)总是想着去上网;(2)每当网络线路被掐断或由于其他原因不能上网时会感到烦躁不安、情绪低落或无所适从;(3)觉得在网上比在现实生活中更快乐或更能实现自我。① 这些条件是完全基于心理、情绪、认知层面的判断,与作为重要研究视角之一的心理学研究有相似之处。

心理学方面的研究主要探讨的是青少年网络游戏沉迷与人格、心理健康状况、心理需求之间的相关关系。心理学方面的研究假定了"成瘾"的概念,并赋予其病理特征,同时假设成瘾可以归因于性格、心理等问题,认为表现为游戏成瘾的青少年具有某些特殊的人格或心理倾向,即病理学意义上的"症状"。此外,心理学方面的研究也有许多延伸视

---

① 中国青少年网络协会:《2011年中国网络青少年网瘾调查数据报告》,2012年。

角,包括传播心理学、临床心理学等。但这些研究视角都在或多或少地将沉迷游戏的青少年当作患有某种心理或性格疾病的治疗对象,认为无论是否考虑到客观存在的游戏吸引力或外界环境因素,心理和性格问题都是造成青少年游戏沉迷不可忽视的主要原因之一。

较早期的研究侧重于心理需求方面,例如,才源源、崔丽娟和李昕通过定量与定性结合的研究方式构建了16～24岁青少年网络游戏行为的心理需求模型,并通过探索性与验证性因素分析证明:(1)青少年网络游戏的心理需求由现实情感的补偿与发泄、人际交往与团队归属、成就体验三个维度组成;(2)青少年对网络游戏的心理需求程度与其对网络游戏的使用程度显著相关。[1] 国外学者莱门斯等使用21项量表与简化的7项量表测量电脑和游戏依赖,发现了较高的测量效度。[2] 同时,两种测量方式测量的结果均表明沉迷与使用行为、孤独感、生活满足度、社会化能力与侵略性相关。

其后,性格因素引起了该领域学者的关注。余祖伟、孙配贞通过问卷调查和大七人格测试的方式对近1500名中学生的网络游戏成瘾情况进行了调查,指出中学生网络游戏成瘾与大七人格存在显著相关。其中,大七人格各因子中的严谨自制、淡泊诚信、热情豪爽、善良友好对网游成瘾倾向具有负向预测作用,精明干练则对网游成瘾倾向具有正向预测作用。他们认为,中学生网络游戏成瘾者具有某些特殊的人格特质倾向,并提示应加强网络游戏成瘾者的人格教育。[3] 梁志中等人利用网络成瘾测验、症状自评量表(SCL-90)和艾森克人格问卷(EPQ)对网络游戏《魔兽世界》的79名玩家进行了测试。结果表明,在心理症状方面,除精神病性和其他因子外,网络游戏成瘾玩家的SCL-90其余因子和总分均高于网络游戏未成瘾玩家;在人格特质方面,网络游戏成瘾玩家在外向性维度上的得分低于网络游戏未成瘾玩家,在精神质、神经质、掩饰性三个维度上的得分高于网络游戏未成瘾玩家。由此他们认为,网络游戏成瘾玩家存在心理健康状况不良的问题,并具有明显的人

---

[1] 参见才源源、崔丽娟、李昕:《青少年网络游戏行为的心理需求研究》,《心理科学》2007年第1期。

[2] 参见 Lemmens, J. S., et al., "Development and Validation of a Game Addiction Scale for Adolescents," *Media Psychology*, 2009, 12(1).

[3] 参见余祖伟、孙配贞:《中学生网络游戏成瘾倾向与大七人格关系研究》,《宁波大学学报(教育科学版)》2012年第1期。

格特征。①

作为一个更新的延伸视角,传播心理学研究逐渐关注到青少年网络游戏沉迷问题。传播心理学是以信息的输入、加工、贮存、提取为线索,研究大众传播及人际传播中的心理现象及其发生发展的规律的学科。这一规律尤其重视在新闻、广告、影视、网络等传播的重要领域中出现的传者与受者特定的心理活动,以及提高大众传播活动效能的心理依据与策略等方面的学问。这方面的研究往往结合较多心理、性格之外的媒介因素和传播环境因素。燕道成指出,青少年网络游戏成瘾的原因包括网络游戏本身的媒介特点,即视听结合的唯美呈现引起了青少年的游戏兴趣。此外,网络游戏的传播者迎合与开掘了青少年受众的游戏心理意识。更重要的是,青少年受众在网络游戏中满足了交友猎奇、崇尚自由、体验快感、自我实现等心理需求。②邹昌明的研究视角与此类似,其认为青少年的网络游戏成瘾原因包括两方面:一是网络游戏媒介本身在丰富的视听盛宴、平等的社会地位、游戏的快乐感觉、对现实的超越性和体验的自由性等方面迎合了青少年受众的游戏心理意识,二是青少年在网络游戏中满足了其情感交流、释放压力、自我实现和好奇探索等心理需求。③ 此外,有学者更早地借助心流、需求满足理论解读青少年玩家的游戏沉迷心理,其研究分两项进行:研究一证明,心流与沉迷呈现负相关关系,因此心流可能不是游戏沉迷者核心的心理机制;研究二证明,游戏玩家的心理需求与满足/不满足的二元理论相近,沉迷的玩家更多的是释放不满足感,而不是追求满足感。相反,游戏为非沉迷者提供的是满足感,而不是不满足感的释放。

除了传播心理学,临床心理学也是研究的一个重要分支。这方面主要以国外研究为代表。如泰勒和罗宾通过社区儿童和临床儿童两个群体的对照研究证明:沉迷网络的行为包括赌博、滥用网络、沉迷游戏,这三类沉迷都受到潜在的心理、情感功能性失调的影响,并且可以被情感调节显著地预测。④韩道贤等人更进一步,证明了大脑左侧扣带回灰

---

① 参见梁志中、宣煦、许秀峰、刘晓敏、蒋惠珍:《网络游戏成瘾玩家心理健康状况及人格分析》,《昆明医学院学报》2011年第2期。
② 参见燕道成:《青少年网络游戏成瘾的传播心理学分析》,《少年儿童研究》2009年第8期。
③ 参见邹昌明:《青少年网游成瘾的原因及防治》,《当代教育论坛》2010年第26期。
④ 参见 Taylor, R. N., *Adolescent Problem Gambling: Relationship with Affect Regulation, Internet Addiction, and Problematic Video Game Playing*, Canada: Trent University Press, 2008, pp. 121-123。

质体积和前额叶皮质的减少与青少年网络游戏沉迷和网络沉迷有显著关系。① 同期,有学者研究表明,临床意义上的焦虑/压抑与网络沉迷有显著关系。②

总之,从心理学角度研究青少年游戏沉迷,结论通常将沉迷归因于心理、性格、情绪以及机体层面的控制因素。但也有少数学者,如范·罗伊,通过从行为、心理角度定义沉迷,发现了沉迷与心理健康之间的弱相关关系,因此否定了"沉迷与失调"的说法,帮助改善了沉迷量表。③ 布朗博格等人的研究结论也在一定程度上支持了罗伊等人的观点,他们发现游戏涉入者与游戏沉迷者是可以区分的。游戏涉入者符合所有非核心的筛选条件,以及不多于一个的核心条件,沉迷者则符合两到三个核心条件。④ 按照这样的区分以及对性别、背景信息等变量的控制,其发现涉入者更容易感到低落、焦虑、难过、紧张、疲惫、害怕等,而沉迷者没有显著的心理健康方面的问题,只是简单地(在行为上)高度涉入游戏而已。

通过对以上与青少年游戏沉迷相关的文献的回顾,我们认为,将网络游戏沉迷问题定性为青少年心理转型期的某种特殊"病症"或"匮乏"在学科理论以及统计意义上可能是成立的,但这样的研究路径忽略了社会学视角,而游戏沉迷在很大程度上是一种社会现象。

(二)社会学及其细分领域

社会学视角与心理学视角同属于研究青少年游戏沉迷问题的重要角度。在社会学视角下,学者更关心青少年的直系亲属、同辈群体以及家庭、学校、社会环境对青少年游戏使用的影响。同时,青少年的心理状况也是他们考虑的诸多变量之一。

从国内研究来看,有研究认为青少年网络游戏成瘾的原因是多方面的,既有青少年自身的原因,又与青少年所在的家庭、同辈群体、学校

---

① 参见 Han, D., et al., "Differential Regional Gray Matter Volumes in Patients with Online Game Addiction and Professional Gamers," *Journal of Psychiatric Research*, 2012, 46(4)。
② 参见 Cho, S. M., et al., "Does Psychopathology in Childhood Predict Internet Addiction in Male Adolescents?," *Child Psychiatry & Human Development*, 2013, 44(4)。
③ 参见 Rooij, A. J., "Online Video Game Addiction: Exploring A New Phenomenon," Erasmus University 博士学位论文,2011 年。
④ 参见 Brunborg, G. S., "Gaming Addiction, Gaming Engagement, and Psychological Health Complaints among Norwegian Adolescents," *Media Psychology*, 2013, 16(1)。

以及社会对其的不良影响密不可分。① 佐斌和马红宇通过对十省市的小学生、初中生、高中生、职高/中专/技校学生和大学生进行大规模的问卷调查和访谈,证明了青少年时期的特殊心理、网络游戏本身的吸引力以及家庭环境、学校教育与管理、社会监管等都是青少年网络游戏成瘾的重要影响因素。② 杨鹏指出,青少年网络游戏问题是当前社会舆论的一个焦点。③ 舆论声讨的对象往往是网吧和形形色色的网络游戏。网络游戏一度被冠以"精神鸦片""文化海洛因"等恶名。要透视青少年游戏沉迷的原因,除了从游戏本身和青少年心理层面对待这个问题之外,也应该从对青少年产生重要影响的环境入手,找到游戏沉迷的症结。这些环境主要是学校、家庭以及家庭的延伸(如亲属、邻居以及父母的社会关系等)、学校的延伸(如同学、老师等)。其中,中学生的生活基本局限在学校和家庭环境的范围内,同辈群体的影响也就极为重要。

以上属于较为综合的社会学研究,除此之外,聚焦于某一方面的研究也贡献了许多重要结论。其中,一些社会学学者更关注青少年群体在游戏过程中体现出的某一方面的行为而非心理特征,进而探讨日常行为与网络游戏行为的相互关系,从心理学以外的角度解构游戏沉迷现象。如钟智锦认为,大部分玩家在游戏中都有社会化行为,通常表现为团队合作,这种合作不仅是玩家在虚拟世界中生存和发展的必要手段,也给玩家带来了具有实质性意义的社交生活和集体生活。④ 游戏中的社会化行为是测量玩游戏这一特殊媒介消费行为的重要组成部分,也是玩家喜爱甚至沉迷于网络游戏的重要原因。

郑义俊和金斗焕的研究检视了青少年的个人特征(学分绩、娱乐时间等)、社交效能(线上和线下)、社会活动(父母、朋友、老师等)、游戏态度(自身、父母、朋友、老师等)与游戏沉迷程度的关系。该研究证明:现实社交与沉迷呈负相关,虚拟社交与沉迷呈正相关,父母的态度有负向影响,等等。⑤ 阿拜迪尼·雅什敏等人通过他们的研究提出了富有建

---

① 参见魏爽:《青少年网络游戏成瘾原因分析》,《中国青年研究》2008年第10期。
② 参见佐斌、马红宇:《青少年网络游戏成瘾的现状研究——基于十省市的调查与分析》,《华中师范大学学报(人文社会科学版)》2010年第4期。
③ 参见杨鹏:《游戏、心理与环境:以系统思维综合对待网络游戏成瘾——对6位网络游戏玩家的个案访谈》,《中国青年研究》2006年第6期。
④ 参见钟智锦:《网络游戏玩家的基本特征及游戏中的社会化行为》,《现代传播》2011年第1期。
⑤ 参见 Jeong, E. J., Kim, D. H., "Social Activities, Self-efficacy, Game Attitudes, and Game Addiction," *Cyberpsychology, Behavior, and Social Networking*, 2011, 14(4)。

性的意见:权威式的家长关系、全职妈妈的教育方式可以通过培养孩子的自制能力来预防沉迷。①

第二节 涉入的相关概念及研究

(一)涉入理论文献回顾

涉入的概念,最初用于研究社会事件中的个人态度问题,后因营销学者的研究,逐渐被应用在对消费者行为等问题的探讨中。

涉入指的是一种心理状态,其强度受到某事物与个人需求、价值观及目标在特定情境下的相关程度的影响,相关性愈强,认知到的自我攸关程度会愈高,涉入程度亦随之加深,进而产生一连串关心该事物的后续行为。

广义上,心流理论和需求理论也部分地属于涉入理论。"心流"(flow)的概念最初源自心理学家米哈里·齐克森米哈里于20世纪60年代提出的观点②,他通过观察艺术家、棋手、攀岩者等人群发现,他们从事活动时所产生的高度兴奋感和充实感完全是出于活动本身所带来的乐趣,而外在报酬对于他们的影响是极小的,甚至是不存在的。米哈里认为,这种基于全神贯注的"心流体验",是一种最佳的体验。

(二)涉入研究相关文献

研究者将游戏涉入分为情境涉入、持续性涉入和反应涉入三类。这三类涉入模式都分别包括心理和行为上的表现,也包括他人的评价。回归分析证明,游戏涉入负向地影响人际关系,而学习成就则与之相反。

比如,有研究者研究了外在的涉入后行为,包含线上游戏的涉入年资、每周上线次数、每次上线时间、最常上线地点、参与游戏类型与每月游戏花费等,发现接触线上游戏的敏感学童,其接触线上游戏年资、每次接触线上游戏时间、游戏类型涉入程度、游戏花费与其攻击行为之间有显著相关性,而每周涉入线上游戏次数和常上线地点与其攻击行为则没有相关性。

---

① 参见 Abedini, Y., et al., "Impacts of Mothers' Occupation Status and Parenting Styles on Levels of Self-Control, Addiction to Computer Games, and Educational Progress of Adolescents," *Addiction and Health*, 2012, 4(3-4)。

② 参见 Csikszentmihalyi, M., & Csikszentmihalyi, I. S. (eds.), *Optimal Experience*, Britain: Cambridge University Press, 1992, pp. 61-85。

从研究范畴和概念定义来看,这些文献有相似之处,即都对"游戏涉入"进行了一定的操作化,将其作为范围可变的心理和行为表现,但其目标通常是分析游戏涉入对学习、人际关系等其他方面的表现的影响,而非对彻底的、全面的游戏涉入本身的影响因素进行结构性的分析。

(三)涉入研究的方法论探讨

除了研究内容的方向性,研究方法论本身也是学者们关注和探讨的问题。国外学者对这方面的关注更多,而国内学者的研究方法则更多处于引进和改善阶段。

定量的研究方法是本书讨论的重点,包括游戏沉迷的衡量标准、游戏沉迷影响因素的衡量标准等主要涉及对问卷的操作化与相关性分析等一系列手段的探讨。其中,印度尼西亚学者贾帕·提蓬等重点探讨了测量儿童和青少年网络游戏沉迷程度的问卷。经过对早期理论研究、定性访谈和现场观察结果的梳理,他们最终确定了包括利克特量表在内的调查问卷,并由曼拿多、莫丹、蓬提那卡、约雅卡塔的几所学校中的1477名初中、高中学生进行填写。结果表明,该问卷具有较好的项目相关程度(0.29~0.55)和可接受的可靠性($\alpha=0.73$)。此外,他们还建立了与临床研究相结合的标准和规范。[1]

约翰·查尔顿等通过区分此前沉迷行为研究所使用的核心标准与非核心标准发现,单纯以核心标准来判定的游戏沉迷玩家比只以非核心标准判定的人游戏时间更长。[2] 也就是说,使用前期对于"沉迷"的判断标准去诊断计算机使用行为方面的沉迷是有偏差的。

此外,在定性研究方面,借用并完善其他领域的方法论,例如参考赌博沉迷等国外学者早先就比较关注的问题及相应的观察和评判方法,也是改善方法论的思路之一。皮埃尔·塔吉特、马克·汉特克特、埃里斯·戈尔热在他们的研究中引入了衡量赌徒认知阶段的CBTs标准,衡量了五个时间节点上的表现,分别是游戏之前、游戏期间、游戏之后、获胜时和失败时,结果表明,包括情感、身体表现等在内的一系列认

---

[1] 参见Jap, T., et al., "The Development of Indonesian Online Game Addiction Questionnaire," *Plos One*, 2013, 8(4)。

[2] 参见Charlton, J. P., et al., "Distinguishing Addiction and High Engagement in the Context of Online Game Playing," *Computers in Human Behavior*, 2007, 23(3)。

知心理变量与这五个时刻有显著关系,为研究游戏沉迷提供了新方法。①

在方法论方面,国内目前更多的是借助普遍认可的量表、问卷等工具进行研究,只有少数学者关注到适用性问题。如余祖伟、孙配贞等学者在文章中援引了崔红所著的《中国人人格的词汇学研究与形容词评定量表的建立》,这本书的主要成果和创新之处在于:在确认了中国人人格结构的"大七"模型的基础上,编制了一套评定量表,对中国人的人格特点,以及精神分裂症病人、吸毒者和罪犯的人格特点进行了全面的分析,同时,首次使用中西方人格量表同时施测进行分析的方法,探讨了中西方人格结构的异同,在理论上澄清了中西方人格结构差异的层次和具体内容。②

综上,目前的研究在思路上可以分为两大类:一类是将游戏涉入程度作为研究的对象之一,与青少年的其他行为进行相关性研究;另一类是对游戏沉迷(或游戏成瘾)首先做出界定,然后寻找其影响因素。两类研究都存在各自的局限性:

游戏涉入研究的问题是没有针对游戏涉入本身进行深入分析,而是将重点放在对"关系"的研究上。青少年网络游戏沉迷研究目前仍然存在的问题是对于沉迷的解构不够明确和立体,缺乏量化的、结构化的归因。

在对青少年网络游戏使用的"度"进行衡量的问题上,我们需要反思以下问题:首先,什么是沉迷?例如,沉迷是否单纯指向行为表现,即行为上的游戏依赖(如游戏频率、时长、花费等)?如果不是,它还涉及哪些其他因素?青少年在游戏使用过程中的心理涉入是否需要被考虑?心理和行为之间如何相互影响?其次,涉入游戏的程度多深才能被恰当地定义为沉迷?不同程度的涉入各自有什么特点?最后,对于沉迷影响模式的分析通常较为单一和线性,许多心理表现被视为造成沉迷的根本原因,而不同因素之间非线性的、交互的影响关系却常常被忽略。

国内研究中的以上问题尤为突出。在研究视角方面,国外研究通

---

① 参见 Taquet, P., et al., "Cognitive, Emotional and Behavioral Determinants Involved in the Use of Video Games: Towards a Better Understanding of Excessive Gaming for CBT Interventions," *Journal de Thérapie Comportementale et Cognitive*, 2014, 24(2)。

② 参见崔红:《中国人人格的词汇学研究与形容词评定量表的建立》,北京大学博士学位论文,2002 年。

常将游戏高度涉入与赌博等成瘾行为联系起来,赋予其临床医学意义。同时,会区分重、中、轻或显性/潜在受影响者,并结合基础分析维度,如性别等,从而更聚焦于某一个或某几个相关因素的影响。国内研究则通常独立考察游戏涉入或沉迷,并将青少年游戏玩家看作一个均质的群体,很少进行内部划分。

从研究内容来看,国内外研究共同存在的问题是过于关注游戏沉迷群体,但没有明确或统一的对游戏沉迷的定义。这种传统的沉迷与非沉迷的对比维度只能找到不同变量之间的相关关系或线性关系。而实际上,涉入包含沉迷,但沉迷并不能概括涉入的全部状态。此外,将某些突出的心理特征、性格表现作为游戏沉迷的原因是此类研究的一种普遍结论。实际上,这些心理、性格变量很可能只是中介因素,而不是造成沉迷的根本原因。而且,对于重度游戏沉迷的玩家而言,他们可能是显著的影响变量;但对于轻、中度的游戏涉入者而言,他们则是影响相对较小,甚至可以忽略不计的因素。与此相应,青少年游戏玩家的日常生活形态很少被量化并纳入分析体系,这些变量与心理性格因素、游戏沉迷的心理和行为表现之间的相互作用关系也就无从谈起。

另外,在方法论方面,国外定量研究对方法论更为重视,概念的操作化、量化测量通常是重要的出发点,不同的概念可能对应着不同的处理方法;国内学者则更多停留在引进国外的测量工具和测量方法、评估其适用性的阶段,方法的创新性相对较弱。

我们通过整理近几年的文献发现,国内目前的研究包括心理学、社会学及其各自的分支,这两种主流视角在研究青少年网络游戏问题上各有侧重,也有相互关联之处,但是没有将游戏涉入的程度分析和游戏沉迷的影响因素分析结合起来研究的文献。我们认为,将游戏涉入程度作为对象,结合游戏沉迷的分析经验,对其原因进行深入剖析是十分重要的。

(四) 涉入研究与沉迷研究

在讨论青少年的游戏行为、心理状态之前,我们必须厘清两类相关的概念:一是"成瘾",或称"沉迷""过度使用",二是我们研究中使用的"涉入"概念。

成瘾的概念自20世纪90年代末开始引起人们的关注,并成为近年来心理学、临床医学和社会学研究的热点。网络成瘾主要指网络过度使用(Internet Overuse, IOU)现象,也称为病理性网络使用,即过度使用网络导致的明显的社会、心理损害现象。其主要特征是：无节制地花费大量时间上网、必须增加上网时间才能获得满足感、不能上网时出现异常情绪体验、学业失败、工作绩效变差、现实人际关系恶化、向他人说谎以隐瞒自己对网络的迷恋程度、症状反复发作等。①

美国纽约精神病医师伊凡·戈德堡于1994年首先借用药物依赖的判断标准将此现象命名为"网络成瘾障碍"（Internet Addiction Disorder，IAD）。随后，匹兹堡大学教授金伯利·扬从病理性赌博的判断标准中发展出"病理性网络使用"（Pathological Internet Use，PIU）的概念。此外，也有学者称此种现象为网络过度使用、问题网络使用（Problematic Internet Use，PIU）、网络行为依赖（Internet Behavior Dependence，IBD）等。虽然所用的名称不同，但其内涵基本相同，都反映了由于过度使用互联网而导致的个体明显的社会、心理损害现象。2013年美国精神病学协会发布了《精神障碍诊断与统计手册》第5版（DSM-5），包括八条症状标准加一条严重程度标准："1. 渴求症状（对网络使用有强烈的渴求或冲动感）；2. 戒断症状（易怒、焦虑和悲伤等）；3. 耐受性（为获得满足感而不断增加使用网络的时间和投入的程度）；4. 难以停止上网；5. 因游戏而减少了其他兴趣；6. 即使知道后果仍过度游戏；7. 向他人撒谎玩游戏的时间和费用；8. 用游戏来回避现实或缓解负面情绪；9. 玩游戏危害到或失去了友谊、工作、教育或就业机会。"②

2008年，国内制定了《网络成瘾临床诊断标准》，规定"每天上网超过6小时，连续超过3个月，即为网络成瘾"，且网瘾被认定为精神性疾病。然而，2009年，卫生部发布的《未成年人健康上网指导（征求意见稿）》中否定了"网瘾"的存在，原因是"目前'网络成瘾'定义不确切，不应以此界定不当使用网络对人身体健康和社会功能的损害"，但卫生部并未否认，少数未成年人不当使用网络会导致一定的身心健康问题。对于这种情况，建议促进其健康使用网络，"而非中断或终止其上网行为"，同时，严禁限制人身自由、严禁体罚。

由此可见，无论是网络成瘾还是游戏沉迷，都带有一定临床上的诊

---

① 参见施忠英、杜亚松、江文庆、赵滢、蒋良函：《中学生网络成瘾与时间管理倾向的关系研究》，《中国健康心理学杂志》2010年第6期。
② American Psychiatric Association,"Diagnostic and Statistical Manual of Mental Disorders," 2013.

断意义,都被应用于临床医学、临床心理学等研究领域。而涉入通常包含心理和认知状态,用于描述意识上的关注、与自身发生的关联,同时相应地产生感觉和认知的过程。它与"成瘾"或"沉迷"概念的不同之处就在于,后者通常以一个明确的测量标准作为分界点,而前者则是一个动态的过程。涉入一方面指向一个连续变化的区间,这个区间可能包括一些标准所定义的"成瘾""沉迷",也可能包括完全不属于这些范畴的心理认知状态;另一方面,也指向一种时间序列上的变动情况,无论是从吸引到介入再到沉迷,还是与此相反的历程。

我们认为,"网瘾"的标准应该渐渐地从"划分"标准转向"衡量"标准,也就是说,作为"涉入"这个可被衡量的、可变的概念存在,而不再作为一个单一的"是否"问题存在。

因此,我们将在本章主要讨论"游戏涉入"的评价体系以及影响涉入程度的具体因素,对于高度涉入或低度涉入研究所使用的划分界限是涉入程度的平均值,而非人为划定的标准。但具体到心理或行为涉入的不同影响,本研究将重点关注高于平均值的得分组。

此外,本研究所使用的"涉入"更多指的是普遍意义上的接触游戏,不仅包括心理、认知层面的含义,也包括进行游戏行为,并发生心理关联的状态,包含程度上连续的、时间上变动的所指范畴,而不局限于某一特定人群或其在特定时点上的行为、心理特征。只有通过这样的概念定义才能充分发现多元的影响因素及其多样化的影响模式,从而找到不同情况下的应对措施。

第六章 青少年游戏涉入指数构建

在前面的研究中,我们对青少年的游戏行为和心理表现进行了深入归纳和全面呈现。在这一章,我们将对其涉入程度进行衡量。要想准确测量出这一指标,还需要明确三个重要问题:(1)哪些因素可以作为判别标准进入游戏涉入评价体系?(2)这些因素对于涉入的影响分别有多大?(3)这些因素之间的相互作用如何?我们希望能够通过游戏涉入评价指标和影响因素模型的建立,归纳出导致青少年接触游戏并对其产生依赖的各维度因素。因此,我们不能只考虑单个或单方面的影响因素,而是需要尽可能将相关变量都纳入分析体系。

第一节 对游戏涉入的操作化

游戏涉入是一个涉及心理、行为、花费及其相互关系的复杂状态,只有在分析与建立三者的影响模式的基础上才能进一步了解游戏涉入的具体程度,进而探讨其原因。

因此,我们在研究中采用 Amos 结构方程构建游戏涉入指数,将游戏涉入操作化为游戏心理和游戏行为两个主要层面,进而又通过次级指标的操作化来衡量这一层面的影响因素,得到整体的影响模型。

从心理层面上来看,综合国内外已有的研究成果,结合中国青少年的实际情况,我们制定了游戏涉入心理量表,通过 48 个李克特量表题目来从不同维度测量青少年的游戏涉入程度(见表 6-1)。

表 6-1 游戏涉入心理量表因子分析结果

	现实替代	强迫性	过度消费	时间管理	戒断反应	边际效用
只有玩游戏能让我感到满足	0.475					
我觉得游戏中的世界比现实世界有意思得多	0.648					

(续表)

	现实替代	强迫性	过度消费	时间管理	戒断反应	边际效用
与家庭和学校生活相比,在游戏中我感到最舒服	0.652					
再累的时候玩游戏我也会变得很精神	0.665					
我常用玩游戏的方式发泄自己的情绪	0.703					
当我遇到很烦的事情,玩游戏能使我的心情愉快一些	0.734					
游戏世界里的朋友对我比较好	0.750					
在游戏世界里我能得到更多的尊重	0.777					
当我感到孤单时,玩游戏会让我觉得自己不是一个人	0.801					
玩游戏可以让我从不愉快的情绪中摆脱出来	0.826					
我觉得自己可以玩游戏的时间太少了		0.436				
我只要没事就想玩游戏		0.563				
我睡觉醒来想的第一件事就是玩游戏		0.574				
虽然有时候会觉得玩游戏很累,我还是一直在玩		0.576				
其实每次我都只是想玩一会儿游戏,但常常一玩就停不下来		0.591				
我总是会跟父母争取更多玩游戏的机会		0.607				
玩游戏的时候,在升级(或者通关、破纪录)之前我不会停下来		0.607				
我常常下线之后又忍不住上网玩游戏		0.662				
现实生活中遇到的一些事经常会让我联想起我玩的游戏		0.675				
在不玩游戏的时候我也会想着游戏中的事情		0.728				
打完一次游戏后我会开始期待下一次玩游戏		0.743				

(续表)

	现实替代	强迫性	过度消费	时间管理	戒断反应	边际效用
我不会跟父母说我玩游戏真正花了多少钱			0.599			
自从开始玩游戏以后,总感觉零花钱不够用			0.768			
我会为了游戏存钱			0.776			
把钱花在游戏上很值得			0.814			
我会跟同学借钱玩游戏			0.823			
这学期我每周玩游戏的时间比以前多				0.497		
我玩游戏经常超出预期时间				0.501		
如果中午有两个小时空闲时间,我更愿意玩游戏而不是睡午觉				0.574		
如果明天不上课,我会一直玩游戏玩到第二天				0.647		
我会熬夜玩游戏				0.674		
我的课余时间基本上是花在玩游戏上				0.695		
如果一个星期都不能玩游戏,我会觉得这周过得很无聊					0.458	
如果有一段时间不玩游戏,我总会觉得自己好像错过了什么					0.519	
如果父母不准我玩游戏,我会很沮丧					0.617	
我会因为父母不准我玩游戏而跟他们吵架					0.448	
游戏断线或进不去时,我会觉得很烦					0.613	
不断地升级(或者通关、破纪录)才能让我保持对一个游戏的兴趣						0.582
我觉得不需要花很多时间和精力去玩的游戏没意思						0.783

现实替代这一因子指代青少年无法从现实中获取,但能在游戏中得到的乐趣,在游戏中感知到的乐趣越多,青少年的游戏涉入程度可能越深。强迫性则反映了青少年"不得不玩游戏"这一心理需求。对于具有游戏强迫性的青少年而言,游戏已经成了他们生活中无法割舍的一部分。过度消费和时间管理这两个因子衡量了青少年在游戏中付出的

时间和金钱,在游戏中付出得越多,游戏涉入程度越深。戒断反应是指不玩游戏时青少年产生的不适、沮丧等反应,是他们深度涉入游戏后会出现的一种"成瘾"反应。边际效用则是指青少年需要不断地延长游戏时间或加大在其中的投入,才能持续地满足自己的游戏需求。

为了全面、科学地衡量青少年的游戏涉入程度,我们综合上述游戏涉入心理量表的因子分析结果和游戏频率、时长、消费等具体的游戏行为,利用 Amos 结构方程模型构建了青少年游戏涉入指数,其中包含四级指标(见图 6-1)。

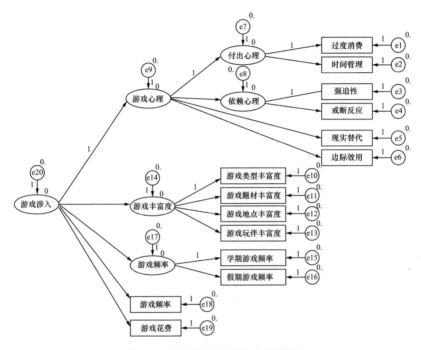

图 6-1　游戏涉入的结构方程模型

在指数模型中,过度消费、时间管理、强迫性、戒断反应、现实替代和边际效用这几个变量由涉入心理量表的因子结果所构建。游戏类型丰富度、游戏题材丰富度、游戏地点丰富度、游戏玩伴丰富度分别通过游戏类型、题材、地点、玩伴的数量来进行测量。此外,模型还包括游戏时长和游戏花费。所有可测量的变量均进行了标准化处理。

构建测度"游戏涉入"的指标体系主要分为四个维度,如表 6-2 所示。游戏沉迷作为一级指标,在二级指标中主要分为游戏心理与行为两大类,其中游戏时长的贡献度最大,其次是游戏频率、游戏心理、游丰富度,游戏花费的贡献度最小。

表 6-2 游戏涉入各级指标贡献度及得分

指标	各级指标	对上级指标贡献度	对一级指标贡献度	样本量	最低分	最高分	平均分
一级	游戏沉迷	—	—	9 175	12.23	87.7	46.8
二级	游戏心理	17.76%	—	9 350	12.235	61.2	29.1
	游戏丰富度	15.45%	—	9 367	15.06	90.2	26.6
	游戏频率	25.40%	—	9 367	16.58	100.0	74.7
	游戏时长	28.36%	24.49%	9 367	10.00	100.0	48.6
	游戏花费	13.03%	9.48%	9 175	0.00	100.0	22.2
		100%					
三级	付出心理	28.32%	—	9 350	20.00	100.0	43.1
	依赖心理	31.32%	—	9 351	20.00	100.0	51.7
	现实替代	24.30%	5.13%	9 350	20.00	100.0	56.5
	边际效用	16.06%	3.46%	9 354	20.00	100.0	57.3
		100%					
	游戏类型丰富度	19.71%	3.05%	14 558	0.00	100.0	33.6
	游戏题材丰富度	24.14%	2.82%	9 367	8.33	100.0	18.2
	游戏地点丰富度	25.02%	3.46%	9 367	9.09	100.0	14.4
	游戏玩伴丰富度	31.13%	4.06%	9 367	11.11	100.0	23.5
		100%					
	学期游戏频率	43.34%	13.93%	9 367	12.50	100.0	68.0
	假期游戏频率	56.66%	16.60%	9 367	20.00	100.0	80.3
		100%					
四级	过度消费	48.13%	2.94%	9 350	20.00	100.0	39.2
	时间管理	51.87%	3.48%	9 354	20.00	100.0	46.4
		100%					
	强迫性	51.37%	3.70%	9 353	20.00	100.0	50.5
	戒断反应	48.63%	3.42%	9 351	20.00	100.0	52.9
		100%					

从模型中我们可以看出,游戏涉入在很大程度上取决于游戏行为,特别是游戏频率。无论是学期还是假期的游戏频率都对青少年的游戏涉入程度有决定性作用。从其他行为方面来看,游戏丰富度和游戏时长的影响总体较小,但其中包含的游戏玩伴等影响因素也不容忽视。心理层面的作用较为复杂。其一,现实替代和边际效用直接构成了青少年心理上的涉入;其二,过度消费和时间管理构成了付出心理,强迫

性与戒断反应构成了依赖心理。付出心理和依赖心理这两项指标共同影响着游戏心理,其中,后者的影响作用相对更大。

综上,青少年游戏涉入包含心理和行为两个层面,且主要取决于游戏花费、频率和时长。衡量沉迷应主要从行为方面进行考虑,同时注意对青少年影响较大的心理因素。

第二节 重要节点的模型建构

我们通过结构方程的结果对游戏涉入心理进行了进一步的分析,提取出了两个重要的指标:付出心理和依赖心理。付出心理包括过度消费和时间管理两个维度,从心理层面描述了青少年在游戏上的付出;依赖心理则包括强迫性和戒断反应两个维度,反映的是青少年对于游戏产生依赖、无法割舍的心理状态。为了对青少年游戏涉入情况进行更加深入的分析,我们对付出心理和依赖心理下属的过度消费、时间管理、强迫性、戒断反应四个指标进行了节点建模。

(一)强迫性心理

在玩游戏的强迫性心理方面,男生的强迫性倾向要明显强于女生,表明游戏在男生的日常生活中占有更重要的地位,他们对于玩游戏有着强烈的渴望。而年龄与强迫性心理没有表现出明显的相关性。不同线级城市、不同年级的青少年在游戏强迫性心理方面存在明显的差异。通过回归模型可以看出小学生的整体强迫性倾向最强,其次是初中生,高中生的强迫性倾向最弱。总的来说,中等城市的小学生更容易表现出强烈的强迫性倾向(见图 6-2、6-3)。

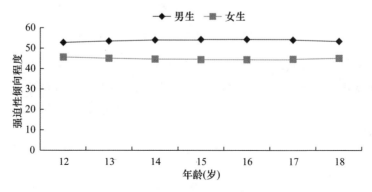

图6-2 游戏强迫性心理与性别、年龄的 Logistic 回归

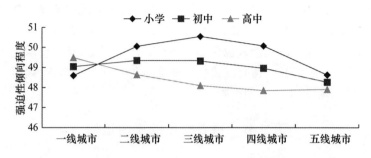

图 6-3 游戏强迫性心理与年级、城市线级的 Logistic 回归

(二) 戒断反应

游戏的戒断反应衡量的是青少年"不玩游戏就不开心"的心理状态,反映的是青少年对于游戏的依赖心理。总的来说,男生群体出现戒断反应的倾向要明显强于女生。游戏是男生的重要娱乐活动和重要的快乐源泉,不能玩游戏对于他们的影响要比女生更大(见图 6-4)。

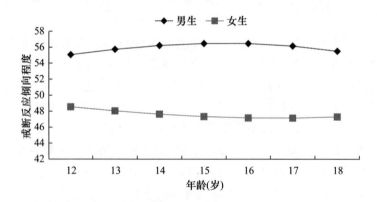

图 6-4 戒断反应与性别、年龄的 Logistic 回归

来自不同线级城市的青少年的游戏戒断反应状况随家庭收入的变化而变化。一线城市和五线城市的青少年的戒断反应情况随家庭收入的变化呈现出两头低、中间高的特点,二、三、四线城市则是两头高、中间低(见图 6-5)。

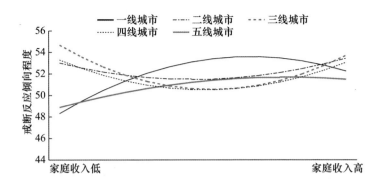

图 6-5　戒断反应与家庭收入、城市线级的 Logistic 回归

（三）时间管理

时间管理反映的是青少年无法控制游戏时间的现象，在这一指标上得分越高，表示青少年越是不能控制自己玩游戏的时间。通过回归分析，我们发现男生比女生更难控制自己玩游戏的时间；且无论是男生还是女生，都呈现出年龄越大，越不能有效控制游戏时间的情况。虽然一般来说年龄较大的青少年自制力会更强，但是对于玩游戏的青少年而言，随着年龄的增长，他们接触游戏的时间也随之增加，对于游戏的乐趣有更深刻的体验和认同，因而容易呈现出更难控制玩游戏的时间的状态（见图 6-6）。

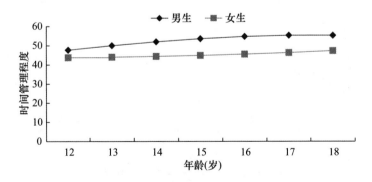

图 6-6　时间管理与性别、年龄的 Logistic 回归

在城市线级与家庭收入方面，二、三、四线城市的青少年的时间管理随家庭收入的变化而变化。与戒断反应类似，同样呈现出了两头高、中间低的态势。一线城市青少年的时间管理得分与家庭收入的关联性

不大,整体维持在较低水平;五线城市青少年的时间管理得分随家庭收入的增加略有上升(见图6-7)。

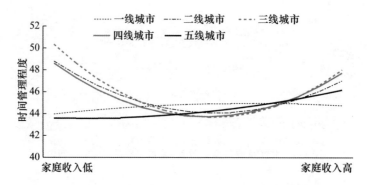

图6-7 时间管理与家庭收入、城市线级的Logistic回归

(四)过度消费

在过度消费方面,青少年随着年龄的增长在游戏上过度消费的倾向变得更加明显。在仅考虑年龄单一效应的情况下,青少年的游戏经验随年龄的增长越来越丰富,对于游戏的感情也越来越深,更加愿意把钱都花在游戏上面(见图6-8)。

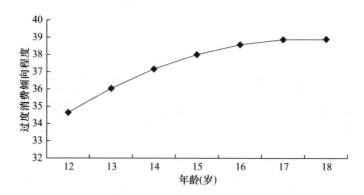

图6-8 过度消费与年龄的Logistic回归

将城市线级、家庭月收入纳入模型,我们发现二、三、四、五线城市的青少年在游戏中过度消费的倾向随家庭收入的变化均呈现出两头高、中间低的特点。一线城市的青少年过度消费的倾向则随家庭收入的增加略有上升,但整体上维持在一个较低的水平(见图6-9)。

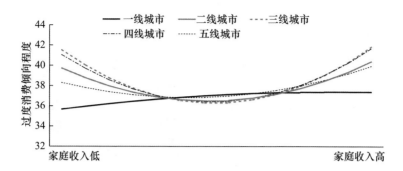

图 6-9　过度消费与家庭收入、城市线级的 Logistic 回归

第三节　青少年游戏涉入情况概览

（一）网游玩家游戏涉入程度最高

在 PC 网游、移动终端网游和单机游戏三类玩家中，PC 网游玩家的整体游戏涉入程度最高，其次是移动终端网游玩家，单机游戏玩家的游戏涉入程度最低（见图 6-10）。

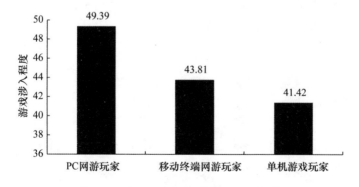

图 6-10　不同类型玩家的游戏涉入指数

在前文对游戏行为进行的分析中，我们已经看到 PC 网游玩家是在游戏上投入最多的一类群体，他们的游戏频率、单次游戏时长和在游戏上的消费都高于移动终端网游玩家和单机游戏玩家。在游戏心理方面，PC 网游玩家在现实替代、强迫性等各项指标上的得分也明显高于其他两类游戏玩家（见图 6-11）。

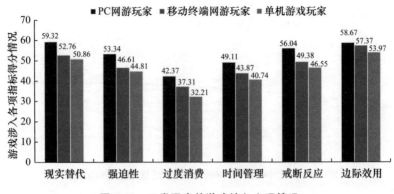

图6-11 三类玩家的游戏涉入心理情况

在PC网游玩家中,主要玩的游戏种类不同,其涉入程度也有所差别。主要玩大型网游和PC对战平台游戏的玩家的涉入程度最深,其次是大型网络游戏,虚拟社区儿童产品、平台类联网游戏和社交游戏的涉入程度较低。这是因为大型网游、PC对战平台游戏和大型页游属于PC网游中较为复杂的种类,其机制要求玩家在上面投入更多的时间、精力和金钱。而虚拟社区儿童产品、平台类联网游戏和社交游戏的定位则更偏向闲暇时的休闲娱乐,所需要耗费的精力相对较少,玩家的游戏涉入程度也整体较低(见图6-12)。

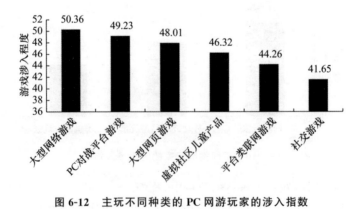

图6-12 主玩不同种类的PC网游玩家的涉入指数

PC网游,尤其是PC网游中的大型网游,向玩家提供的不仅是互动的游戏乐趣和社交快感,同时也是一个宏大的虚拟世界和一种全新的生活体验。不像移动终端网游,PC网游需要较好的硬件支持和稳定的网络环境;也不像单机游戏那样,仅通过游戏本身提供人机交流获取游戏乐趣,PC网游提供的更多的是一种身份替换后的虚拟生存体验。因此,无论是游戏乐趣心理,还是在游戏中投入的时间和金钱,PC网游玩家都表现得比其他游戏类型的玩家更为突出,这种高沉浸、高投入也最终导致了PC网游玩家整体更高的游戏涉入程度。

(二)男生比女生游戏涉入程度更高

对于不同性别的青少年游戏玩家而言,男生的整体涉入程度要明显高于女生。在游戏行为部分我们已经看到,男生玩家在游戏频率、游戏时长和游戏花费方面都高于女生,并且各项涉入心理指标也都明显高于女生玩家群体(见图6-13、6-14)。

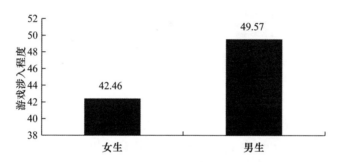

图6-13 不同性别的青少年游戏涉入情况

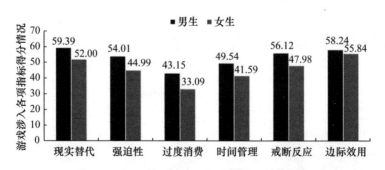

图6-14 不同性别的青少年游戏涉入心理情况

游戏已经成为青少年中一种流行的娱乐活动,对于男生而言尤其如此。女生玩游戏通常重在休闲,而更具竞争意识的男生则把玩游戏当作自我实现、寻求认同的手段,他们会在游戏中投入更多的时间、精力和金钱,同时也会在游戏上有更强的心理寄托,游戏涉入程度更高。

（三）初中生游戏涉入程度较高

从小学、初中到高中，处于不同年级阶段的青少年有各自不同的心理和行为特点，他们在游戏涉入程度方面也存在着一定的差异。总的来说，初中生的游戏涉入程度要略高于小学生和高中生（见图 6-15）。

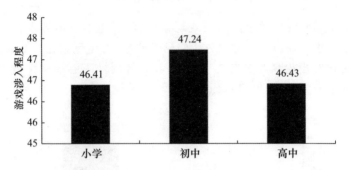

图 6-15　不同年级的青少年游戏涉入指数

然而，在各项具体的游戏涉入指标方面，初中生却并不非常突出。除了在游戏依赖心理上初中生的得分要略高于小学和高中生外，在其他各项涉入指标上初中生的得分都不是最高。初中是青少年游戏行为中一个重要的过渡阶段。从图 6-16 中可以看出，从小学到高中，青少年的游戏频率和游戏花费在下降，游戏时长以及游戏付出心理得分却在升高。小学生的游戏频率和游戏花费较高，游戏时长却较短；而高中生虽然游戏时长和付出心理得分最高，但游戏频率和游戏花费却较低。综合各方面因素，初中生在总的涉入指数上得分最高。

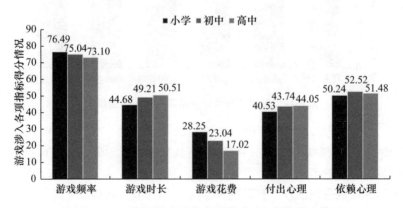

图 6-16　不同年级的青少年各项游戏涉入指标得分情况

(四)高中女生游戏涉入程度最低

结合年级和性别来看,各年级的青少年中男生的游戏涉入程度明显高于女生。总的来说,高中女生的涉入程度最低。处于高中阶段的女生面临高考的压力,往往会主动减少在游戏上的投入,将更多的时间和精力用于学习。而对部分男生而言,游戏往往超越了单纯的休闲娱乐属性,而是作为虚拟生活体验和现实社交工具,有更为重要的价值。因此,从小学、初中到高中,虽然学习压力不断加大,但他们涉入游戏的情况却没有表现出明显的差异(见图 6-17)。

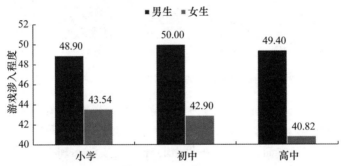

图 6-17 不同年级、不同性别的青少年游戏涉入指数

(五)职高/中专/技校学生游戏涉入程度深

来自不同类型学校的青少年在游戏涉入程度方面表现出了明显的差异。总的来说,重点学校的学生游戏涉入程度最低,其次是非重点学校的学生,而职高/中专/技校的青少年游戏涉入程度远高于其他两类学校的学生(见图 6-18)。

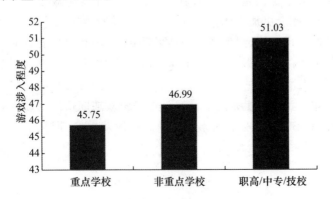

图 6-18 不同类型学校的青少年游戏涉入指数

在中考、高考的压力下，普通初、高中对学生的管理都较为严格。相比之下，职高/中专/技校的管理模式较为宽松，这就导致年龄较小、自制力较弱的青少年有可能深度涉入游戏(见图 6-19)。

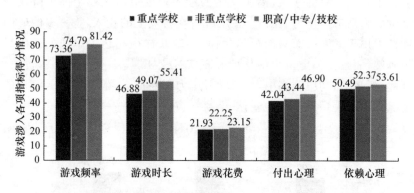

图 6-19 不同类型学校的青少年各项游戏涉入指标得分情况

职高/中专/技校的青少年游戏玩家在游戏频率、游戏时长、游戏花费等具体的游戏行为方面的得分高于重点和非重点学校的学生。同时，在涉入心理方面，无论是在付出心理还是依赖心理上，职高/中专/技校的青少年得分同样高于其他类型学校的学生。

第四节 涉入指标的结构化

游戏涉入的结构方程模型主要反映了下级指标对上级指标的垂直贡献度，由于采用了系数标准化的方式，不同级指标之间的贡献度也具有可比性。但是，同级指标之间的相互关系尚未衡量。这里我们采用线性回归的方法探测指标之间的因果关系，以完善游戏涉入指标的内部结构，使得概念更加立体化。

在游戏心理方面，线性回归的结果反映出，游戏付出心理对游戏依赖心理有显著的正向影响，如表 6-3 所示。反之，游戏依赖也对游戏付出造成程度几乎相当的影响，如表 6-4 所示。这就是说，游戏带来的慰藉和满足感一定程度上是造成游戏强迫和游戏戒断反应的原因，同时，更强的强迫和戒断心理也意味着更强烈的游戏向往，即从中得到满足和慰藉的愿望。

表 6-3　游戏付出与游戏依赖的 Logistic 回归

因变量:游戏依赖	系数	显著性水平
常数	12.275	0.000
年龄	0.267	0.075
学历	−0.224	0.567
家庭收入	−0.137	0.002
城市线级	−0.217	0.021
女生	−2.981	0.000
独生子女	0.064	0.819
游戏向往	0.752	0.000

表 6-4　游戏依赖与游戏付出的 Logistic 回归

因变量:游戏付出	系数	显著性水平
常数	16.129	0.000
年龄	−0.258	0.087
学历	−0.094	0.811
家庭收入	0.085	0.055
城市线级	0.108	0.253
女生	−1.170	0.000
独生子女	−0.064	0.819
游戏依赖	0.760	0.000

以上结果表明,游戏付出与游戏依赖不仅共同构成了游戏心理,而且它们本身也是两种相互影响的心理状态(见图 6-20)。

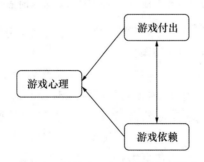

图 6-20　游戏付出、游戏依赖与游戏心理的结构关系

在行为方面,游戏频率与游戏时长的关系也呈现出类似的规律。并非单次游戏时间越长,游戏频率就越低;也不是游戏频率越高,单次

游戏时间就越短。相反,游戏时长与游戏频率往往呈现出正相关的趋势。

从实际情况来看,玩的游戏种类越丰富、可以选择的游戏场所越多样化、游戏玩伴越多,青少年越倾向于更长时间、更高频率地玩游戏。可见,时长、频率、丰富度之间也是相互促进的关系,共同构成游戏行为(见图6-21)。

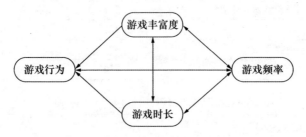

图6-21 游戏丰富度、游戏频率、游戏时长与游戏行为的结构关系

在上一级指标中,游戏心理与游戏行为构成主要部分,这两个指标之间的相互作用同样属于显著的正向影响(见图6-22)。

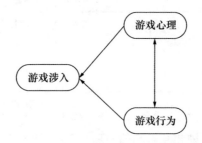

图6-22 游戏心理、游戏行为与游戏涉入的结构关系

可见,青少年的游戏心理和游戏行为无法完全分离,心理和行为的细分层面之间也存在相互影响。

从多次调整之后的指标体系来看,游戏行为是最直接影响游戏涉入程度的变量。游戏行为的影响又以游戏时长和游戏频率为主。通过实际测量变量之间的横向对比,我们可以发现变量所代表的真实"场景"之间的差异。例如,通过学期游戏频率和假期游戏频率的对比发现,假期游戏频率的高低在更大程度上决定了总体游戏涉入程度,也就是说,对"放松时间"的控制可以更大程度地防止沉迷。实际情况是,对于青少年来说,假期是一段矛盾的快乐时光,一方面远离了学业课程的负担,但另一方面也失去了来自学校活动和小团体的乐趣。在学习任务和活动机会同时大幅度减少的情况下,如何借用游戏进行充分的放松休闲,同时合理地利用空闲时间是青少年和父母都应该重视的问题。

此外,玩伴的类型也是一个重要标准。青少年每天的大部分时间都在团体生活中度过,因而他们受到的很大一部分影响来源于身边的人。和什么样的人一起游戏进一步决定了游戏的地点和具体方式。如同班同学或父母熟识的外班同学更有可能被邀请到家中,而通过游戏或其他方式认识的校外朋友则可能共同到网吧或其他娱乐场所进行活动。

在心理层面,游戏涉入更多地来自"被动"的依赖而非"主动"的向往。对于青少年玩家来说,强迫和戒断反应的影响比通过游戏获得的满足和慰藉更显著,尽管后者已经构成了很大的吸引力。

因此,衡量游戏涉入的应该是一个评价系统中相对的、相互关联的概念,而非绝对的、独立的标准。正如上层指标所显示的那样,游戏行为和游戏心理各自的内部,以及行为和心理之间都是存在显著相关关系的。研究认为,这种内部的结构和关联更接近真实情况。这也是研究通过建立指标体系来完成概念操作化,而没有通过变量的组合、筛选直接给出游戏涉入程度的原因。

第五节 游戏涉入的影响因素分析与归纳

青少年游戏涉入是一个涉及心理、行为及不同生命周期的复杂状态,在之前的章节中我们已经针对以上内容进行了数据的呈现、趋势的分析。但是,我们的研究希望在此基础上进一步了解游戏涉入的影响因素。对于网络游戏玩家而言,虽然游戏心理、游戏行为作为中介变量构成了游戏涉入,但很可能不是游戏涉入的根本原因。为了寻找游戏涉入的根本影响因素,如我们在导论部分已经阐明的一样,应当扎根于青少年的日常生活形态。

通过对基础变量进行的独立或交互的分析尝试,我们逐渐明确了影响游戏涉入的根本因素,即十八个主要变量及其分布范畴,并在此基础上归纳出生活背景、日常交往和性格、态度三个层面。跨层面的变量之间可能存在其他共同作用模式,但稳定性相对较弱,容易受到同一层面的其他变量干扰,这说明现实中存在类似的相互影响的可能性较小。

因此，研究认为，以上变量构成和分析框架是较优解。在不同层面，研究还考察了各个变量对中介变量的影响路径，即主要通过心理或行为，或二者兼有，对总的涉入程度产生影响。

（一）生活背景的影响

1. "重要他人"

生活背景（或称基本人口变量）对游戏涉入的程度有显著影响。回归到青少年的日常生活情境中，这些变量主要包括年龄、就读年级、城市线级以及是否独生子女等。

在对定性访谈资料进行分析后，我们发现了"大孩子"作为"重要他人"，对青少年的游戏涉入产生了重要的影响。这里的"大孩子"指比青少年略年长的同辈亲戚或街坊邻居、学校高年级同学等日常交往较为紧密的其他青少年。事实上，即便是微小的年龄、经验、阅历之差也会催生青少年间模仿和追随的动力，而青少年早期接触游戏的推动力量之一正是这一群体。

以年长的亲属对同辈中较年幼者的影响为例，定量资料显示，与同辈亲属，特别是哥哥共同居住的青少年涉入游戏的程度更高，无论男女。这印证了我们在游戏涉入的生命周期分析中论述的"重要他人"对青少年玩家的影响。

在定性访谈中，多个被访者的经历表明，在青少年眼中更为成熟的男性表亲的游戏行为对他们正在念中小学的弟弟、妹妹有深刻的影响。这种影响多建立在年龄差距带来的崇拜感、神秘感之上，不仅体现在游戏行为的跟从，也体现在对兄长的言语的维护上。

"他带我去网吧，那时候我二年级，很小啊，说是表哥，但是他已经很大了，已经做生意了，他当时必须带着我嘛，他自己又想去玩，就把我带到网吧去了，让我在那里等他。我那时候挺崇拜他的，我当时的想法也没有那么多，没有想到玩游戏会影响学习。"（ZH01）

而从大孩子的角度来看，无论是和妹妹还是弟弟一起生活，男性青少年的游戏涉入程度都有所提升，而女性青少年都有所下降。定性访谈也显示，男生会把和弟弟、妹妹分享游戏甚至共同游戏的类似行为看作"带小孩子玩"，对于小孩爱玩的心理也有一种同理心，因为自己"小时候也是这样过来的"。

"（我弟弟）经常去网吧，有时候还叫我带他去网吧，他父母不反对啊,我也会带他去。我觉得现在的小孩有个共同的特点,就是特别吵,经常会说一些别人听不懂的话,但是又特别高兴的那种,我弟弟就是那样。我想我小时候也是这样过来的,小时候在游戏厅玩游戏的时候我也是很吵的。"(CD07)

"以前的话,比较爱炫耀嘛!应该说,因为你玩得很牛嘛!故意开给他们看的,让他们过来看,然后让他们赞叹嘛!"(CD07)

"就是拿出这个箱子(指游戏装备)炫耀。我的装备很多。我有的时候叫两个同学去我家里面(看我的游戏装备),他们就到处说。"(HZ04)

"QQ好多人都在玩,都是比着的,同学之间有比的有炫耀的。最后一个游戏奥比岛每个月买衣服也要花钱。"(BJ06)

"看电视的时候知道这个(DOTA),周末学兴趣班的时候,学的FLASH,因为当时我年龄最小,(其他人)好多都是高中生,所以看他们玩DOTA,就跟着学。"(BJ07)

同辈群体的影响是一个从"观看"到"行动"的过程。这种影响链条不仅局限于"熟人"之间的观看,也包括陌生人和网络社会中的"半熟人",如在网吧中观看其他人玩游戏。有的时候这种影响甚至是通过游戏行为所留下的痕迹产生,如青少年通过网吧的电脑桌面获得游戏信息。

在这种情况下,信息的传播、行为的转化节点便不再局限于"自己家"或"哥哥家",而是广泛分布在网吧、游戏室、计算机教室这样的地方,涉的对象也包括网吧老板、邻座网友、游戏厂商的宣传广告,等等。

我们在深访中发现,很多青少年玩家是从网吧的线上和线下宣传、陌生人或网友处获取的游戏信息或产生了直接的接触行为:"网上啊,网吧的海报啊之类的,网上有一个网站的那种,网吧在桌面上就有那个新出来的游戏。有时候看到别人在耍,然后你就跟着别人去玩了嘛!"(NC07)

2. 城市与独生子女

20世纪70年代末开始施行的独生子女政策彻底改变了80、90后青少年的成长轨迹与生活方式。与此相伴的,是经济改革与城市化进程的推进:城市人口密度、居住密度提升,流动人口比例增加,农村的家庭处于被"打散"的状态。此外,城乡之间的差距使得父母教养与陪伴孩子的方式和条件出现很大差异,比如,因父母外出打工,青少年家庭生活模式的不确定性增加,这不仅影响了家庭的情感关系,而且决定了青少年的成长际遇。在这方面,打工子弟上学难的问题已经不是一个新的议题。

更重要的是,当经济改革与城市化两种社会趋势形成合力,青少年群体因生活情境的不同而出现了多种类型,如大城市中"土生土长"的独生子女,父母因工作移居并最终定居城市以后出生的"第二代"、随父母在工作地与老家之间来回迁徙的青少年,甚至孤身一人或跟随家中年纪较长的同辈亲属外出打零工的孩子。

与这些群体相对应的日常生活呈现出几个共同的特点:(1)生活的流动性较强,即使是城市中长大的孩子也很可能面临搬家或移居。(2)活动地域的局限性增强。流动性并不必然带来更大的活动范围,相反,这意味着陌生的环境和在这种环境中受限制的活动。(3)"面识"亲属之间来往较少,他们与包括父母、近亲在内的人,接触频率降低,交集减少。(4)学习占据生活的主导地位,独生子女独立承担起家庭期望,而这种寄托主要是通过升学、求职实现的,无一不指向在学校里取得好成绩。(5)娱乐方式与上一代人截然不同。与前面四点密切相关的是,流动的生活、局限的地域、单一的人际交往、有限的休闲时间,导致娱乐方式必须成本较低,同时尽可能带来较大的效益。尽管现代娱乐生活为多样化的放松、休闲提供了更多的可能性,但更多时候,青少年群体由于经济、精力、时间的限制,选择的往往是最直接、最简单、最快速有效的方式。

在这样的背景下,网络游戏迎合了青少年的娱乐需求。对于青少年而言,网络游戏不仅是一种娱乐方式,而且扮演着其成长过程和日常生活中"伴随者"的角色。对于这一点有以下解读:

客观地说,无论青少年的游戏涉入程度是否被归为沉迷,他们在游戏上花费的时间与精力(一些情况下也包括费用)均具有连续性。即使不是茶饭不思的沉迷者,青少年玩家对游戏的关注和投入也始终保持在一个平稳的水平,伴随着一些较小的波动。当一款游戏的吸引力下降,青少年往往会将注意力转向另一款游戏。有时候并不是因为游戏本身的吸引力下降,而是人际关系的影响使得另一款游戏直接替代了现在的游戏。总之,很难见到什么游戏都不玩的"空档期",即使有,时间也非常短暂。游戏如同衣食住行一般,成为贯穿他们生活的一条关键线索。可以说,游戏成了男生和女生各自寻找性别认同、建立群体内部交流空间,并通过其想象另一性别的途径。在他们心中,游戏被贴上了明确的性格标签,被赋予贴合这一标签的内涵。

"(女生)很少(喜欢游戏的)。我知道的好像是就只有英雄联盟和QQ炫舞之类的。(女生玩游戏)肯定是在家里多啊。"(NC01)

"因为打打杀杀比较符合男生的性格嘛!有那种成就感。打DOTA的没有女生。"(NC03)

"(身边的女生朋友)有一个喜欢玩男生的游戏的,一两个,很喜欢玩那些梦幻啊,男孩子喜欢玩的她都喜欢玩,天天在家里老是对着电脑,都要去买点卡的那种。性格男性化。"(SZ03)

此外,从研究结果来看,独生子女群体比非独生子女群体涉入游戏的程度高。但如果区分城市线级就会发现,较大的差异集中体现在一、二线和五线城市,而非三、四线城市中。

究其原因,一种情况是由于一、二线城市的规模较大,当地家庭与亲属、朋友之间的居住距离较远,独生子女失去了很多玩伴和外出活动的机会;另一种情况是,独生子女的父母因为工作迁移到大城市,独生子女作为在流动中长大的第二代,既没有对家乡的牵挂,也没有形成对大城市的认同感,相应地,他们独处的时间更长,娱乐方式也从现实向虚拟的网络转移。

在三、四线城市中,距离似乎不再成为关键的制约因素,独生子女与非独生子女也没有表现出明显的差异,四线城市非独生子女的涉入程度甚至超过独生子女,但通过定性访谈,发现同样的问题也存在于这些城市当中:

"我家是在江北那边的,如果周末要找他们的话也不怎么方便,大部分时间还是宅在家里面,如果同学们之间有活动的话,肯定是选择一起去跟他们玩的。住在城市里面的人,他们的环境跟你们住大杂院或者是住在一起的人不一样了,好像你的邻居都不认识,有人说甚至连对面那户是谁都很少知道。"(HZ01)

除居住距离之外,另一个重要的影响因素是娱乐活动的选择。因为缺少面向个人或少数团体的娱乐活动,独生子女除了网络游戏之外很难拥有丰富多样的娱乐生活,而非独生子女基于亲缘关系的交往更加密集,不容易深度涉入网络游戏。

根据回归结果,一线城市独生子女群体的游戏涉入程度在平均值以上,而非一线城市独生子女群体的游戏涉入程度在平均值以下。通过对比以上两类人群发现,在平均值较高的一线城市独生子女群体中,游戏行为指标的平均得分显著高于另一群体,而游戏心理指标的得分则没有明显差异。方差检验也显示,两个群体在游戏行为方面有统计意义上的显著差异,而心理方面则没有显著差异(见表6-5、图6-23)。

表 6-5　独生子女、城市线级对青少年游戏涉入的 Logistic 回归

	系数	显著性水平
常数	34.716	0.000
年龄	0.324	0.083
就读年级	−0.176	0.349
男生	7.591	0.000
独生子女	3.353	0.018
城市线级	1.128	0.149
城市线级的平方	−0.206	0.089
独生子女 * 城市线级	−1.896	0.068
独生子女 * 城市线级平方	0.269	0.096
家庭收入	0.247	0.000

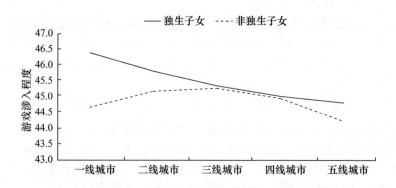

图 6-23　不同线级城市的独生/非独生子女游戏涉入的 Logistic 回归

由此可以判断,现居住的城市线级与是否独生子女的交互影响主要表现在行为层面,而非心理层面。也就是说,一线城市的独生子女玩家在实际行为上明显表现出更长的游戏时间、更高的游戏频率或更强的游戏丰富度,但是在心理上并没有更加依赖和向往游戏。不过,由于游戏心理和游戏行为之间存在正相关关系,不排除由行为引起的心理层面的涉入加深(见表6-6)。

由此,我们可以得出以下结论:大城市里的独生子女玩游戏的行为

更突出,但仅仅是在行为层面。玩过就过,他们通常不会在不玩游戏的时候也时刻想着游戏。游戏对于他们而言更多的是一种因为无聊、缺少陪伴而寻求的消遣,而不是根本上的情感寄托。

表 6-6　平均值上下独生子女 * 城市线级分组的游戏心理与游戏行为得分对照

	高分组	低分组	显著性水平
游戏心理	54.58	53.93	0.32
游戏行为	54.94	53.22	0.002

定性资料也表明,如果条件具备,网络游戏是很有可能被其他活动替代的(至少被访者表达了这样的可能性):

"如果没有网络游戏,我的生活方式可能会改变。比如说那几个小时娱乐的时间,我可能就拿去培养新的爱好,比如那些运动方面,其实我挺爱运动的,只是许多时候找不到场所吧。如果没有了这些玩电脑的时间,也许我就会去想办法找到这种场所。"(CD01)

毋庸置疑,人们的生活中需要娱乐,对于正在成长中的青少年更是如此。网络游戏是众多娱乐方式之一,如果没有游戏,也会有其他的娱乐方式来替代。所以,问题不是如何彻底地屏蔽网络游戏对青少年的影响,而是如何在众多选择中帮助他们养成一种更有利于身心健康发展的娱乐习惯。

如法兰克·荀马赫在《少子化》中提出的担忧:"我们拥有较少的小孩,较少的亲戚,我们的小孩也比他们的上一代更少朋友。所以不仅个人的生活有根本性的改变,我们的社会也悄悄地改变设定程序;家庭会变成例外的现象。我们越来越依赖自己,但孤单一人却活不下去。在社会资本变成最有价值的货品的时代,我们将如何建造新的社群?"[1]

看似可行的方案是,以户外的、体育的活动来替代网络游戏。但问题就在于,这就对环境条件提出了较高的要求。现实中的大城市,尤其是市中心地区,虽然有多样化的娱乐休闲方式,但从整体居住环境来看,青少年并没有得到特殊的关照(中小型城市反而有便利的条件)。

举例来说,加拿大学者简·雅各布斯在她的城市规划著作《美国大城市的死与生》中特别关注到出现在芝加哥、纽约等大城市的市政规划中的"街道消失"。她专门写了一节"人行道的用途:孩子的同化",指出

---

[1] 〔德〕法兰克·荀马赫:《少子化》,张志成译,台湾:博雅书屋有限公司2008年版,第36—40、172—178页。

街道不仅是青少年居住地周边最易得的娱乐场所,也是他们进行社会交往、接受社会教化的场所。① 因此,高度密集的城市化建设挤占了那些纵横交错、车水马龙的宽阔街道,不只意味着人们丢失了一个时常被邻里注视的安全场所,更重要的是,孩子们失去了同时具有聚会、游乐和学习等功能的重要场所。

城市化导致的种种问题不仅是美国面临的问题,也是20世纪60年代后全球的共同问题。经济自由、社会分工与全球化带来了以经济利益为导向的生活规划方式。这种规划不是在个人层面上,而是在整个社会层面上的。有时它甚至是反个人的,即无论个人意愿如何,都不可避免地被纳入生产—消费体系。然而问题就在于,青少年处于本性自由且生命力旺盛的时期,在外界看来充满了反抗与叛逆精神,而通过与外界的磨合,青少年成为"社会人"。游戏沉迷现象只是磨合中出现的众多"状况"之一。

出于现实的需要,社会应该鼓励青少年,为他们提供娱乐场所等条件,使得他们天然的游戏、社交行为较为平稳地过渡到社会行为。如威廉·富特·怀特在《街角社会:一个意大利人贫民区的社会结构》中所描绘的那样,没有比一个竞选代表更与游戏沉迷者相悖的形象了。一个是公共事务的责任承担与权力行使,一个是自我的放任与交往中的失势。② 大城市中,街道,包括街心公园、步行广场在内的场所原本可以为青少年的生活提供更多的可能性。

(二) 日常交往的影响

1. 家庭关系与陪伴

家庭空间是"现代社会存续的基本单位",是"个人唯一全身心投入的社会空间形式",它以直系血缘关系和婚姻关系为主体,还包容了其他亲属关系。③

对于尚未成年或成家的青少年而言,家庭更是他们生存的基本空间。因此,家庭生命周期作为一个广泛应用的自变量,在研究青少年游

---

① 参见〔美〕简·雅各布斯:《美国大城市的死与生》,金衡山译,南京:译林出版社2005年版,第88—95页。
② 参见〔美〕威廉·富特·怀特:《街角社会:一个意大利人贫民区的社会结构》,黄育馥译,北京:商务印书馆1994年版,第59—80页。
③ 参见刘德寰:《年龄论——社会空间中的社会时间》,北京:中华工商联合出版社2007年版,第127—136页。

戏涉入的问题时更是不可或缺。

研究发现,青少年成长的过程中缺乏父母的陪伴并不是一个罕见的现象,可能的原因包括直系亲属一方或双方离世,也包括其他更普遍的状况,即父母离异、分居,或者出于各种原因由其他亲属抚养长大。研究认为,青少年在成长过程中是否拥有正常的父母陪伴,是青少年日常生活中最重要的影响因素之一。

除此之外,家庭既然是要求个人"身心投入"的地方,那么情感方面的沟通状况也必须纳入考量。同理,从青少年自身的角度考虑,评判家庭情感的标准来自他们的感知,而青少年对于家庭关系的好坏往往是有明确的判断的。因此,青少年主观判断的家庭关系的好坏也应作为自变量进行分析。

总的来说,研究认为父母陪伴和青少年的主观判断是衡量家庭亲密关系的两个最重要的维度。

回归结果显示,家庭关系的好坏显著影响青少年涉入游戏的程度。总体上,青少年所处的家庭关系越好,其涉入程度越低。值得注意的是,跟随父母生活但家庭氛围紧张的孩子,沉迷游戏的可能性更大,这是因为父母和孩子间拥有最紧密的关系和情感连接,更容易对孩子产生影响(见表6-7、图6-24)。

同时,定性资料也显示,青少年处于叛逆期时家长的严格管理会造成家庭关系紧张,从而加重青少年的叛逆,成为他们沉迷游戏的诱导因素:

"那个时候成天玩游戏就没有学习嘛!学习成绩不好嘛!如果说一直不让你玩的话,你心里也不爽啊,首先是不爽,然后爸爸妈妈不让你玩,还会到处乱想办法去玩嘛!所以说就会产生叛逆心理,我那个时候,就是这个样子的。"(CD04)

"有一个同学去网吧玩,被妈妈抓到了,妈妈说'等你爸爸回来收拾你',但我同学不理他妈妈,一直在玩,然后他玩了通宵回去,他爸爸就打他。但他还是照样去网吧。"(HZ09)

从另一个角度来看,管理宽松的父母给小孩带来了更多接触游戏或游戏设备的机会,有时父母或长辈本人就是游戏玩家,直接培养了青少年的游戏习惯:

"那个时候我没有自己的电脑嘛,那个时候我用的是我小姨的电脑,她上面有几款游戏,我看见《仙剑奇侠传》就点进去了,那个时候我小姨和我住得很近,我就会经常过去,妈妈过去看小姨的时候,我没事

就玩游戏。"(CD01)

"其实我小时候特别爱玩游戏,那个年代应该有插卡的游戏机嘛!我爸爸不是有一台嘛!我小时候就喜欢和我爸爸玩。"(CD07)

表6-7 父母陪伴、家庭关系对青少年游戏涉入的Logistic回归

	系数	显著性水平
常数	43.231	0.000
年龄	0.149	0.026
独生子女	0.720	0.005
男生	7.615	0.000
家庭收入	0.314	0.000
城市线级	−0.273	0.002
家庭关系	−0.854	0.326
家庭关系的平方	−0.124	0.306
父母陪伴长大	4.966	0.077
家庭关系*父母陪伴长大	−3.263	0.044
家庭关系的平方*父母陪伴长大	0.483	0.032

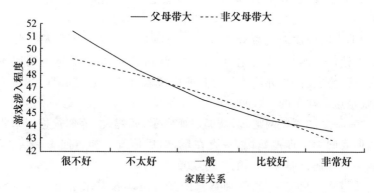

图6-24 父母陪伴、家庭关系对青少年游戏涉入的Logistic回归

对家庭关系给出负面评价的青少年,以及本身由父母之外的人带大,而且认为自己家庭关系一般的青少年,表现出比平均水平更高的游戏涉入程度。他们的游戏行为、游戏心理指标的平均得分显著高于其他群体,表现出更长的游戏时间、更高的游戏频率,在心理上也对游戏

有更多的向往和依赖。

通过这一结论可以看出,家庭中的亲密生活和陪伴关系对青少年的影响不仅程度较高,而且涉及的范围较宽。青少年在心理和行为上同时更倾向于游戏,而且前文所验证的游戏心理和游戏行为之间正向的相互促进作用可能进一步加深了涉入的程度。因此,预防沉迷的一个关键因素是良好、亲近的家庭关系的经营和维护(见表 6-8)。

表 6-8 　平均值上下父母陪伴 × 家庭关系分组的游戏心理与游戏行为得分对照

	高分组	低分组	显著性水平
游戏心理	56.36	53.19	0.000
游戏行为	55.17	52.75	0.000

需要澄清的是,通常被用于替代家庭关系的父母关系或父母婚姻状态,实际上并不能完全体现家庭关系的影响。父母关系的恶化并不必然意味着同样恶化的青少年对家庭关系的感知。莎伦·布雷姆等人在《亲密关系》一书中指出,广泛的研究触及了父母离婚对孩子的影响问题。这些研究在综合考察了孩子和成人之后得出结论:"无一例外,'经历过父母离异的成年人与父母继续维持婚姻的成年人相比幸福感水平较低'……然而,这些影响通常并不大。换言之,在世界范围内父母离异的影响都是负面的,但并不严重。"这些研究的元分析也发现,"父母离异对孩子的有害影响,较早期的研究(例如,20 世纪 60 年代)比最近的研究(例如,20 世纪 80 年代)更大"。同时,"大多数研究表明,经历了父母一方死亡的孩子享有的幸福介于父母离异的孩子和父母维持婚姻的孩子之间"[①]。

这一点在游戏涉入上也有相同的结论。以下是父母状况与游戏涉入之间的交叉分析:父母一方去世的青少年涉入游戏的程度介于父母离婚和父母是正常夫妻的青少年之间[②](见表 6-9)。

---

① 〔美〕莎伦·布雷姆等:《亲密关系》,郭辉、肖斌译,北京:人民邮电出版社 2005 年版,第 332—334 页。
② 由于样本量不足,无法判断母亲去世的影响大于离婚但共同生活的父母的影响具体是由什么原因导致的,一种可能性是,在离婚后母亲和孩子共同生活的群体中间,如果家庭关系依然维持在"一般"以上的水平,则影响较小,如果家庭关系不佳(不太好或很不好),则对子女的游戏涉入影响较大,影响程度得分为 53.86(合计样本量为 28),其影响比母亲去世的影响更大(子女游戏涉入得分为 49.96,样本量合计为 9)。由于样本量较小,得分仅供参考。

表 6-9　父母关系状况对青少年游戏涉入的影响

父母关系状况		游戏涉入得分	显著性水平
正常	正常夫妻	46.00	
离婚/分居	离婚但仍共同生活	48.81	
	离婚且不共同生活	48.93	0.000
	分居中	49.56	
一方去世	妈妈去世了	48.86	
	爸爸去世了	46.33	

如果假设离婚给孩子造成的伤害等同于失去父亲或母亲,那么经历父母离婚的孩子应该与经历父母一方死亡的孩子表现出同等的幸福水平,并低于父母维持正常婚姻的孩子。然而,这一假设并没有得到验证。因此,离婚的影响因素可能被夸大和误读了。与其说它意味着父母一方的缺失,不如说是处于更恶劣的家庭环境中。莎伦等人的研究也表明,生活在完整但经常发生冲突的家庭中的孩子常常比父母离婚的孩子过得还差。由此看来,对于某些夫妇,为了孩子而生活在一起可能实际上根本不利于孩子。对此他们给出了建议:分析离婚对孩子的影响只是一方面,另一方面要弄清楚孩子是否得到了他们所要的。离婚或再婚的父母可能发现,记住孩子所要的基本要素——有效地抚养;父母和睦;没有贫困——是有帮助的。

家庭空间是融入成员情感的空间,"家庭虽有地域(空间)的因素,但更具有情感性社会空间的特征"[1]。父母在情感上的投入也是必不可少的,为子女支付更大的生活开销和给更大数额的零用钱并不能弥补情感上的缺失。特别是当亲子关系较为亲近,但家庭整体关系不佳的时候,青少年的日常生活将会受到更加严重的影响。

家庭空间的复杂化决定了没有一种简单的方式可以改善以上的境况,但与之相应的,父母投入家庭的方式是多样化的,因而他们在青少年涉入游戏的过程中扮演的角色是多样化的。这就意味着,他们至少可以以不同的角色和行动介入青少年的游戏生活。

作为家庭中的"权威",监护未成年子女并制定生活的决策是父母的责任,其最为直接的方式是加强对未成年子女的管理。

---

[1] 刘德寰:《年龄论——社会空间中的社会时间》,北京:中华工商联合出版社 2007 年版,第 127—136 页。

"(父亲回家发现自己在玩游戏)会说,老是不写作业,总是在玩游戏。没办法,干脆就不玩了,直接写作业了。(因为父母)让我必须退出游戏。"(SZ01)

"作业少的时候,我说可以玩一会儿吗?他们说可以就可以玩。(他们说不行的话)那就不玩啊。""那就只能不玩了嘛!"(CD05、CD08)

"我也会(因为花时间玩游戏而后悔),因为我玩游戏会挨打。"(CD08)

疏于管理在一些家庭中会导致孩子的游戏涉入。这一情况通常和父母的"不在场"有直接关系,即父母因为工作、娱乐而不在家,同时又无人看管孩子的情况。

"我爸爸是做生意的,他都是很晚才回来,所以说我就可以玩电脑嘛!就是这个样子的。"(NC10)

"(电脑)是放在我妈房间的,然后呢,没有密码,他们要出去打麻将的时候就比较好。"(NC08)

访谈资料显示,青少年可支配的零花钱的多少也影响其游戏行为,对孩子经济的控制也是家长的管控手段。

"(网吧)偶尔会去,但是并不是很喜欢去。网吧要钱嘛!"(NC07)

"我觉得(玩网游的)就是高中和大学生比较多,因为有时间,大学生也有生活费。玩游戏跟时间和掌控的钱有关系!"(BJ01)

"以前周末天天在家啊。……没钱,反正家里给钱就出去(去网吧)。……放学才去打篮球(周末大家住得太远没法去)。"(SZ02)

还有其他延续父母"陪伴者"角色的方式,例如成为孩子的游戏玩伴。这一方式的关键在于度的控制,因为"玩伴"的不同表现对孩子涉入游戏很可能产生相反的作用。

"应该父母和孩子一起玩。这样的话,应该比较好控制。""该玩的时候就一起玩。"(CD07,CD04)

"我妈妈玩斗地主,天天和我要号。"(ZH06)

2. 朋友人缘与活动

在游戏世界中,"趣缘"是玩家之间建立信任和关系的重要驱动力。本研究表明,对那些对自己人缘评价较高而且几乎每天都与同学、朋友开展课余活动的青少年来说,游戏很可能是他们的一大娱乐选择。他们认为,游戏是一种集体活动,既可以放松心情,也可以交流感情(见表6-10、图6-25)。

表 6-10　人缘、活动频率对青少年游戏涉入的 Logistic 回归

	系数	显著性水平
常数	40.043	0.000
年龄	0.155	0.022
独生子女	0.777	0.003
男生	7.227	0.000
家庭收入	0.258	0.000
城市线级	−0.334	0.000
自我感知的人缘	0.330	0.319
活动频率的平方	0.191	0.364
活动频率的三次方	−0.022	0.421
自我感知的人缘 * 活动频率的平方	−0.141	0.008
自我感知的人缘 * 活动频率的三次方	0.015	0.030

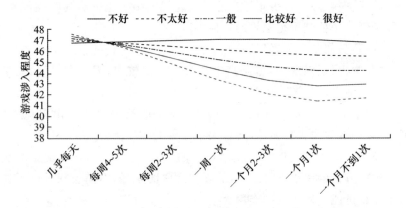

图 6-25　人缘、活动频率对青少年游戏涉入的 Logistic 回归

这些朋友和活动都很多的青少年并不是只选择游戏作为唯一的娱乐方式,只不过游戏与其他活动相比有独特的吸引力。通过深度访谈,我们找到了原因,即对于看重朋友陪伴的青少年,游戏与其他娱乐方式的不同之处就在于,它是一种持久性更强的娱乐活动:

"可能朋友第一嘛,学习第二,游戏第三。因为我觉得如果没有朋友好无聊,比如说你光学习没有朋友,在学校里还是很枯燥的,生活还是要有朋友才欢快一点。我觉得朋友重要一点。七八个(在学校的好朋友),一般都在一起玩。

打游戏感觉接触时间很久嘛,可以玩的时间很久,不会像打篮球那样(容易累)。"(CD02)

而对于人缘一般且参与活动不太频繁(每周2~3次及以下)的学生,游戏也是重要的消遣方式。共同游戏可能是他们与朋友维持关系、进行活跃的社交活动的少数机会之一,也可能代表了他们为自己保留的一个小天地,一种保持独立的态度和方式。

在深访中,少数游戏深度涉入者表示,游戏是自己更愿意和朋友交流的平台:

"可能是因为性格原因吧,玩游戏玩得多的话,可能会在网络上跟对面的朋友交谈,但是私下的话,就可能不怎么说话了,平时的话,我感觉,其实我也不是很外向的,我就算是一个很内向的人。"(NC01)

"我大部分时间打DOTA。好玩,因为DOTA可以打单机,没有意思了,可以在网上找一些不认识的人玩,挺有乐趣的。角色扮演很好玩。"(BJ07)

"我觉得我需要放松的话,一定会选择电脑,因为我现在找不到其他的放松方式。现在本来放假时间又短,如果出门的话也出不了多久。我爸说在外面的那种和朋友间的社会交际才能锻炼到我,经常叫我出去玩,但是我出去其实很多时候找不到玩的。那几个朋友他们也有自己的事,不可能每天都约。"(CD01)

除了情感、兴趣方面的因素,一些客观条件也明显为同学们一起游戏提供了便利,如被访者在访谈中提到的,学校是同龄人聚集的场所,相比孤单的周末生活,放学之后的活动更加方便和有趣:

"周末有(和同学一起玩),不过只有一两个,上学的时候就有,因为有些在很远的地方住。"(SZ02)

朋友之间的人缘和活动频率作为衡量青少年人际交往的一个重要维度,与家庭、学校的影响因素类似,同样对青少年游戏玩家的心理和行为产生了显著的影响,程度介于学校、家庭之间(见表6-11)。

表 6-11 平均值上下人缘 * 活动频率分组的游戏心理与游戏行为得分对照

	高分组	低分组	显著性水平
游戏心理	56.33	53.28	0.000
游戏行为	56.04	52.55	0.000

在定性访谈中还发现一种相对独立的现象,即有一部分青少年对

于闲暇时间娱乐方式的选择持无所谓的态度,他们会不会玩游戏、什么时候玩、玩什么游戏等全都取决于自己的朋友(见表6-12)。

表 6-12　朋友对青少年游戏接触、使用和选择的影响①

	与朋友相关的原因	百分比(%)
首次接触游戏	朋友或亲人带动	44.0
选择游戏作为最主要的娱乐方式	朋友都玩游戏,我也得玩	22.0
选择一款游戏	朋友圈是否有人在玩	28.0
放弃一款游戏	圈子里的朋友都不玩了或去玩别的游戏了	23.0

"因为天天玩还是挺腻的,现在的话,就觉得太无聊了,因为现在基本上天天都坐在那儿,想出去玩,又不知道找谁玩,所以说我就只能坐在电脑跟前,但是我又不知道干什么,我都是很少玩游戏,只不过是他们在的时候我就玩英雄联盟,但是我一个人又不敢玩那个游戏。"(CD07)

儿童时期和青少年时期的友谊最为纯粹。朋友之间的交往大多以娱乐为首要目的。然而,随着城镇的兴起,作为娱乐场所的"大自然"被高楼大厦所取代,同时,随着现代城市的发展,承载群体活动的街道也淡出了人们的视野。在这种情况下,网络在现实之外赋予了青少年所需的娱乐空间。于是,娱乐从"游玩"于山水间变成了"玩乐"于屏幕前。网络游戏联结着身处同一座城市,却显得格外遥远的伙伴,成为虚拟但又无比真实的聚会场所。

如奥维·洛夫格伦等提到的:"男人们大部分时间用在公司,女人互相走访,孩子自己照看自己,在后院玩耍或在周围闲逛。……孩子成长的社会环境并不以家庭为中心……'我们'可以比'家里的我们'意味更多东西,它们可以是'公寓里的我们,大街上的我们,街坊四邻中的我们'。"②

如今,还要加上一个游戏世界中的"我们"。

---

① 在首次接触方面,亲人/朋友是最主要的驱动力,尽管无法判定具体是亲人还是朋友的影响,但没有其他任何一种因素的影响像"朋友"这样贯穿游戏接触、使用、选择与放弃的过程始终。

② 〔瑞典〕奥维·洛夫格伦、乔纳森·弗雷克曼:《美好生活:中产阶级的生活史》,赵丙祥等译,北京:北京大学出版社2011年版,第87—95页。

3. 师生关系与管理

早在 16 世纪到 17 世纪,学校生活和它所代表的"有组织的、正式的教育体系",是儿童成长过程中的重要经历。如尼尔·波兹曼所言:"童年时期的各种发展,在相当程度上是由学校和书本所支配的。"[①]学校和老师对于青少年成长模式的转变影响深远。作为孩子的青少年在历史上曾经被视作家长的私有财产,他们的健康、幸福都可以以家庭生存的名义被消耗掉。直到学校制度化、体系化、规范化之后,现代家庭的模式才渐渐形成。到了 18 世纪,家庭中父母至高无上的权威被人为地修改了,学校、政府和所有社会阶层共同承担养育儿童的责任。[②]

然而,学校无论对儿童还是青少年都提出了需要他们具备的能力要求,包括活跃的个性、逻辑思维、抽象概括等能力,除此之外,还有很重要的一点,就是"超凡的自我控制能力"。无疑,这种自我控制以及和它相关的延迟满足等能力是和青少年的游戏本性背道而驰的。自律习惯的形成和维持所依靠的正是校方,或更直接的,老师的管理。师生关系是绝大多数生活在城市的青少年的生活中必不可少的一种人际交往关系。这种关系和青少年与父母、亲属、同学、朋友间的关系存在很大的区别。因此,作为关键变量,师生关系,包括老师的管理方式等因素,有重要的分析价值。

本研究以青少年对师生关系的评价作为衡量师生关系的标准,以老师的管理严格程度作为连续的自变量来考察二者之间的交互影响。

通过回归分析发现,当师生关系紧张时,青少年沉迷游戏的可能性更大。特别是师生关系不好,且老师管理宽松的情况下,学生很容易高度涉入游戏。此外,师生关系较好,管理非常宽松的情况也容易引发高度游戏涉入(如表 6-13、图 6-26)。

表 6-13 师生关系 * 班主任管理严格程度对青少年游戏涉入的 Logistic 回归

	系数	显著性水平
常数	45.947	0.000
年龄	0.031	0.647

---

① 〔美〕尼尔·波兹曼:《童年的消逝》,吴燕莛译,桂林:广西师范大学出版社 2004 年版,第 199—212 页。

② 同上。

(续表)

	系数	显著性水平
独生子女	0.797	0.002
男生	7.810	0.000
家庭收入	0.314	0.000
城市线级	−0.339	0.000
师生关系	−0.211	0.832
班主任管理严格程度	1.684	0.465
班主任管理严格程度的平方	−0.310	0.370
师生关系 * 班主任管理严格程度	−1.299	0.038
师生关系 * 班主任管理严格程度的平方	0.196	0.036

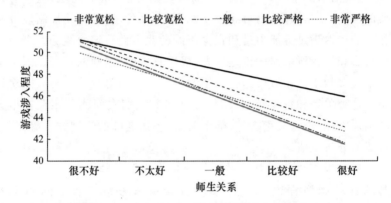

图 6-26　师生关系、班主任管理严格程度对青少年游戏涉入的影响

"放羊式"的管理方式造成学生玩游戏的现象普遍出现,而且学生互相之间会产生负面影响,最终导致集体成绩下滑:

"我不知道学校是怎么分班的,我进班的时候是第一名,但是出来的时候我是倒数第一名。

上课就跟同学玩。完全没有人学,都在睡觉打游戏。我们学校真的是只有两个班好,其余的全是差班。"(NC09)

与家庭关系在成长期间的陪伴相类似,师生关系和学校管理的严格程度对青少年游戏玩家产生了心理和行为两方面的显著影响,且影响程度甚至超过了家庭、父母等。其原因就在于,学校是青少年每天度过时间最长的地方,在很多例子中,"学习"被看作作为学生的青少年唯一的"目标""任务"或"正业"。

对于给予师生关系负面评价或者评价为"一般",同时感到老师或学校的管理"宽松"的青少年群体,游戏对他们同时具有心理和行为两个层面的吸引力。他们可能不顾师生关系的恶化也要摆脱老师的严格管理,为自己寻找玩游戏的时间和机会,或是在宽松化的管理方式之下毫无顾忌地玩游戏。相对来说,前者由于受到严格管理的制约,在心理上更有可能高度地涉入游戏;而后者由于缺少了来自外界的制约,更有可能高度地涉入游戏(见表6-14)。

表6-14 平均值上下师生关系 * 班主任管理严格程度分组的游戏心理与游戏行为得分对照

	高分组	低分组	显著性水平
游戏心理	54.00	53.33	0.000
游戏行为	53.36	52.78	0.000

因此,完全寄希望于管理手段的单一作用,认为其可以防止学生沉迷游戏是不合适的。它往往会导致过于严格的管理模式。而这种手段的另一个极端,即过于宽松的管理模式,在防止学生游戏沉迷上的效用同样也是不理想的。

无论在家里还是在学校,家长、老师们必须问自己:孩子现在需要什么?他或她现在面临什么问题?如杜威所言:"如果我们了解和同情儿童时代的真正本能和需要,并且探求它的最充分的要求和发展,那么,成人生活的训练、知识和文化修养都会及时到来。"[①]从洛克的"新教派"到卢梭的"浪漫主义派",再到弗洛伊德和杜威,人们越来越接近这样一个事实,即人们应该理解儿童的发展有其自身的规律,不应扼杀儿童天真可爱、好奇、充满活力的天性。

即便能做到这一点,在效果方面,老师的管理还是与父母的管理有很大不同。相对于父母"二对一""一对一"的管理模式,老师的"一对多"管理覆盖面更广,有限的精力和时间意味着他们不可能面面俱到。更棘手的问题是,学生的行动有时会带有"表演"的性质。"正如萨特所说:'一个试图显得很专注听讲的学生,两眼紧盯着老师,竖起耳朵,投入全部精力用来扮演一个专心听讲者的角色,结果却什么也没听见。'"[②]而且,这只是上课铃响后,作为"前台"的教室中的场景,至于下

---

① 〔美〕约翰·杜威:《学校与社会——明日之学校》,赵祥麟等译,北京:人民教育出版社2005年版,第52—53页。
② 〔美〕欧文·戈夫曼:《日常生活中的自我呈现》,冯钢译,北京:北京大学出版社2008年版,第52—53页。

课后,教室切换成了"后台",学生之间会有怎样的交谈和活动,则是老师不得而知也无法控制的情节。

因此,必须意识到,在管理方式之外,一个更重要的影响因素是情感上的沟通交往,正如改善家庭关系是防止家庭环境中发生游戏沉迷的有效手段一样。研究数据也表明,无论采取何种管理模式,良好的师生关系总是能够更加有效地减轻青少年的游戏涉入程度,从而更加有效地预防沉迷。

(三)性格、态度的影响

在《人:游戏者》一书中,荷兰学者胡伊青加从日常生活等角度出发说明了人类文化中无处不在的游戏特征,指出了游戏与日常生活的不同及其具有的两个特征:"一定的形式与规则","人自愿地主观参与带来的非现实的愉悦和主观体验"。[①] 游戏是相当主观的活动,作为游戏者的人都受到自身性格、思维、态度的支配,在游戏中获得愉悦的主观体验。因此,主体态度是不可忽视的因素。

我们在问卷调查中,使用了性格、态度描述语句来测量不同维度的青少年的性格特征,然后采用因子分析法将性格、态度的主要方面归纳为8个因子,分别为学习积极(主动)、外向、离群、内省、自信、自律、缄默、幻想。

我们对性格、态度量表中的37个语句进行了反复检验,最终保留了26个因子。我们对这些因子采用了平均正交旋转法进行转置,并对因子分析的结果进行了检验,结果显示KMO值为0.981,巴特勒特球形检验显著,检验通过。此外,26个语句的因子负荷均大于0.5,累计方差贡献率为68.029%,具体情况如表6-15所示。

表6-15 青少年性格、态度因子分析

因子	语句	负荷
学习积极(主动)	我会主动向老师请教问题	0.786
	我经常在课堂上主动发言	0.765
	老师经常在课堂上提问我	0.720
	我能够很有效地利用课堂时间	0.689
	我经常和同学讨论学习问题	0.680

[①] 〔荷〕胡伊青加:《人:游戏者》,成穷译,贵阳:贵州人民出版社1998年版,第7—20页。

(续表)

因子	语句	负荷
外向	我会主动提供帮助，哪怕是陌生人	0.549
	我考虑过做志愿者帮助别人	0.734
	我会主动跟别人介绍自己	0.702
	我乐于跟人分享我喜欢的书籍、电影、音乐	0.679
	我经常参加学校的文体活动	0.642
离群	我认为有些同学小圈子意识很强	0.607
	我觉得很多同学只关心自己	0.605
	我认为有些同学很骄傲	0.603
	我有时会觉得自己被忽略了	0.506
内省	我认为得到老师和家长的赞扬很重要	0.781
	我会经常反省自己的说话、做事方式	0.767
	我很注重自己的衣着打扮看起来是否像个学生	0.571
自信	我觉得我更受异性欢迎	0.548
	如果真的打架会有很多朋友帮我	0.707
	我觉得父母很为我骄傲	0.705
自律	我每周都有固定的休闲娱乐时间	0.701
	我每天都按时吃饭	0.680
缄默	我不太会跟别人讲我遇到的困难	0.851
	我不太愿意跟别人提家里的情况	0.674
幻想	我有幻想中的朋友	0.821
	我认为有一个比真实世界更美好的虚幻世界	0.784

性格、态度因素与生活背景和日常交往不同，同一个人可以同时具备性格和态度上的不同特质，但不同特质之间没有或者没有显著的相互影响。也就是说，没有一种特质是造成另一种特质的原因，也没有一种特质是与另一种特质完全对立的。比如，一个青少年可能在一些场合中表现得主动、外向，在另一些场合中则沉默不语，沉浸在自己的世界中。因此，性格、态度诸因素对于青少年游戏涉入的影响也是相互独立的，但这并不代表这些因素按照单一的、线性的模式影响游戏涉入。实际上，除了内省和缄默表现出对游戏涉入的线性影响，其他变量的影响都是非线性的(见表6-16)。

表 6-16　性格、态度因子对青少年游戏涉入的 Logistic 回归

	系数	显著性水平
常数	34.237	0.000
年龄	0.151	0.021
独生子女	0.696	0.004
男生	7.022	0.000
家庭收入	0.294	0.000
城市线级	−0.292	0.000
学习积极(主动)	−0.531	0.000
学习积极(主动)的平方	0.007	0.003
学习积极(主动)的三次方	0.000	0.008
外向	0.546	0.000
外向的平方	−0.009	0.000
外向的三次方	0.000	0.000
幻想的平方	0.006	0.000
幻想的三次方	0.000	0.000
幻想的四次方	0.000	0.001
内省	−0.033	0.000
自信的四次方	0.000	0.003
自信的五次方	0.000	0.088
自律的三次方	0.000	0.001
自律的四次方	0.000	0.006
离群的平方	0.004	0.018
离群的四次方	0.000	0.030
缄默的三次方	0.000	0.031
缄默	0.036	0.000[①]

性格、态度因子可以分为三类：抑制因子，即得分与游戏涉入程度呈负相关的因子；促进因子，即呈正相关的因子；不确定因子，即在不同得分区间，对游戏涉入程度的影响也不同。

1. 抑制因子

在 8 个性格、态度因子中，学习积极(主动)、自律、内省与游戏涉入之间是呈负相关的。

学习积极(主动)体现在向老师提问、在课堂上发言以及和同学讨论等表现上。青少年主动参与学习生活的积极性直接影响游戏涉入程度，主动程度越低越容易沉迷游戏。随着主动程度的升高，涉入程度显

[①] 由于性格、态度因子与生活背景、日常交往变量不同，通过因子分析得到的因子之间是互斥关系，不存在相互干扰或干扰较小，因此在同一方程中对比影响大小。

著下降。

同样地,注重规律生活的青少年不容易沉迷网络游戏;相反,自律程度较低、对规律作息不够重视的青少年往往涉入程度较高。这里的自律主要体现为日常饮食的规律性和对闲暇时间的合理支配,而非课堂上的自我控制。

内省,即青少年时常反省自身的言行举止、穿着打扮,对自己的学生身份有较强的意识,同时很看重家长和老师的评价。内省与游戏涉入之间存在线性的显著正相关(见图6-27)。

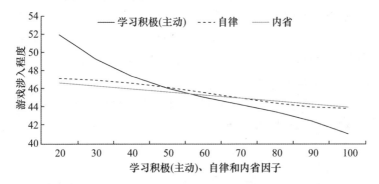

图6-27 学习积极(主动)、自律和内省因子对青少年游戏涉入的Logistic回归

2. 促进因子

自信与否是衡量一个人自我态度的重要维度,青少年自信的表现相对于成年人而言更为直接。本研究剔除了有效性较低的描述语句,认为更受异性欢迎、容易获得朋友的帮助、能够让父母骄傲是自信的主要评价标准。在这三方面有明显认同的青少年更容易较高程度地涉入网络游戏(见图6-28)。

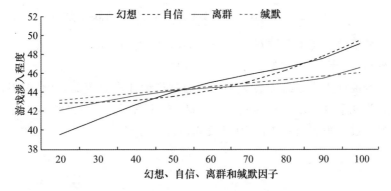

图6-28 幻想、自信、离群和缄默因子对青少年游戏涉入的Logistic回归

与自信的影响类似,越爱幻想的青少年越容易沉迷游戏。在大型网络游戏中,虚构的人物、场景和情节一方面靠技术来实现,另一方面也要靠玩家的想象力来充实。从青少年的角度来看,游戏承载了他们的想象,满足了他们对幻想世界的渴望。他们幻想的内容不仅仅是一个抽象的世界,也可能具体为与虚拟朋友之间的情感交流。

此外,对其他同学有疏远倾向、有时感到自己被边缘化的青少年涉入游戏的程度更高。值得注意的是,青少年离群的原因更多指向他人,而非自我。也就是说,离群的青少年往往是因为对他人的行为产生"不认同"的感觉,而非出于不自信等其他原因而排斥他人的圈子或团体。

缄默因子与内省因子类似,二者都对游戏涉入产生线性影响。缄默表现为较少与人主动交流、分享自身的情况或想法等。

3. 不确定因子

与其他性格、态度因子不同的是,外向程度对青少年的游戏涉入水平呈非线性的影响(见图 6-29)。

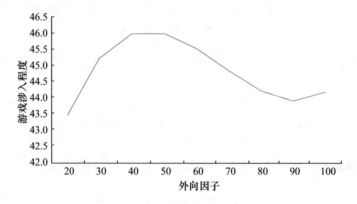

图 6-29 外向因子对青少年游戏涉入的 Logistic 回归

考察外向因子对游戏涉入的影响时,将外向程度在平均值上下的青少年分为高分组和低分组。通过分样本回归结果可以发现,青少年外向程度处于高分组的会对其游戏心理产生非常显著的影响,但对游戏行为几乎没有影响。因此可以判断,自我态度对于游戏涉入的影响主要通过心理层面发挥作用(见表 6-17)。

表 6-17　平均值上下外向程度分组的游戏心理与游戏行为得分对照

	高分组	低分组	显著性水平
游戏心理	91.32	51.05	0.028
游戏行为	53.99	53.36	0.871

（四）整体影响模式归纳

综合以上分析，我们将影响青少年游戏涉入的因素归纳为以下三个方面：(1) 生活背景；(2) 日常交往；(3) 性格、态度。这三个方面各自包含几大关键变量。不同变量之间相互作用，形成了非线性的、互相交叉的影响力。其中，生活背景方面的变量主要通过青少年的游戏行为来影响其游戏涉入，性格、态度方面的变量主要通过青少年的游戏心理来影响其游戏涉入，而日常交往方面的变量则倾向于同时影响青少年的游戏行为和游戏心理，最终导致其游戏涉入程度的差异。具体模式如图 6-30 所示（见下页）。

本节围绕年龄、年级、城市线级、是否独生子女、家庭关系、父母陪伴、朋友人缘、活动频率、师生关系、家校管理方式等变量和八个性格、态度变量进行了讨论，表明青少年的生活背景、日常交往和性格、态度等变量各自以不同的方式影响其游戏涉入。

在生活背景方面，研究发现，同辈群体的影响不仅局限于学校，家庭环境即生活背景也对青少年的游戏涉入程度有显著影响。和年长的男性同辈亲属（哥哥等）共同生活的青少年涉入游戏的程度更高，相反，和女性同辈亲属（姐姐等）一同生活，其游戏涉入程度则较低。这一规律对于青少年与年长亲属的接触及影响同样适用。数据显示，与弟弟、妹妹一起生活的男生涉入游戏程度更高，而处于相同情境的女生对游戏的兴趣则相对较低。

然而，并不是说隔绝了青少年与同辈群体的接触，就可以防止其（尤其男生）更高程度地涉入游戏。实际上，城市线级变量与是否独生子女变量恰恰从其他角度说明，当同辈群体的陪伴和互动缺失时，青少年受到的影响更多是负面的。

总体来看，独生子女群体比非独生子女群体的游戏涉入程度更高，但如果按照不同线级的城市区域细分，就会发现，群体间在游戏涉入程度上的较大差异集中体现在一、二线和五线城市中，而在三、四线城市中，独生子女与非独生子女的这一差异并不明显。

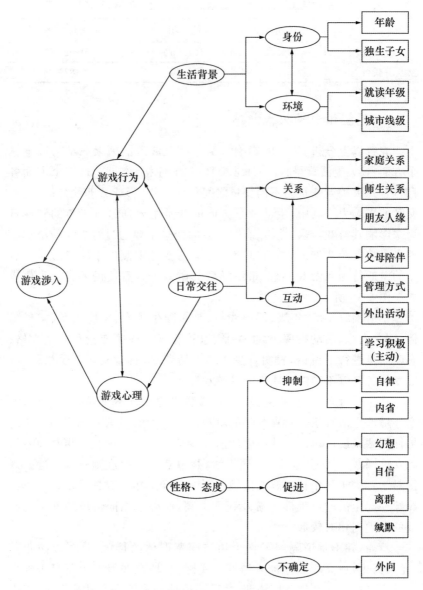

图6-30 青少年游戏涉入影响模型

对于独生子女而言,游戏是他们的玩伴和成长的见证。在一、二线城市,他们需要游戏来更为迅速和方便地与他人建立线上联结,同时"创造"一个寄托和分享情感的虚拟场所。在五线以下的城市中,当青少年将现实世界与网络世界相对照,发现现实世界的娱乐相当匮乏时,同样需要网络游戏来填补娱乐方式的空白。

而对非独生子女的研究进一步修正了从同辈群体中得出的结论。由于非独生子女与和同辈亲属一同生活的青少年群体有相当比例的重合①，因此，家庭环境内部的同辈群体影响在三、四线城市更为突出，一、二线城市由于环境更加复杂，人们的交往方式更为多样，家庭内部的影响被淡化，而在五线城市中，跨地区的来往更为便利，家庭居住地点的局限性被打破，来自外部群体的影响和家庭内部的影响几乎一样直接。

在日常交往方面，一方面，父母、朋友和老师作为青少年日常接触的主要角色成为研究青少年游戏涉入问题时需要分析的重点。青少年与他们之间的关系和这些关系对游戏涉入的影响有相似之处。其一，青少年对自己和父母、朋友、老师之间的关系的好坏通常有明确的判断。其二，这种主观判断和客观的交往模式存在不同的组合形态，关系好并不必然意味着实际上的融洽、活跃、自由的交往。

另一方面，父母和老师作为多数情况下"权威"的代表，与朋友的影响存在差异。研究发现，对于父母和老师，当青少年认为自己和他们的关系良好，同时与他们的交往能让自己感受到正向的反馈时，青少年涉入游戏的程度较低。也就是说，拥有父母的陪伴同时认为自己家庭关系良好的青少年，以及接受宽松的师长管理同时和老师关系良好的青少年，涉入网络游戏的程度更低。

但是，平等交往关系中的"朋友"的影响存在两极化现象，课余活动频繁同时认为自己人缘良好的青少年，以及课余活动频率很低，同时认为自己人缘较差的青少年更倾向于涉入网络游戏。这源于两种不同的游戏需求：一种是为已有的活动增添乐趣，使交往模式更加多样化；另一种是在自我得不到周围朋友认可的情况下，寻找另外一种获得认可的方式，无论目前和朋友的交往是否频繁。

此外，在性格、态度方面，本研究还发现，主观感受比实际互动能产生更大的影响。这种影响在家庭环境中表现为，恶劣的家庭关系带来的伤害大于父母陪伴的缺失，如果家庭关系不佳，即使与父母双方共同生活，青少年也表现出更明显的游戏倾向；在学校中表现为，当师生关系紧张时，最严格的管理模式和最宽松的管理模式产生影响的差异并没有想象中那么大，反而是当师生关系非常好时，这两者之间的差异才得以凸显，但最严格的方式并不对应着最低程度的游戏涉入。随着师

---

① 在和同辈亲属一起生活的青少年中，不是独生子女的比例在 78.4%～85.4% 之间变动。

生关系的改善,游戏涉入程度是显著降低的;在连接学校和家庭的"朋友圈"中,对于朋友人缘很好或比较好的青少年,日常活动频率是重要的,人缘好且活动频率高的,更倾向于网络游戏,人缘好但活动频率低的,反而最不容易深度涉入网络游戏。自我感知人缘不太好或者一般的青少年,无论平时参加活动的频率如何,都保持较高的游戏涉入水平。

尽管如此,本研究认为,将玩游戏看作人际关系恶劣、交往信心不足的青少年的"特点"仍然是对主观因素单方面的夸大,无论何种交往环境下的主观变量都是和客观交往形态共同发生作用的。

在对青少年性格、态度的分析中,本研究对比了八个性格、态度变量和三种不同的影响模式,得出的结论是:青少年基于性格、态度等进行的自我评价对其游戏涉入程度有非常显著的影响,一部分影响模式接近线性的相关关系,在不同区间内有细微差异,如参与、规律的负相关和幻想、人缘、离群的正相关;同时,也存在非线性的影响,如外向性。在外向性不明显的人群中,外向是促进游戏涉入的;在外向性较为突出的人群中,外向抑制涉入;而在最为外向的人群中,外向反过来促进了涉入水平的提升,但提升幅度有限。

在上述分析的基础上,本研究进一步总结了游戏涉入的总体影响因素和影响模式。其中,影响模式的确定来自各大变量对游戏心理和游戏行为涉入程度作用方式的分别考察。分析发现,生活背景主要通过影响游戏行为涉入影响总体游戏涉入;日常交往同时影响游戏行为和游戏心理,进而影响游戏涉入;性格、态度主要通过影响游戏心理来影响总体游戏涉入。

研究认为,不同影响因素的不同影响模式是有实际意义的。首先,生活背景客观上促进或抑制了青少年的游戏涉入,因此,生活背景的变换有可能带来游戏沉迷或深度涉入的改善;其次,日常交往包括主动的自我感知和被动的他人反馈,因此,青少年的行为和心理都会影响其最终的游戏涉入,如要帮助人际交往因素造成高度涉入游戏的青少年,既要改变其人际交往方式,又要给予其情感上的关怀;最后,从性格、态度方面得出的规律表明,对青少年的性格、态度加以引导,将在心理层面减轻游戏涉入程度。

第七章 青少年游戏沉迷的界定及影响因素

第一节 游戏沉迷的界定标准

通过对游戏涉入这一指标的构建,我们从事件—过程视角出发对青少年游戏涉入在不同使用周期的表现进行考察,并对影响涉入程度的主要因素进行了分析与归纳。至此,我们可以对青少年整体的游戏使用情况和涉入程度有一个全面、清晰的认知。在对涉入指数进行构建的过程中,我们发现有一定比例的青少年游戏玩家的游戏涉入程度非常高。结合青少年游戏涉入指数的总体分布情况以及统计学中关于小概率事件的定义,我们将涉入指数排在前5%的青少年定义为游戏的深度涉入者(见图7-1)。

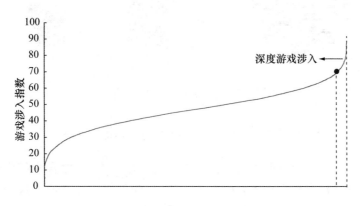

图7-1 青少年游戏涉入指数分布

游戏涉入指数是对青少年游戏心理及行为的综合衡量。同时,客观的游戏行为也是衡量游戏沉迷的重要指标。在各项游戏行为中,玩游戏的频率以及单次玩游戏的时长又是最能直观反映青少年游戏沉迷情况的两个变量。

因此,在对青少年的游戏沉迷进行界定时,我们综合了游戏涉入指数、玩游戏的频率和单次时长三个指标,将游戏深度涉入者中每天都玩游戏,且单次游戏时长在 6 小时以上的青少年定义为"游戏沉迷者",这部分"游戏沉迷者"的比例占整个青少年游戏玩家群体的 2.3%。

第二节　游戏沉迷者的特征

(一) 男生更易沉迷游戏

从性别特征来看,男生中游戏沉迷者的比例要远高于女生中这一群体的比例。之前的游戏行为和游戏涉入相关章节已经充分验证了男生比女生更爱玩游戏这一事实,而男生不仅是主要的游戏玩家群体,而且是主要的游戏沉迷群体(见图 7-2、7-3)。

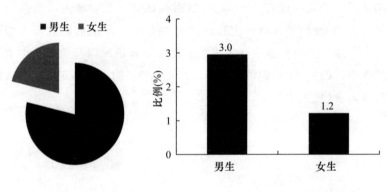

图 7-2　游戏玩家性别分布　　　　7-3　游戏沉迷者的性别差异

(二) 中等城市青少年游戏沉迷比例高

不同线级的城市居民往往有着不同的生活方式,对青少年来说亦是如此。在考察游戏涉入的影响因素时,我们引入居住城市这一指标进行了研究。仅从城市线级来看,三、四线城市的青少年沉迷游戏的比例最高(见图 7-4)。

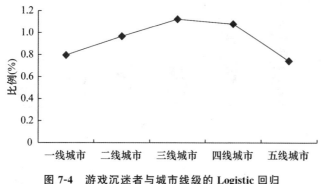

图 7-4 游戏沉迷者与城市线级的 Logistic 回归

（三）网游玩家最易沉迷游戏

在 PC 网游、移动终端网游和单机游戏玩家中，PC 网游玩家沉迷游戏的比例最高，其次是移动终端网游玩家，单机游戏玩家沉迷游戏的比例最低（见图 7-5）。

网络游戏能给玩家带来多人互动的社交快感，玩家较易沉浸在虚拟的游戏世界中。同时，与采用"通关"模式的单机游戏相比，通常采取"升级"模式的网络游戏鼓励玩家持续不断地投入时间、精力和金钱，玩家更容易出现沉迷现象。

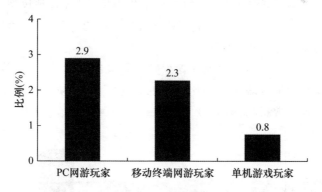

图 7-5 不同类型玩家中游戏沉迷者的比例

在 PC 网游玩家内部，主玩的 PC 网游类型的不同，导致各类玩家在沉迷比例上也存在一定差异。总的来说，主要玩大型网游和大型页游的 PC 网游玩家最容易沉迷，其次是虚拟社区儿童产品，平台类联网游戏、PC 对战平台游戏和社交游戏的沉迷比例都较低（见图 7-6）。

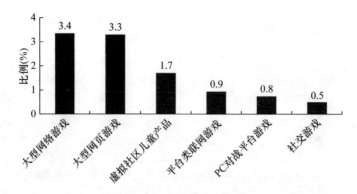

图 7-6　主玩不同种类的 PC 网游玩家中游戏沉迷者的比例

第三节　游戏沉迷的外部影响因素

游戏沉迷是一个复杂的社会现象,它的影响因素也是多方面的。这其中既包括青少年游戏玩家自身的内因,譬如青少年的游戏动机、性格特征等;也有外部社会环境的影响,比如家庭环境、学校环境、社会关系等。我们将首先探讨游戏沉迷的外部影响因素。

(一) 学校因素

学校作为青少年最主要的活动场所之一,对青少年的成长有着不可忽视的影响。通过分析,我们发现学校类型、班级管理风格、师生关系等学校因素对于青少年游戏沉迷均有显著影响。

1. 学校类型与游戏沉迷

通过分析不同类型学校的青少年中游戏沉迷者的比例,我们发现重点学校的学生游戏沉迷的比例最低,职高/中专/技校的学生沉迷游戏的比例则非常高(见图 7-7)。

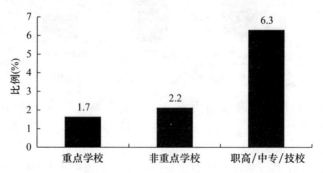

图 7-7　不同类型学校的青少年中游戏沉迷者的比例

不同学校类型对于青少年游戏沉迷的影响的差异,随着青少年年龄的增长而扩大。对于非职高/技校的青少年而言,各个年龄群体中游戏沉迷的比例并没有明显的差异,而职高/技校的青少年沉迷游戏的比例则随着年龄的增长而显著增加(见图7-8)。

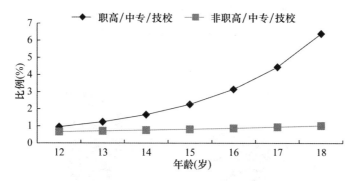

图7-8 游戏沉迷者与年龄、学校类型的Logistic回归

2. 班级管理风格与游戏沉迷

班级是青少年学校生活的基本单位,班级的管理情况对于青少年的日常行为和成长有着重要的影响,不同的班级管理情况也会导致不同的沉迷比例。在班级管理非常宽松的青少年中,沉迷游戏的比例非常高,达到了8.7%(见图7-9)。对于缺乏足够自制力的青少年而言,适当严格的学校管理能够帮助他们更好地控制自己的行为。

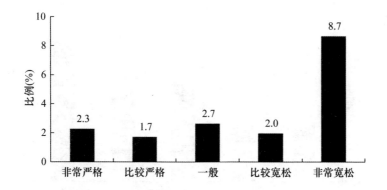

图7-9 不同班级管理状况的青少年中游戏沉迷者的比例

(二)家庭因素

除学校外,家庭是青少年另一个主要的活动场所,家庭环境对于青

少年的游戏沉迷情况同样有显著的影响。总的来说,正常、和睦的家庭关系有助于遏制青少年游戏沉迷现象。

父母作为青少年的监护人,对青少年负有引导和管教的责任。家庭中父母职责的缺失很容易导致青少年因缺乏有效的管理和约束,或缺少足够的情感依赖等因素而沉迷于游戏。父母离异、去世等特殊家庭的青少年中沉迷游戏的比例要明显高于父母关系和睦的家庭中青少年游戏沉迷者的比例(见图7-10)。

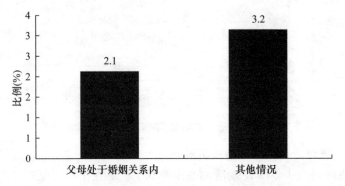

图7-10 父母婚姻状况不同的青少年中游戏沉迷者的比例

除父母婚姻状况外,家庭关系是否和睦也会影响青少年沉迷游戏的情况。家庭关系"很不好"的青少年沉迷游戏的比例非常高,达到了4.2%(见图7-11)。

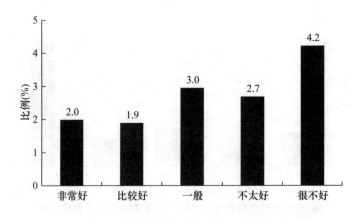

图7-11 不同家庭关系的青少年中游戏沉迷者的比例

在与父母的关系方面,表示自己和父母互不干涉的青少年沉迷游戏的比例最高,达到了5.8%;什么事都要听父母的青少年沉迷游戏的比例也比较高。相比之下,表示和父母是朋友的青少年沉迷游戏的比例则比较低。适度管控、平等交流的管理方式更有助于青少年的健康成长(见图 7-12)。

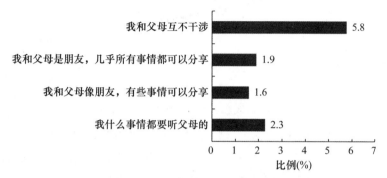

图 7-12　不同亲子关系的青少年中游戏沉迷者的比例

第四节　游戏沉迷的内部影响因素

青少年成为游戏沉迷者的可能性除了受家庭、学校等外部因素影响外,也会受青少年自身性格的影响,具有某些性格特征的青少年相对更易沉迷于游戏。

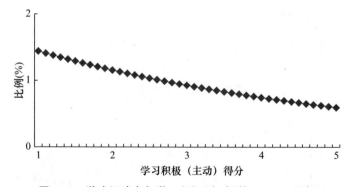

图 7-13　游戏沉迷者与学习积极(主动)的 Logistic 回归

在各种性格特征中,学习积极(主动)和自律可以有效地遏制游戏沉迷。随着学习积极(主动)和自律得分的升高,游戏沉迷者的比例明显降低(见图 7-13)。学习积极(主动)的青少年会在学习上投入更多时间和精力,在游戏上的投入则相应变少。自律性强的青少年能够有效地管理和控制自己玩游戏的时间,不容易出现沉迷游戏的情况(见图 7-14)。

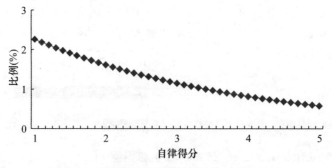

图 7-14 游戏沉迷者与自律的 Logistic 回归

爱幻想、防备性强(离群、缄默)的青少年成为游戏沉迷者的可能性较大(见图 7-15、7-16)。虚拟的游戏世界可以满足爱幻想的青少年对于梦想世界的需求;而在现实生活中防备心重、不愿与人多交往的青少年则可以在游戏中卸下防备,全身心感受游戏的乐趣。

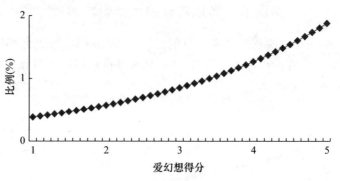

图 7-15 游戏沉迷者与爱幻想的 Logistic 回归

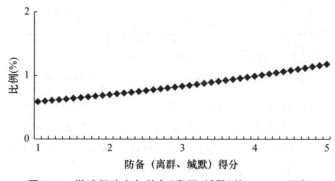

图 7-16 游戏沉迷者与防备(离群、缄默)的 Logistic 回归

性格外向对于游戏沉迷的影响则较为复杂,通过 Logistic 回归,我们发现非常内向和非常外向的青少年沉迷游戏的可能性都很大(见图 7-17)。对于外向的青少年而言,游戏是他们重要的社交手段,是与朋友和同学互动、结识新朋友的重要途径。而对于内向的青少年而言,游戏则是现实世界的一种补偿,在游戏里他们可以忘掉现实生活中的孤独,享受游戏带给他们的快乐。

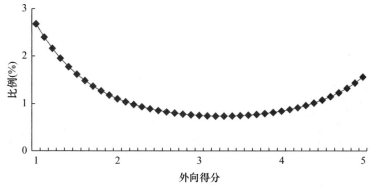

图 7-17　游戏沉迷与外向的 Logistic 回归

第五节　过程视角的引入

游戏涉入指数的构建、沉迷的界定向我们清晰地展现了青少年现阶段的游戏使用状况。尽管我们的调查并非追踪研究,但在问卷调查、深度访谈中,我们都记录了被访者首次接触游戏的具体情况。对这些资料进行整理时,我们发现,处于不同的游戏使用阶段的青少年在游戏涉入程度和游戏沉迷风险上都表现出明显的差异,且这种特征的表现具有规律性。

因此,我们引入过程视角,既关注青少年当前的游戏使用现状,也对其使用过程与历程变化进行分析,探究其在不同使用阶段的行为特征及涉入程度。这一视角的引入,有利于我们基于一个变化的、动态的过程来考察青少年的游戏涉入情况,并针对每一时期的具体情况提出有效的引导与管理建议。①

---

① 当然,每一个生命阶段所呈现的特征是我们在对定性、定量的资料进行综合分析后,对大多数使用者在某一时期的"平均"行为进行的归纳性总结,主要目的在于探寻青少年不同阶段的游戏使用规律,为引导和管理其行为提供有效建议。研究并不排除个别使用者出现停留或越过某一阶段的情况,或有更为特殊的使用行为。

（一）青少年游戏使用的生命周期模型

我们以游戏涉入指数作为因变量，以性别、年级、游戏龄[①]作为自变量构建了关于涉入指数的 Logistic 回归模型，如表 7-1 所示：

表 7-1　青少年游戏涉入与年级、游戏龄的 Logistic 回归

因变量：游戏涉入指数	系数	显著性水平
男生	0.115	0.000
年级	−0.018	0.000
游戏龄	0.015	0.414
游戏龄的平方	0.008	0.129
游戏龄的三次方	−0.001	0.027
游戏龄的六次方	0.000	0.012
游戏龄*年级*男生	0.005	0.029
游戏龄的平方*年级*男生	−0.002	0.025
游戏龄的三次方*年级*男生	0.000	0.019
游戏龄的六次方*年级*男生	0.000	0.016
城市线级	−0.004	0.128
非重点学校	0.049	0.000
收入	−0.005	0.297
收入的平方	0.000	0.308
非重点学校*收入*城市线级	−0.002	0.043
非重点学校*收入的平方*城市线级	0.000	0.024
住校	−0.035	0.001
非独生子女	−0.001	0.887
朋友数量	−0.007	0.011
住校*非独生子女*朋友数量	−0.005	0.064
完成作业时间	−0.004	0.000
完成作业时间的平方	0.000	0.000
可支配娱乐时间	0.003	0.000
班干部	−0.051	0.000
常数	3.763	0.000

[①] 游戏龄这一变量是根据问卷中受访对象填写问卷时所处的年级与填写的首次接触游戏时所处的年级进行量化并相减得出。如图 7-18 所示，横坐标为 0 的含义为接触时间不满一年的使用者。

我们选取青少年的学龄这一能较好反映青少年个体生命周期的变量来考察其游戏涉入差异,根据方程作图,见图 7-18、7-19：

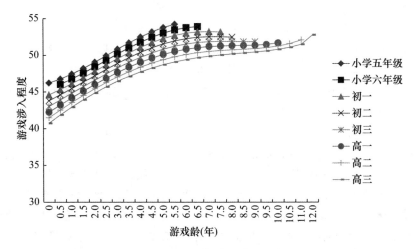

图 7-18 不同年级、游戏龄男生游戏涉入指数的 Logistic 回归

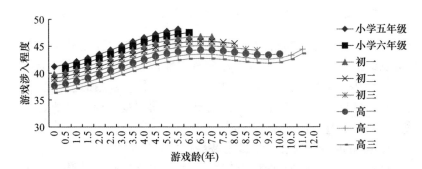

图 7-19 不同年级、游戏龄女生游戏涉入指数的 Logistic 回归

（二）生命周期与游戏涉入程度

根据我们的假设及图形所呈现的规律,并综合对定性调查所获得样本的分析,我们将青少年的游戏使用生命周期分为接触期(0,1.5)、成长期[1.5,5)、前成熟期[5,9)和后成熟期[9,12)四个阶段。模型反映出以下规律：

(1) 游戏使用已经成为青少年日常生活中一种稳定的行为,整个曲线分布相对平缓,各阶段的使用者之间在涉入程度上虽有差异,但差距相对较小,无剧烈波动。

（2）青少年游戏使用者接触游戏的时间越早①，在游戏涉入指数方面得分越高，在小学阶段即接触游戏的青少年，游戏涉入程度高于其他群体。

（3）成长期游戏涉入程度最高，其中以游戏龄为 4～5 年时最为显著。我们将模型中走势表现为急剧上升的部分称为成长期。这一时期青少年的游戏涉入程度急剧上升，是值得多加关注的时期。

（4）女生玩家在总体趋势上与男生一致，但游戏涉入指数得分低于男生玩家。

（5）青少年的游戏使用没有传统意义上的衰退期。这受青少年所处生命周期的影响，他们的游戏接触仍然处在一个早期阶段。接触期、成长期、成熟期的阶段划分只是为了更好地关注他们的微观使用过程。而真正的游戏使用衰退期则受到其他更大的阶段性变动的影响，如升入大学、组建家庭、生育等。在青少年时期这一以校园生活和家庭生活为主要活动的阶段，他们的生活方式和社会交往都处于相对稳定的状态，游戏使用行为也呈现出平稳的特征。

（三）处于不同生命周期的青少年游戏使用者行为

对青少年生命周期与游戏使用的实证验证，一方面是基于对大规模数据的拟合与分析，另一方面也来自定性调查中对青少年日常生活状态与生活环境的观察与理解。在通过模型对宏观规律进行展示后，我们将在更聚焦个体的微观层面，对处于不同游戏使用阶段的青少年及其游戏使用过程进行深入分析。

1. 接触期：首属群体②影响显著的正常使用期

接触期即青少年游戏使用的第 0～1.5 年。我们通过两种方式对这部分群体的行为特征进行研究。一是在调查中询问被访者"首次接触游戏时的场景"，具体包括人物、时间、地点、接触动因、游戏类型及游戏感受，以此重建其接触期的情境。二是对受访时正处于接触期的被访者所展现出的游戏使用特征进行考察和研究。

（1）首次接触游戏的时间呈现低龄化趋势。青少年首次接触游戏

---

① 在问卷收集过程中，出现了小学五、六年级的样本，这部分样本原本并不在设计方案之中，但出于更好地从学龄阶段的角度把握青少年的游戏使用过程的考虑，我们保留了这部分样本。

② 首属群体，又称初级群体或直接群体，指具有亲密的、面对面交往与合作特征的群体，如家庭、邻里、儿童游戏伙伴等。

的时间大多在小学阶段。通过对不同年级和城市线级的青少年首次接触游戏时间的交叉分析，我们发现城市线级对青少年网络游戏接触情况的影响在逐渐减弱，各个线级的城市都呈现出同样的低龄化特征。游戏接触在地域上的差异缩小也进一步体现出游戏使用在当今青少年群体中的常态化和日常化。

（2）"重要他人"的角色。青少年的早期游戏接触受到自己首属群体的影响。同学、年龄相近的亲属等现实交往中的人往往在青少年的游戏使用中承担意见领袖、玩伴、引导者的角色。一方面，因为游戏规则的存在，初学者需要引导者带领自己。另一方面，在所属城市级别较低的被访者中，游戏往往代表一种时尚行为，承担非常重要的社交功能。当自己周围的同学都在使用一款游戏的时候，无形中的群体压力驱使青少年加入这个行列以追逐时尚、融入集体。这一特征在男生群体中更加明显。

在当前青少年群体大多为独生子女这一社会现实下，他们的主要玩伴以自己的同学，或是亲戚中年龄相仿的同代人为主，并在其中发展出较为亲密的小群体。在此次调查中，我们发现了这些"重要他人"在青少年游戏接触期的重要作用。特别是那些在家庭中得到的关注和支持较少、与其他家庭成员互动频率低的青少年在对自身游戏使用行为进行描述时，通常会提到"重要他人"的存在。

被访者HZ01谈到，他首次接触网络游戏的契机是在上小学二年级的时候：

"我同学带去的，因为小学有一个玩得很好的同学，他成绩比我好，我小学时成绩也挺不错的，班上可以排五、六名，他每次排二、三名。我那时候挺崇拜他的，我当时的想法也没有那么多，没有想到玩游戏会影响学习，当时是他玩，我觉得他能玩的，我也能玩。"

HZ01小时候在农村长大，非独生子女，有弟弟妹妹，但HZ01很少跟他们一起玩，他的人际交往主要在自己的同学中展开。从HZ01对自己同学的描述来看，两人学习情况比较接近，但他比较崇拜这位同学，且会根据这位同学的行为来衡量、调整自己的行为，这位同学是其日常交往中的"重要他人"。这位同学开始玩游戏时，HZ01也对游戏产生了兴趣和认同心理。

"重要他人"在其他个案中还可以是亲属中较年长的哥哥姐姐、年龄较接近的其他亲属、偶然情境下结识的"大孩子"等。这些"重要他人"最初都在访谈对象的生活中担任玩伴角色，因为年龄和见识上的优势,逐渐成为被访者行动的参照与模板。他们在日常生活的很多方面都对被访者产生了重要的影响,更是后者在游戏使用过程中的引导者与重要支持者。在这种情况下,青少年的"重要他人"是什么样的人,直接影响了接触期玩家对游戏的态度和行为。

总体而言,接触期使用者的游戏行为较其他阶段而言,属于涉入程度最低的阶段。这一时期他们的游戏类型特征以简单、易操作为主,付费情况以小额付费为主,游戏本身的吸引力培养了青少年对游戏的兴趣,游戏世界带来的新鲜感是维持游戏使用的主要动因。

2. 成长期:沉迷风险期

我们将游戏龄为[1.5,5)年的使用者定义为成长期的使用者。这一阶段属于青少年游戏涉入较深的时期,他们开始接触大型网络游戏,结成游戏团体并开始在游戏中展开虚拟交往,网吧被更频繁地使用。家长与青少年之间开始就后者的游戏行为产生冲突。

(1) 游戏类型变迁与"成长"的身份象征。与接触期使用者偏好操作简单的游戏类型不同,进入成长期的使用者随着游戏经验的积累和游戏习惯的养成,以及年级的升高,开始将多人在线协作类游戏当作这一阶段的主要游戏类型。一方面,这是玩家进阶过程中的常见发展趋势;另一方面,游戏类型的转换被青少年玩家视作自己成长的象征,以及正式进入"大孩子"群体、走向成熟的标志。

"长大了以后肯定是要玩英雄联盟啊。(长大以后)都没有人跟着我跑(QQ飞车)啊!因为他们成熟了,他们喜欢玩(英雄联盟)那种游戏,而我喜欢玩那种小孩子喜欢玩的游戏嘛!我就会想方设法地去改变(自己)嘛!"(CD02)

CD02在我们的调查时期正处于游戏使用的接触期,他已经将"更成熟"的游戏作为自己下一阶段的目标,这与同一时期其他正处于成长期的使用者在游戏选择方面的行为一致。这种游戏类型的变迁,在青少年使用者眼中并不仅仅意味着游戏产品意义上的更换与转型,而在更大程度上与"成长"过程中的身份确立与发展相关联。

成长期的玩家开始在周围朋友、广告的引导下选择难度更大、更注重技巧的游戏类型。在这一时期,他们对游戏的兴趣持续增强,对游戏本身的各项要求也开始提高,如画面的精美程度、任务的挑战性:

"英雄联盟、DOTA、CF、CS,看电视的时候知道这个。周末学兴趣班的时候,因为当时我年龄最小,好多都是高中生,所以看他们玩DOTA,就跟着学。"(BJ07)。

"英雄联盟、DOTA界面画面还可以,操作复杂,感觉那种比较考验技术一点。"(CD02)。

随着游戏类型的变化,成长期使用者的游戏行为及涉入程度也开始发生变化。

(2)游戏中的虚拟互动与现实交往。成长期的青少年使用者在接触期遇见的游戏玩伴的基础上,逐渐开始形成多元的玩家社交团体。表现之一是游戏团体成员数目的增加。与接触期的玩伴主要集中在最亲密的朋友中不同,进入成长期后,使用者开始通过游戏与更多现实生活中的人产生互动。这既是游戏涉入程度加深的自然结果,同时也是游戏类型发生变化后,游戏本身对参与人数和技术水平的要求提升使得玩家主动寻求周围更多稳定玩伴支持的结果。

除成员数目增加外,随着游戏使用阶段的推进,游戏使用者与玩伴的交往内容和交往方式也发生了改变。从内容上讲,青少年玩家间的交往不再局限于游戏本身,而是包括自己的心情、生活等方面。对于部分玩家来说,这种网络社交关系还延伸到了线下。我们在访谈中发现,部分玩家把在虚拟游戏世界中开展积极的人际交往当作重要的游戏动因。

"我大部分时间打DOTA、好玩,可以在网上找一些不认识的人玩,挺有乐趣的。"BJ07所说的乐趣还表现为:"有时候聊游戏,有时候聊心情什么的,想什么聊什么。"他与在游戏中结识的陌生玩家互相留了电话号码,在游戏之外展开积极的交往。在我们的调查样本中,这一游戏使用行为在初中男生玩家中最为普遍和突出。此外,他们往往还表现出学习成绩中等、性格相对内向等个人特征。

(3)涉入程度直线上升的沉迷风险期。成长期是青少年玩家游戏时间、频率、花费显著增加的阶段。这种增加不仅包括物理意义上的时间的延长,更重要的是青少年在非游戏状态中也会沉浸于对游戏世界的回忆和想象。

"以前就是星期六、星期天玩,星期五晚上还要玩一下。玩游戏还是想玩一会儿,每天都想。"(CD02)

成长期的玩家主要处于初中及高中低年级时期。这一阶段他们的升学压力相对较小,但课程压力较大,部分对学习不感兴趣的青少年更容易将大部分时间及精力投入游戏。游戏已经不仅仅是一项休闲娱乐活动,而且成了他们日常生活中非常重要的一部分。经过接触期的适应之后,他们开始重视自己在游戏中的成绩表现,花钱在时间投入之外成为提升游戏成绩最有效的途径。

"花了点,花了一千多,买枪。买半年的,还有头盔、烟头、防弹衣等。头盔防止被雷炸死(每月四百多生活费)。"(BJ05)

"我玩CF玩了两年花了三四百;现在不花生活费了,没钱管我妈要。我不是那么投,不是一下子买那么多,可能一下子投二三十,出去吃饭没钱玩,找父母要。"(BJ03)

对于青少年而言,为游戏投入大量金钱本身就是一种奢侈消费。因此,对部分使用者来说,游戏消费不仅是为了提升游戏成绩,同时也在一定程度上成为其向朋友、玩伴炫耀的资本和满足虚荣心的途径。

成长期的游戏涉入指数在整个游戏周期中并不是最高的,却是上升最快的、最值得重点关注的。除了数字反映出的使用程度,青少年在某一阶段呈现出的心理状态以及由此引发的互动行为更值得探究。部分受访者在成长期表现出严重的游戏依赖性,游戏入侵其日常生活的方方面面并产生不同程度的影响。当然,这种影响仍然受青少年本身的学习情况、家庭环境、日常交往行为等的影响。

(4) 游戏使用与家庭关系的冲突与适应。与成长期青少年游戏涉入程度加深相伴而生的是青少年家长对子女游戏使用行为的介入和约束的增加。家长主要通过对设备的物理性管理来对青少年的游戏使用进行限制,但成长期的青少年对此也形成了自己的应对策略,用物理性管理限制游戏接触的方式并不十分有效:

"(用)软件比如说玩两个小时电脑就自动关机,网线给我藏起来过。"(CD02)

"不在家的时候跟我说过,不能长时间玩。(电脑)有设置密码,后来被我弄掉了。"(SZ01)

在与青少年子女就游戏行为展开的沟通方面,民主型家庭与权威型家庭又有所不同。在民主型家庭中,父母往往会与孩子主动聊游戏,如询问并详细了解游戏的内容,在此基础上针对游戏行为进行沟通和建议。而在权威型家庭中,家长对孩子具体的游戏行为缺乏了解,并且没有深入了解的意愿与态度,只基于自己对游戏的刻板印象或负面认知而排斥孩子的游戏行为,这使得家长与使用者之间的代沟和误解进一步加深,导致父母更难以对孩子的游戏使用进行有效管理。

游戏作为青少年休闲活动中非常重要的一部分,已经深度嵌入了青少年的日常生活。家长对游戏的排斥态度可能会让青少年认为无法与父母进行沟通。同时,游戏的负面影响会因此增大——当青少年认为自己的行为不被理解与接受时,他们就可能基于对抗等心态,更不同意对自己的游戏行为做出准确的认知和自我约束。而在民主型家庭中,父母与子女的相互适应行为则能相对更有效地应对由此产生的冲突。

3. 前成熟期:理性使用期

我们将游戏龄为[5,9)年的使用者定义为处在前成熟期的使用者。对于这部分使用者,游戏已经完全成为他们日常生活中的一部分。游戏的"尝鲜期"和"深度依赖期"过去之后,他们对游戏的兴趣本身能够保持在一定限度内,兴趣存在但不会剧烈扰动日常生活。与此同时,作为成长期"玩家",他们已经完成了自己早期的游戏积累(包括游戏伙伴群体、游戏操作经验,以及游戏虚拟资产等方面),对游戏的态度可以由"快""每时每刻"变成在固定时间进行,这一时期他们的游戏使用行为相对更为理性。

(1) 游戏群体中的创新者和审美者。进入前成熟期的青少年使用者中,有一部分成了使用者中的创新者。他们密切地关注一款游戏的更新,是最先试用的玩家,能够很快对游戏进行反馈,并将意见传播给周围的玩伴。同时他们对于游戏的要求也更高,更关注对游戏本身的体验,如画面、情节、任务主题等,对游戏也更挑剔:

"SCA 的话光速再快一点,DNF 更新太慢了,DOTA 现在出 2 了,大家普遍反映画面太暗了,包括技能画面感比较强,但是几个大招上去之后太平。"(BJ01)

成熟期的玩家更注重从不同类型的游戏中学习一定的知识和技能,在全情投入游戏的同时,也能够跳出游戏思考它的价值。

"首先它的画风必须要好,让我进去之后它的那种视觉效果,鲜明的任务主题,首先这个东西要让我感兴趣,一般我做那些主线任务的时候我都会把它里面的话读完,像是在游戏中学了一遍故事。"(CD01)

随着对游戏世界的适应和熟悉,成熟期的青少年使用者在游戏世界中的玩伴进一步增加。尽管仍然以现实中的朋友为主,但是经过成长期的积累,他们在游戏的虚拟社区里结识了越来越多的玩家,彼此成为固定的游戏玩伴,形成比较稳定的玩家共同体:

"(初中的时候玩梦幻西游)跟朋友一个群,整天就一起玩。(现在打 DOTA)盟友都是不认识的。"(SZ02)

(2) 游戏花费与使用者自我塑造。与成长期使用者大规模的游戏花费不同,进入前成熟期后,青少年使用者的花费观开始回归理性,花

费以自我实现为主要目标,主要出现以下两种族群:

① "以战养战"型消费观。持这种消费观的使用者通过自己在游戏中的表现来有意识地积攒财富:"飞车里面可以做任务,定期会给你一些东西,没有必要钱砸到这个上面去。"(BJ04)

"不缺装备,我就是有战队,箱子一开都是装备。常用破解黄绿钻送的礼包赚钱。"(HZ05)

他们在游戏消费方面的观念变化主要源于两个方面:一是随着自身游戏能力的提升,可以通过在游戏上更"努力"来积攒升级、获胜所需要的游戏资源。二是随着阶段的迁移,他们对成长期的花费行为有了反省或新的认知,"觉得亏了"是这类被访者普遍提到的问题。

② "基业长青"型消费观。部分前成熟期玩家仍然保持着每月固定投入的游戏消费习惯。这部分玩家往往游戏成绩较好,且追求更完美的表现,投入金钱被视作提升成绩的途径之一。"买激活码,买套装,平均每月 300 多,最狠的一次一个月 600 多。"作为游戏创新者的 BJ01 是高二学生,学习成绩优秀,游戏成绩于他而言与学习成绩一样,需要追求最优,本身有金钱储蓄行为的他一直保持着在游戏中的固定投入。

③ 游戏管理中的冲突转化。与青少年在前成熟期各项游戏行为逐步进入稳定、相对理性的状态相适应的是家长在游戏管理过程中有保留地让步与妥协,学习成绩是这种让步是否产生的重要筹码。

经过之前两个阶段的冲突与适应之后,即使对游戏持反对态度的家长也必须接受孩子的游戏使用这一现实,开始寻求相对有效的管理方式,"我妈妈天天说只要你成绩不掉,你想玩什么、玩多久我都不会管你"(HZ05),"只要学习不下来随便玩"(BJ01)。在保证不影响学习的前提下,部分使用者的游戏行为得到家长允许,他们也开始主动约束自己的行为,"我会去网吧,但会跟我妈约定好回来的时间,这是一个相互尊重的问题"(NMG01)。可以看出,家长对青少年游戏使用最主要的关注仍然是对学习的影响,要求孩子以学习成绩的稳定提升来换取游戏自由仍然是大部分家长所采用的管控方式。

但学习成绩较差的被访者认为家长的这种努力并不具有实质意义:"因为他知道我学习不会好。"(HZ06)

4. 后成熟期:没有人真正退出

(1) "度"与兴趣维持。进入后成熟期的使用者是青少年玩家中游戏接触年限最长的一部分群体,游戏史既包括魔兽、英雄联盟等强调技术和团队合作的多人竞技游戏,也包括 QQ 炫舞等休闲游戏,他们不再像成熟期的青少年一样只在意自己的游戏成绩。这一时期有两类主要的玩家群体。其一是需要游戏提供更多刺激的使用者,如被访者 HZ08 认为"与高手对决才有意思",这一类玩家可能选择更具有难度与挑战性的游戏类型来满足自身的需要。

后成熟期的另一类群体则出现了兴趣迁移。对于大部分青少年而言,游戏作为一种娱乐活动而存在,青少年在学业压力、家长约束的张力下从游戏中感知到的乐趣会大大增加,而"过食症式的"游戏使用会破坏这种乐趣,最终导致兴趣迁移。

"现在一般玩手机玩游戏,都是在休息之前,或者说没有什么事无聊的时候就玩一会儿,基本上都没怎么玩。睡觉之前差不多能够玩一个小时或半个小时。"(NC01)

NC01 在成长期一度加入了一支商业游戏战队,"寒假的时候,天天早上差不多是 9 点钟去,然后晚上 9 点钟又回去,就坐在那儿练",后来"感觉到确实是没有多大的意思,就放弃了"。

"度"的概念不仅对于预防沉迷是重要的,对于保持游戏兴趣也很重要。对于大部分青少年玩家来说,游戏在放松身心、增进与朋友的交往等层面是有趣和有价值的,是从学习生活中的短暂逃离,然而一旦像学习生活一样成为一种固化的模式,它所拥有的先赋乐趣也就随之消失了。

(2) 青少年人际交往的"新差序格局"。费孝通先生在《乡土中国》中以"差序格局"来描述中国乡村的社会结构:"'己'为中心,像石子一般投入水中,和别人所联系成的社会关系,不像团体中的分子一般大家立在一个平面上的,而是像水的波纹一般,一圈圈推出去,愈推愈远,也愈推愈薄。在这里我们遇到了中国社会结构的基本特性了。我们儒家最考究的是人伦,伦是什么呢?我的解释就是从自己推出去的和自己发生社会关系的那一群人里所发生的一轮轮波纹的差序。"①

在费先生的"差序格局"中,血缘、地缘、经济水平、政治地位、知识文化水平是构成交往圈子的主要因素,尤其以宗法血缘为社会关系的基石。在对青少年游戏玩伴的考察中,我们可以看到伴随着现代化、城市化进程,传统的差序格局被打破。

考虑到定性研究资料中样本量的局限及可能存在的样本偏差,这里借用课题中的定量调查数据与定性资料所得结果相互验证。从定量

---

① 费孝通:《乡土中国》,上海:上海人民出版社 2006 年版,第 32 页。

数据可以看到,青少年的游戏玩伴群体以"己"为中心首先向自己在趣缘基础上结合而成的群体扩散,以自己的朋友和现在的同学为主,其次是因网络虚拟空间而结缘的其他游戏使用者,然后是血缘关系,最后是地缘关系。在经由游戏使用而结成的人际关系中,血缘和地缘的重要意义被颠覆,而志趣相投的朋友和网络空间中的虚拟互动对象成为"亲"近的群体(见图7-20)。

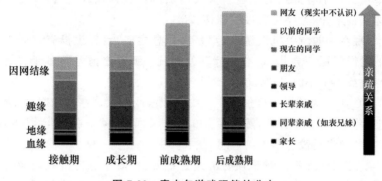

图7-20 青少年游戏玩伴的分布

当然,游戏使用只是日常生活中非常微观的一个方面,青少年对玩伴的选择并不代表他们的交往结构。值得注意的是,在独生子女这个大前提下,青少年不得不寻求来自同学和其他同龄伙伴的陪伴与互动,此外,青少年扩大在虚拟空间中的交往范围也在一定程度上受到城市化等因素的影响。如果缺乏其他有效的社会连接,居住在城市中的青少年与邻里的同龄人密切交往的可能性也并不大,青少年会由传统的地缘交往格局转向在游戏中与陌生人结盟。

当青少年的主要交往对象更多地向同学和网络空间的陌生人转移时,他们在行为、态度上也更容易受到对方的影响。对家长而言,孩子的日常交往也面临更多的不确定性与不可控性。因此,改变自身对游戏的排斥态度,是家长在对子女的游戏使用行为进行引导与管理时的必然选择,尝试着融入他们的"游戏圈"可能要比横加指责更有效。

此外,当我们脱离管控的视角,单从青少年的人际交往层面来看子女的游戏行为与这种交往格局的改变时,会发现这样做也有非常积极的现实意义。"我后来跟很多朋友都没什么联系了,记得最深的,还经常问问你最近在忙什么的,都是当时一起打游戏的那几个朋友,想起来还是很温暖。"(BJ11,现为北京某高校在读硕士)青少年使用者通过游戏建立的人际网络,可能随着时间的推移而转变为他们的社会资源,并随着他们生命周期的迁移产生更广泛的连接与意义。

总的来说,青少年的游戏接触越来越低龄化,游戏使用具有鲜明的阶段性,且不存在传统意义上的衰退期。从接触期到后成熟期,青少年的游戏涉入(游戏行为及游戏心理)总体呈上升趋势,其中成长期上升幅度剧烈,最具沉迷危险,这一时期应得到家长及学校的重点关注。在整个过程中,玩伴选择及交往地图大致呈现出"新差序格局",由同学、朋友逐步向虚拟世界、过去的同学、亲友扩散。在游戏的使用愈加日常化的情况下,针对青少年在不同使用阶段所呈现出的特征与趋势因势利导是消弭由此产生的代沟与冲突的最优解。

第三编　游戏使用与青少年的社会化过程

在本书前两编，我们对青少年的游戏使用行为、游戏涉入情况及沉迷问题进行了讨论，相关分析无不在回归日常生活情境的思路下展开，但最终，我们必须回答忧心忡忡的家长们：游戏对孩子们会产生什么影响？要回答这一问题，我们必须回到青少年所处的社会化过程中来。我们既不应该做出强效果假设，认为游戏一定会产生影响，也不应该走向其反面，认为游戏不过是一种打发时间的消遣而已。只有当我们对青少年的社会化过程中的主要方面进行了确切的考察，通过考察游戏嵌入青少年社会化过程的表现，了解了其产生影响的方式，才能对这一问题做出相对清晰、明确的回答。

第八章　青少年的社会化研究与媒介使用

社会化是指作为个体的生物人成长为社会人,并逐步适应社会生活的过程。[①] 社会化过程从个体出生开始,并持续一个人一生的时间。青少年时期是个体成长中的一个重要阶段,人在这一阶段的社会化过程一直是国内外学者研究的重要内容。

从研究对象上来看,关于青少年社会化的研究主要涉及以下三个主题:第一是青少年社会化的内容研究,包括个体与社会的相互作用、社会认知过程、人际互动过程、社会规范习得等;第二是青少年社会化的代理机构(socialization agents)研究,包括家庭、学校、同辈群体等动力因素与青少年社会化的关系;第三是青少年特定行为的社会化影响研究,如酒精、电子游戏等行为对青少年社会化的影响。这三大主题相互联系,青少年不同维度的社会化是在与各个社会代理机构的互动中完成的,同时,青少年的新兴特定行为又会给青少年的社会化模式带来新的改变。因此,在考察网络游戏对青少年社会化的影响时,必须将其置于与社会化内容和社会化代理机构的联系之中。

第一节　青少年社会化的内容研究

总的来看,青少年社会化的内容主要涉及人际交往、角色扮演、社会规范、价值观念等方面;在类别上又可分为性别社会化、语言社会化、法律社会化、政治社会化、消费社会化等。西方学者对青少年社会化的研究主要有四大理论取向,包括精神分析理论、认知理论、行为与社会认知理论以及生态系统理论。[②]

其中,生态系统理论将青少年的社会化看作其成长环境系统的产

[①] 参见郑杭生主编:《社会学概论新修(修订本)》,北京:中国人民大学出版社1998年版,第104—105页。
[②] 参见〔美〕约翰·桑特洛克:《青少年心理学》,寇彧译,北京:人民邮电出版社2013年版,第41—56页。

物。布朗芬布伦纳借用生态学理论,认为影响青少年社会化的因素包含从内到外五个环境系统,即微系统、中层系统、外层系统、宏观系统和历时系统。微系统是指青少年的具体生活情境,如家庭、同伴、学校、邻居。中层系统是指两个及以上微系统之间的联系,例如父母和老师这两个微系统,被父母拒绝的儿童和青少年可能很难与老师形成积极的关系。外层系统是指会影响青少年经验且青少年在其中并不起主导作用的社会环境,例如母亲的工作经历对家庭关系的影响、社区内的游戏设施的多少等。宏观系统是指青少年的生活背景,如民族、文化等。历时系统则是指随着生命历程的发展而发生的环境事件和转折,通常具有某种社会史意义,如互联网的普及、社会的变迁等。[①]

在青少年实证研究中,主要的研究精力被放在个体直接生活的微观环境(家庭环境、家庭周边环境、学校环境、学校周边环境、网络环境等),研究大多通过问卷、访谈和田野观察的方式获取青少年生活环境中的一手资料。而社会变迁的大环境则更为宏大,一般会对大规模社会调查的数据进行二次处理,如互联网的普及化,特定时期家庭在其所属的社会结构中所占据的位置(如社会变迁),父母与家庭各自的角色和权力结构(如隔代抚养)等。因此,在研究一个特定青少年的行为(如网络游戏)时,需要将这一行为置于青少年成长史的微观环境和宏观环境中,综合考虑青少年的行为与五个环境系统的相互作用。

第二节 青少年社会化的代理机构研究

青少年的社会化进程并不是凭空产生的,而是会借助各个社会化代理机构的作用。青少年在其中习得社会规范、增强自我意识、加强人际合作,最终成为一名社会人。而作为一名学生的青少年,主要生活在由家庭、学校及同辈群体构成的三重社会中。[②]

(一)家庭对青少年社会化的影响

儿童的社会化首先是从家庭开始的。在家庭中通过父母的影响及指导,儿童获得最初的生活经验、社会知识和行为规范。可以说,家庭是儿童社会化最早和最基本的执行者。

---

① 参见 Bronfenbrenner, U., *The Ecology of Human Development: Experiences by Nature and Design*, Cambridge: Harvard University Press, 1979.
② 参见吴康宁:《学生同辈群体的功能:社会学的考察》,《上海教育科研》1997年第8期。

一直以来,父母与青少年的社会化历程都被认为是一个单向的过程:青少年是父母进行社会教化的产物。然而,近年来的研究倾向于将家庭看作一个系统,认为系统内部的亲子关系、夫妻关系、兄弟姐妹关系会组成多个多元子系统,子系统之间的相互影响构成了家庭成员之间的不同关系。①

家庭对青少年的社会化的影响主要可以从父母自身和亲子互动两个方面来探究。父母自身主要是指父母婚姻关系、家庭结构、职业与社会分层、家庭文化资本等;亲子互动方面主要是指父母的教养方式、陪伴时间、共同活动、依恋类型等。

在亲子互动方面,孩子进入青春期之后发生的剧烈变化,对父母与其之前形成的稳定互动模式提出了严峻挑战,父母发现孩子从之前的乖顺形象变成了一个固执、会反对和抗拒父母制定的标准的人。此时,"家庭教养方式"对亲子关系的走向起到重要作用。专制型教养是一种约束惩罚型的教养方式,父母要求孩子遵守指令,要求他们重视工作与努力。专制型父母对孩子有着严格的限制和控制,不允许有商量的余地。权威型教养鼓励孩子独立,但也对他们的行为进行限制。他们允许孩子与自己进行广泛而平等的交流,对待孩子的方式温和而细心。冷漠型教养的父母不关心也不介入青少年的生活。放纵型教养的父母容许孩子做任何他们想做的,不加要求和管束,结果是孩子永远也学不会控制自己的行为,总期望事情按照自己的意愿来发展。②

家庭是青少年成长过程中的初级群体,若青少年在其中无法得到以他人认可的形式表现出来的情感支持和社会赞许,其自尊心将会受到损害,从而逃避现实生活,在虚拟世界中寻求补偿性满足。不同类型的父母由于对电子游戏的态度不同,配合各自的家庭教养方式进而产生了不同的游戏管控方式,最终催生了不同的青少年游戏行为。反过来,青少年游戏行为模式的不断变化作为一种反馈,也作用于父母对游戏的态度及管控行为,甚至影响家庭关系。

(二)同辈群体对青少年社会化的影响

在社会学理论中,所谓"同辈群体"是指由处于同等社会地位的同

---

① 参见〔美〕约翰·桑特洛克:《青少年心理学》,寇彧译,北京:人民邮电出版社2013年版,第298—299页。
② 同上书,第307—309页。

代人组成的小群体,而在教育社会学理论中特指儿童和青少年中的非正式小群体。①

除对平等的需要外,互动性与开放性也是同辈群体的重要特征。同辈群体中的各个成员之间有彼此交流社会信息、看法的机会。他们之间可以充分探讨自己对社会的看法,交流自己感兴趣的话题而不需经过成年人审核。尤其是在独生子女家庭中,青少年缺乏能够进行物质和情感交流的兄弟姐妹,再加上单门独户的居住环境,青少年交往的场所以及自由交往的机会都减少了。因此,自发形成的同辈群体对青少年的自我评价、交往能力的形成及社会适应性的完善有着更加重要的意义。

同辈群体对青少年社会化的影响主要表现在"保护功能"和"发展功能"两个方面。保护功能是指学生同辈群体为其成员提供了一种平等互助的社会环境,是青少年遭遇学校和家庭挫折时的特殊心理调节机制和避风港。发展功能是指青少年在同辈群体中学习认知自己与他人,把同辈当成一面镜子,从而领悟、预演各种角色,学习适应社会,从而完成自我的社会化。同辈群体中的青少年通过对活动内容的商定、活动目的的认定、活动角色的分配、活动工具的准备、活动冲突的调整及活动结果的评价等,逐步发展自己的社会能力。这些社会能力包括表达自我的能力、展现自我的能力、相互沟通的能力、竞争与合作的能力等。

在同辈群体中,同伴地位是影响青少年社会化模式的重要指标。同伴地位是指儿童受其同辈群体喜欢或不喜欢的程度。青少年通过与他人的接触和比较,明确自己处于何种地位、评估自己的行为是否恰当。社会测量地位②根据儿童受其同辈群体喜欢或不喜欢的程度,将同伴地位分为五类:最受欢迎的儿童、普通的儿童、被忽视的儿童、被拒绝的儿童、有争议的儿童。处于不同同伴地位的儿童在人际交往、性格特征、在校表现上均存在显著差异。

同辈群体的活动场所"社会微环境"同样是这一领域的研究重点。如果说家庭社会化和学校社会化都发生在固定和专属的社会化场所,

---

① 参见吴康宁:《学生同辈群体的功能:社会学的考察》,《上海教育科研》1997年第8期。
② 参见 Cillessen, A. H. N., & Mayeux, L., "From Censure to Reinforcement: Developmental Changes in the Association between Aggression and Social Status," *Child Development*, 2004, 75(1)。

那么同辈群体发挥作用的空间则缺乏稳定性,学者将之统称为"社会微环境"。"社会微环境"指的是学生个体能够直接面对和接触的社会环境,包括学校周边、社区周边、通勤路上等。① 对这类生活形态的研究主要通过对校园周边的地图学分析、对校园周边的田野式观察,以及对青少年的访谈来进行。青少年玩游戏的行为与同辈群体密不可分,青少年的游戏行为不仅是一种娱乐手段,同时也是一种建构共同体的社交方式。

(三) 学校系统对青少年社会化的影响

"学习"是终生的行为,然而对于青少年而言,"学习"的概念基本可以等同于"学校系统"这一场所。因此,学校这一具有连续性、规范性的教育系统,在青少年从自然人发展到社会人的过程中至关重要。

近30年来,西方教育从"直接指导法"(direct instruction approach)向"社会建构主义法"(social constructivist approach)转向,即从以教师为中心,控制和训练学生的学术技能,转变为以学生为中心,教师在学生探索世界时给予支持。然而,在中国当下的教育环境中,直接指导法仍是最主要的学校教育范式。在这一范式下,学校系统对青少年社会化的主要责任包括:社会生活知识的社会化、行为规范的社会化、观念价值的社会化和理想目标的社会化。②

青少年跨越不同学龄阶段时,其自尊感(self-esteem)会影响他们的社会化进程。由于小学、初中、高中之间存在阶段性差异,在小学进入初中、初中进入高中、高中进入大学的过渡时期,青少年会经历"跌落现象"(top-dog phenomenon),即从最高位置(学校里年龄最大、体格最强、最有权力的一批学生)掉到最低位置(学校里年龄最小、体格最弱、最没有权力的一批学生)。无论学生在学业上成功与否,他们对学校的满意度在此时都会下降。③ 在这一时期,学生在现实生活中的自尊感和自我效能感显著下降,他们有更大的可能性在虚拟游戏世界中寻找一种补偿性满足,从而陷入游戏沉迷。

同时,学校系统对游戏的态度导致游戏与规范价值的替代性关联。

---

① 参见辛自强、池丽萍:《社会变迁中的青少年》,北京:北京师范大学出版社2008年版,第142—144页。
② 参见肖计划:《论学校教育与青少年社会化》,《暨南学报(哲学社会科学)》1996年第4期。
③ 参见〔美〕约翰·桑特洛克:《青少年心理学》,寇彧译,北京:人民邮电出版社2013年版,第380页。

游戏作为一种学校纪律之外的边缘行为,在学校系统中一直处于被反对或不被鼓励的境地。学生的游戏行为往往被打上某种负面的烙印。在这样的环境中,游戏行为便与学校认可的价值规范产生了某种替代性的关联。一方面,教师用"学习成绩"等规范价值引导学生远离游戏,造成了游戏与规范价值的对立,从而导致二者非此即彼的替代关系。另一方面,教师会将学生一段时期内的不良表现主动归因于游戏行为,从而强化了游戏和反规范价值之间紧密的共谋联系。在这样的教育体系中,游戏行为本身会通过影响学校系统的价值规范而影响青少年的社会化。

（四）社会环境变迁对青少年社会化的影响

根据社会化的生态系统理论,除了共时性的家庭、学校、同辈群体外,外层历时性的宏观社会环境变迁也潜移默化地影响着不同代际青少年的社会化模式。在中国的语境下,社会变迁对青少年社会化的影响主要包括以下三个方面。

第一,教育时间的延长。九年义务教育制度的普及和高等教育的扩招,使得青少年踏入社会的时间普遍推后。因此,在12～18岁的整个青春期,绝大部分青少年都是在校学生。这一方面强化了学校系统对青少年社会化的作用,另一方面使得更多的青少年产生同一性早闭,即在没有经历充分的选择时便被老师和家长决定了未来的发展方向,有较大可能性陷入对未来生活的迷茫。

第二,社会化的多样性。在传统的农业社会,社会化动因单一,社会化的动力主要来自家庭,如父亲技能的传授。而随着社会分工的细化,家庭逐渐丧失了其作为生产教育单位的功能。[①] 随着教育制度的完善,家庭的部分教育功能被转移给了学校,但家庭和学校的教育内容和目标存在差异。随着计划生育政策的推行,陪伴功能也逐渐从兄弟姐妹转移到自发形成的同辈群体。社会化的多样性还体现为各类亚文化的兴起。社会变迁使得社会化的主体出现文化丧失和文化空洞等现象,这就给青少年的文化认同造成了困难。当主导文化衰弱时,亚文化、反文化兴盛,时尚迅速变换,成为青少年希望抓住的文化认同。

第三,虚拟社会化的出现。随着互联网和移动互联网的普及,人们

---

① 参见辛自强、池丽萍:《社会变迁中的青少年》,北京:北京师范大学出版社2008年版,第29页。

越来越多地通过网络沟通、交流,通过共时性创造了一个虚拟的网络社会。而青少年对互联网的依赖使得他们的社会化进程出现了虚拟社会化的特征。

第三节 青少年特定行为的社会化影响研究

(一)媒介效果争论的复演:学术史语境下的网络游戏影响研究

研究网络游戏对青少年的影响,应将其置于更加广阔的学术史语境中考察。从纵向的社会史联系来看,网络游戏的影响争论只不过是所有历史上新兴媒体效果争论的延伸。1450年古登堡发明印刷术后,引发了一波关于批量印刷《圣经》对信徒的影响的争论;第二次世界大战后电视媒体的普及,则伴随着对电视中的性、暴力、种族偏见内容对儿童的影响的长期研究,如尼尔·波兹曼的《童年的消逝》、乔治·格伯纳的《暴力与媒介》等。网络游戏作为互联网时代的新兴互动娱乐性媒体,其对青少年影响的争论更像是历史上媒介影响争论的复演。

从研究主题上看,网络游戏影响研究所关注的社会化内容与在电视时代对电视的争论并无太大区别。个体性的沉迷、认知、人格,以及社会性的暴力、性别、种族、社会规范,仍是网络研究影响研究的主体。

从研究范式上看,网络游戏研究的学术范式仍然深嵌在发端于电视时代的结构主义(structuralism)与后结构主义(post-structuralism)的传统对话之中。前者将游戏内容和游戏行为置于一个相互联系的宏大结构中,探寻各个子结构分别对青少年的某一种变量特征产生了何种可量化的影响。后者则反对用固定的结构去分析复杂的人类社会现象,转而关注青少年如何在日常游戏生活中使用游戏语言(language)、创造游戏文化和这种行为所具有的建构意义。

我们希望通过可分解的、可量化的数据分析结果来为游戏政策制定者提供制定政策的学理性依据,在文献梳理中也更加关注对结构主义学派的研究的梳理。

(二)游戏规则与玩家投入:游戏机制及其对青少年的影响

网络游戏作为基于电子屏媒介的游戏,其机制根源仍是一般性的人类游戏,后者在人类学、美学界都是一个重要的概念。胡伊青加在《人:游戏者》中认为游戏先于文化,游戏创造了社会秩序,"游戏把一种暂时而有限的完美带入不完善的世界和混乱的生活当中"①。

在游戏机制研究中,我们更加关心的是共通的游戏要素,即一个活动满足哪些要素才可以被界定为游戏。根据肖恩·古格拉斯的归纳,游戏至少包括规则(rule)、目标(goal)、结果或胜利条件(outcome or win condition)以及游戏玩家的投入(player's effort)。

作为机制的游戏四要素都会对游戏玩家产生重要的影响,但学界对于规则和玩家投入的影响程度一直处于争论中。

根据文化研究学者伊恩·博戈斯特的理论,游戏规则是游戏对玩家产生影响的最重要因素。② 游戏设计时内嵌的规则本身通过言语生产一种程序化修辞(procedural rhetoric),这种修辞本身就是一种劝服(persuasion)。由于游戏规则在设计时就是非中立的,比如战争类游戏中的"科技进步带来胜利",或者城市建设类游戏中的"拥挤繁华的大都市是好的",当游戏通过规则界定什么是真实的、什么是好的这些概念时,游戏玩家就会在使用游戏的过程中不自觉地被游戏说服。当游戏规则褒奖暴力、色情或者种族矛盾时,青少年则有可能在游戏中将这些越轨行为当作正确的事物加以接受。

这一视角下的研究数量繁多,国外研究如安德森等人从游戏的微观方面考虑,以人格学变量(如暴力型人格)和情境性变量(如攻击性内容的游戏)为切入点,研究网络游戏对青少年学生现实行为的影响。③ 国内研究如周桂林从角色扮演类游戏中抽离出游戏的虚拟性、遥在性、弱规范性、挑战性和体验性等特征,进一步分析这些机制对青少年社会化产生的影响。这些研究的共同点都是从游戏本身的内容分析出发,甄别不同的游戏要素对青少年玩家的社会化产生的影响。④

批评者们认为,基于这一学术理论的研究忽略了游戏玩家的能动性,即玩家如何使用游戏、玩家过去的经历等。在他们看来,游戏本身的规则是预设好的,但规则本身并没有意义,游戏的意义是在玩家投入

---

① 〔荷〕胡伊青加:《人:游戏者》,成穷译,贵阳:贵州人民出版社 1998 年版,第 13 页。
② 参见 Bogost, I., *Unit Operations: An Approach to Videogame Criticism*, Cambridge: MIT Press, 2008。
③ 参见 Anderson, C. A., & Dill, K. E., "Video Games and Aggressive Thoughts, Feelings and Behavior in the Laboratory and in Life," *Journal of Personality and Social Psychology*, 2000, 78(4)。
④ 参见周桂林:《角色扮演类网络游戏对青少年社会化的影响机制》,《黑龙江社会科学》2009 年第 6 期。

的过程中被不断建构的。

米格尔·西卡特认为除了游戏规则之外还存在玩家代理机构的建构性力量,在二者的较量中,玩家的力量强于规则,因为玩家可以创造性地使用规则甚至违背规则并获得意义。[1]

这一视角下的研究融合了文化研究和人类学研究的方法论,希望从玩家的日常游戏状态出发,来界定游戏带给玩家的意义。国外研究如尼古拉斯·伊分析了角色扮演游戏玩家的各种心理和精神状态,包括时间和情感投入、动机、游戏中的关系、恋人和家人的态度、长时间上线游戏导致的病态心理等问题,认为网络游戏中的虚拟世界可以从多角度影响人们之间的关系,这种关系可以被虚拟世界的结构所改变。[2]国内研究如台湾学者将心流理论引入对网络游戏群体的分析,从而确定了网络游戏对使用者影响的"方向性"。该研究认为,游戏玩家会被置于四种"心流"状态:流动、厌倦、焦虑和冷漠,而无论是暴力还是非暴力的游戏类型都不会激起玩家的侵略性。[3]

罗宾·胡尼克的理论可以被看作对两方面的观点进行融合和统一的尝试,他提出了游戏影响的"MDA"理论。M代表游戏机制(Mechanism),是游戏设计时被赋予的东西;D代表动态(Dynamics),是指在游戏过程中玩家与游戏规则、玩家与玩家之间的互动空间;A代表回应(Aethetics),是指玩家对游戏产生的情感性回应。[4] 关注规则的学者群强调M机制的先赋作用,关注玩家投入的学者群则强调A回应的作用。而在罗宾·胡尼克看来,真正重要的是D动态,游戏是一个平台,其具有意义、产生影响的过程实际上是游戏玩家在这一平台上进行互动的过程。

---

[1] 参见 Sicart, M., "Game, Player, Ethics: A Virtue Ethics Approach to Computer Games," *International Review of Information Ethics*, 2005, 4(12)。
[2] 参见 Yee, N., "The Psychology of Massively Multi-User Online Role-Playing Games: Motivations, Emotional Investment, Relationships and Problematic Usage," *Avatars at Work and Play*, London: Springer Verlag, 2006。
[3] 参见 Chiang, Y. T., et al., "Exploring Online Game Players' Flow Experiences and Positive Affect," *Turkish Online Journal of Educational Technology*, 2011, 10(1)。
[4] 参见 Hunicke, R., et al., "MDA: A Formal Approach to Game Design and Game Research," Proceedings of the AAAI Workshop on Challenges in Game AI, 2004。

(三)规范性研究:国内学界对于网络游戏对青少年影响的研究

国内学界对网络游戏几乎持"一边倒"的负面评价,特别是从网络成瘾起步逐步探讨网络游戏对青少年身心、思想道德、社会规范等各方面的社会化影响,并形成网络游戏成瘾是一种不良行为且给青少年带来各方面负面影响的共识——这些负面影响包括:网络游戏利用玩家的性格弱点,如攻击性、报复心理、好胜等来设计活动和情节,从而对玩家进行精神控制;网络游戏利用玩家虚荣心强、追求虚拟世界的成就感的心理,对玩家进行心理引诱;网络游戏凭借其精美的制作成为西方国家软实力的重要载体,网络游戏中体现的西方世界观、人生观、价值观有效地配合着游戏背景国的软实力战略,对我国的文化安全构成了巨大威胁,对青少年道德教育构成巨大的挑战;网络游戏成瘾会促使青少年犯罪行为呈现出更多的暴力性、随意性和突发性等。①

与国外研究相比,国内学界对于网络游戏对青少年社会化影响的研究更多地呈现出一种规范性研究的取向,即在"是什么""为什么""怎么办"中,比较不关心"是什么",因为游戏对青少年社会化的负面影响几乎成为一个先验的命题。国内此领域学者将更多的精力放在游戏负面影响的成因研究和对策研究上。

在对策研究方面,研究者主要把目光放在家长管控、学校教育、师生互动、同辈群体教育等方面。但此类研究给出的对策主要是要点式的框架和大的方向,实际操作性不足。如家长和老师目前对游戏是怎样的态度?他们正在对孩子的游戏行为进行哪些方面的管控?不同的管控模式下产生了怎样的青少年游戏行为?

根据上述综述及我们在这项研究中一直秉承的方法论,我们认为应着力在现实层面回应网络游戏进入青少年社会化过程中的动因、表现及其过程,同时对青少年社会化过程中主要代理机构围绕游戏使用产生互动的过程进行深入考察。只有对以上问题进行研究我们才能在对策研究层面,从大众舆论、社会态度、家庭教育、学校教育、同辈群体互动等角度,探讨游戏对青少年所产生的影响并有效地提出建议。

---

① 此类研究数量众多。如张春露:《网络游戏与青少年犯罪》,《理论月刊》2006年第S1期;陶宏开:《回来吧,孩子——预防与戒除网瘾指南》,北京:中国人民大学出版社2006年版;高英彤、刘艳姝:《论软力量与网络游戏——未成年人道德教育视角》,《外国教育研究》2007年第6期;曹颖、王红梅:《角色扮演型网络游戏对青少年参与者的负面影响及规范建议》,《学理论》2008年第18期;等等。

第九章　学业分类下的游戏互动过程
——空间、规则与自我

在青少年的社会化研究中,学校作为重要的代理机构,是青少年完成社会化过程的关键场所之一。因此,在青少年媒介研究中,学校系统是需首先考虑的因素。理解青少年在日常学习中的状态及表现,是理解青少年在其他方面表现的一个重要维度。

本研究所指的互动既在微观过程中展示游戏中的互动行为,也从流动的、结构性的视角来看游戏对青少年人际互动产生影响的方式。因此,"互动"并不仅局限于游戏使用过程,而是扩展至青少年因游戏使用而产生的微观的互动实践及与他人的交往行为。其中,微观实践既包括单纯的游戏使用过程,诸如游戏接触、游戏协作、游戏分享等过程,也包括青少年经由游戏使用而与他人结成某种关系,诸如亲子、师生、同辈群体等关系。而关于与他人的交往行为,本章将基于青少年学业表现的分类维度探讨不同族群在游戏使用上与他人发生互动的形式。

在访谈中,我们发现青少年进入游戏世界后,虚拟世界的出现也会对他们的生活情境产生影响,其曾有的生活秩序和规范都可能受到挑战。因此,在探讨游戏对青少年的影响之前,我们必须对游戏使用中的"客观环境"与"个体自身"共同影响的互动过程加以考察。

关注因游戏使用而产生的互动过程,一方面是研究游戏对青少年人际交往产生影响的必要步骤,另一方面则是研究游戏使用对青少年日常生活所具有的意义。如前所述,游戏在青少年的日常交往中扮演着越来越重要的角色,其已不再是少数青少年选择的休闲方式。而关于现实中的人际交往与游戏使用动机的分析,我们在"为什么玩游戏"部分已进行过深入探讨。本章我们将对游戏过程中的互动模式进行分析,旨在通过对互动过程类型的"叙事"分析来理解不同青少年个体的差异化的交往需求和交往过程,从而理解青少年的行事逻辑,以从游戏使用者自身的情形出发洞察游戏使用中的社会化过程。

第一节　学业表现优异的青少年的游戏互动模式

（一）仪式性互动——基于现实人际交往

涂尔干认为,仪式的功能在于为个体提供共同体验的瞬间,激发、增强或重塑他们的集体意识和认同,促成他们在信仰、情感和意愿上的高度一致。[1] 詹姆斯·凯瑞认为传播是一种"以团体或共同的身份把人们吸引到一起的神圣典礼"[2]。在仪式观下,传播的目的在于建构一个有秩序、有意义,能够用来支配和容纳人类行为的文化世界。通过访谈我们发现,网络游戏在这种仪式性的建构中发挥了一定功能,而这些功能的发挥有赖于青少年的日常人际交往网络,其包含了既有人际交往以及通过使用网络游戏而新产生的朋友圈。

案例一:CD01是就读于成都市的高一男生,15岁,理科成绩较好,父母在其物质需求方面给予比较大的支持,"我用的手机是小灵通,一直没坏,所以也一直没换。但苹果4S出来的时候,我妈说给我换一个好一点的手机,然后就给我买了4S"。在生活中父母也给他很多自由选择的权利,比如搬家的时候会问他"希望电脑放在哪个房间",又比如在分科的意愿上,"我爸完全让我自己来做决定,他只是会告诉我一些他的梦想"。CD01坦承自己跟父亲的沟通要更多一些,对父子关系的评价是"我和父亲之间的沟通与他和他朋友之间的沟通差不多"。

在这种家庭氛围中成长的CD01性格较外向,并认为自己人缘不错,"如果我人缘都差,那就没什么人缘好的了"。他非常看重朋友,但对朋友有着更为主动和有意识的挑选,他说:"我与我的真朋友之间的联系不是在学习上面,而是建立在相似的性格和志趣上,彼此交流多,就变成了真朋友。"以兴趣、性格为导向的交友对CD01建立良好的人际交往产生了重要影响。

CD01的兴趣是什么呢?"我原来下过一段时间象棋,还得过冠军,但后面为了学习,(象棋)就荒废了,没有一直延续下去,如果有更多的时间,我可能会去一些棋馆找人下棋。"除下棋以外,CD01还喜欢旅游,游戏是旅游受限后的一种选择,"其实我更喜欢和朋友一起出去旅游,

---

[1] 参见〔法〕爱弥尔·涂尔干:《宗教生活的基本形式》,渠东、汲喆译,上海:上海人民出版社2006年版,第54页。

[2] 参见〔美〕詹姆斯·凯瑞:《作为文化的传播》,丁未译,北京:华夏出版社2005年版,第28页。

我们会选择每个假期出去旅游,但因为很多条件(限制),我通常就在家里面玩,一般就是玩游戏,或者和朋友用 YY 聊天"。

CD01 的父母在他人际交往方面也会给予鼓励,他们更希望孩子多出去与人交往,认为这是锻炼他的机会,"我妈非常放心我出去玩,她想让我出去,并且我爸也说在外面和朋友间的社会交际才能锻炼到我,他也经常叫我出去玩"。在这种比较开放的、明确的引导下,CD01 会在每年假期和朋友们组织骑行。可见,父母这种引导本身表明了他们对孩子与同辈群体交往的关心,同时也希望孩子能通过这种交往"锻炼自己",这其实隐性地为 CD01 的交友标准提供了指导和框架。CD01 觉得"他们(父母)真的什么都不管",父母与孩子间良好的沟通方式让他感受到了交友的自主性与轻松感。

CD01 在访谈中表现出与年龄不相符合的成熟、稳重气质,但透露了一个小细节,他说在人多的场合会紧张,"当着越多的人我就是越紧张的那种,如果人太多的话我会更语无伦次,所以我就没有参加辩论队,而是加入团委和学生会"。

CD01 在日常生活中有着自己较完备的社会网络,这为他带来较有效的社会支持,包括客观支持和主观支持。其中客观支持包括社会网络、人际关系,以及这些方面所给予的物质支持;主观支持则涵盖了个体在社会中因受尊重、被支持、被理解而产生的情感体验和满意度。

对于 CD01 这样的青少年,网络游戏作为一种现实交往的临时性替代和有效补充进入他们的日常生活。当其他户外娱乐活动受到地理因素的阻碍时,网络游戏便成为一种便捷有效的选择。"比如说我原来就很喜欢踢足球,可是足球场,我知道的只有川大一个,我不可能每次都跑那么远去,所以我就一直没有踢足球,就一直把这个兴趣搁下来了。"此外,经过对时间成本的衡量,CD01 选择网络游戏作为自己假期放松的活动之一,"我出去其实很多时候找不到玩的,我就选择在家里玩","不知道玩些什么,现在本来放假时间又短,如果出门的话也出不了多久,如果我选择在家里面玩会儿电脑的话,可以放松的时间还会更多一些"。

CD01 通过自主选择为自己打造了一个良好的人际交往圈和日常娱乐方式,网络游戏仅是一种对日常娱乐的补充。可以说在网络游戏进入他的日常生活之前,他的人际交往已经基本处于既定秩序之中。

CD01 在现实生活中的好友成为他网络游戏中的合作者,在已经非常充分的日常交往的基础之上,游戏的介入作为一种团体活动仪式而存在。

1. 游戏共同体

游戏中的成员相互认识,并且每个人都有上线的义务,需要保证在场,这是一种近似契约性的行为。大部分受访者的游戏伙伴是自己现实生活中的朋友,包括目前的同班同学、过去的同学、邻居等。"一个人玩很无聊""和朋友玩才有趣"等想法被大部分受访者提及,青少年在日常交往的基础上形成了一个游戏共同体。

以 BJ01 为例,外向型性格使他有很多朋友,交际圈要比同龄学生更大,他和朋友平常会约时间打台球,玩网络游戏。在网络游戏这件事上,BJ01 的总体态度是:"一切以朋友为重。"具体体现在时间及游戏伙伴的选择上,"(网络游戏主要在)朋友给我打电话约我的时候玩,(朋友们)一般都是一个年级或者一个学校认识的"。

除了能体验到很多先赋的乐趣之外,CD07 也从另一个方面道出了跟朋友一起玩的原因:"如果说朋友他们不在的话,我是很不想玩的,会害怕游戏中遇到小孩,小孩特别坑人。"大部分网络游戏需要成员之间的相互配合与合作,现实朋友圈的交往基础和情感基础更容易使他们在游戏中形成一种默契,而这种默契即便不能令他们取得胜利,也足以使他们更信任对方,更容易原谅对方在游戏中的失误,构建游戏世界中的共同体,彼此相互依赖、信任并在此基础上取得胜利。

2. 游戏选择的协商

大型多人在线类游戏通常需要 2 人以上的玩家同时在线,具体玩什么游戏,也需要协商约定,有成员负责找游戏并分发给大家讨论,大家一致同意之后游戏才会开始。

CD01 说:"(对于游戏的选择)也没有那么严肃吧,(朋友)他会找游戏,把网址发到我们的 QQ 群中,大家一致同意了就去玩这个游戏。"尽管 CD01 认为这并不是一个严肃的过程,但他也清楚地叙述了这个过程中游戏团体成员的充分参与性及意向达成的必备条件——大家一致同意,同时他也透露,在游戏内容选择过程中有一个主导型人物,类似意见领袖的角色,负责为大家挑选合适的游戏。这种协商的过程也是青少年同自己的伙伴们很重要的互动过程,他们需要收集信息,并对信息进行判断,需要说服他人,以在不同的选择之间达成妥协与一致。

3. 共同的情绪体验

我们在前文引用过心流这一概念,这种心流体验出现在个体忘我的专注与愉悦中,而与自己的好朋友共同经历这种体验,其带来的愉悦感更为深刻。

NC09 描述了这种体验,"玩那些网络游戏,平时都是一个人宅在家里玩,但和朋友一起开黑,在网吧边吼边叫,这样的感觉(比在家一个人玩游戏)有意思"。"边吼边叫"这种高度兴奋带来的情绪与我们在运动场上看见的很多情形并无二致。除单纯感官刺激带来的共同情绪体验之外,游戏中共同探索打法、在游戏中发生的趣事,都会成为只对小团体成员开放的独特经历,或成为成员的共同记忆,或成为他们日常交流中的共同话题。

CD01 具体描述了游戏使用过程中与朋友的互动,"比如说(游戏中)刷副本,肯定要一群人一起玩嘛,在副本里面会有一条主线,沿着这条主线走,你才能走到任务的尽头。但我们进入副本后,不会沿着主线走,我们会去找那些岔路,在岔路的尽头发现一些有趣的东西,比如说发现一个东西长得奇怪,我就形容成更奇怪的东西,(彼此)在言谈之间(产生)那种有趣的共同词汇"。

这种游戏中的共同"发现""形容""交流"都在促成更活跃的人际互动过程。这种体现在游戏过程、内容、成绩之间的交流便利也正是大部分网络游戏使用者选择日常生活中的朋友作为玩伴的原因:"更想和朋友一起玩,和别人玩没有可以交流的地方,也不能比一比什么的。"

这种与朋友之间的仪式性互动成为 BJ01 游戏体验中最具价值的部分:"(玩游戏)对别的方面(影响)比较少,对学习也没有什么帮助和影响,玩(游戏)主要是增进和朋友的沟通。"而这种沟通包括:"吵吵,这边说这边强,那边说那边强。"这种技能上的竞争与攀比也与 BJ01 在游戏使用上的成就动机相对应,对于"不服"的游戏伙伴,BJ01 的惩罚性措施是:"说下一次不带你玩什么的。"此处 BJ01 其实是借助自己在团体中的核心地位,以威胁取消对方成员资格的方式使自己的权威得以确立。尽管与游戏团体中的伙伴会有冲突发生,BJ01 与其游戏伙伴仍然维持着现实的交往,至于在游戏虚拟社区中的陌生人则"顶多就是 QQ 聊一下"。

(二)地缘性互动——基于小群体的人际关系维持

随着我国城市化的不断推进,"礼俗社会"①受到冲击,单元楼取代大院成为人们的主要居住空间,"相见不相识"是在这种居住环境中形

---

① 费孝通:《乡土中国》,上海:上海人民出版社 2006 年版,第 32 页。

成的新的人际关系。

"单位家属楼"的存在则在打破这种区隔上起到了一定的作用,家庭之间以业缘为基础形成的交往影响到孩子之间的交往,当游戏成为他们交往活动的一部分时,其呈现出的互动过程也带有这种基于"单位家属楼"地缘关系的强关系特征。

案例一:XZ01是一名初二女生,她的母亲是教师,父亲是现役军人。他们一家住在军队大院,院里的小孩是XZ01朝夕相处的伙伴。他们年龄相仿,在同一所学校念书,因为彼此家庭业缘与地缘的关系,形成了交往密切的小群体。与过去大院小孩之间的交往形式极为类似,"我们出去玩的时候还是要跟大人说好,如果去游泳馆的话,某某的爸爸或者我爸爸就会开车送我们去,轮流来的。等到游完了再去把我们接回来,还会带我们一起吃饭"。大人之间形成的社区关系成为孩子们的小群体间开展交往的深厚基础。

XZ01一家随着父亲职位的调动进行过一次迁移,但这次迁移并没有对她的交往模式产生很大的影响,因为她从一座部队单元楼搬到另一座,邻居构成与从前一致。邻居家的小孩与她同在一所中学上学,因此这次基于业缘的地理位置迁移对XZ01产生的影响,很快再次因地缘因素而消失。"在搬来之前就知道这里还有好多小孩啊,虽然跟以前的好朋友分开还是很不好,但是这次他们家也搬来了。跟我家住一栋楼。"

XZ01很快和周围的小孩熟稔起来,"放学一起回家,有时候也一起写作业。写完了才各回各家,有时候在我家,有时候就是在别人家,他们家不忙的时候就经常在人家家把晚饭都吃了才回来"。宽松、安全的社区环境下,XZ01和她的小伙伴享有交往方面非常大的自主权,他们不必像其他小孩一样"报告自己的行踪或者交代自己要跟谁一起玩,因为我妈也知道我就只是跟他们玩嘛(院子里的小孩)"。

但是这种自由也构成了另一种束缚,大人们对他们的限制是"只能在院子里玩,不要随便跑出去,车多,怕出事,也怕有坏人"。可是孩子们对于这种地理空间的束缚并不满意,"院子里能玩什么呢?小时候还可以玩跳房子、捉迷藏、打打羽毛球,现在我都这么大了"。直到有一天,一个小伙伴在写完作业的时候打开电脑给孩子们看他正在玩的游戏,网络游戏的出现使得孩子们不再在意地理空间的束缚。

XZ01和她的邻居小伙伴在学校里留意大家都在玩的游戏,然后在他们的小群体里进行"票选":"大家觉得有意思的游戏,就会一起玩,我们女生多嘛,所以大部分都是那种有剧情的游戏,也不是说谁说了算,就是大家一起决定玩什么。"由于年龄相仿,家庭背景相似,这些女孩子们在游戏趣味上很容易达成一致。在确定了一个游戏之后,XZ01和她的小伙伴们会根据游戏发布新内容的时间对她们集体玩游戏这个活动进行安排,"大多数时候是各在各家,因为要用电脑(台式)啊,我们又不是每个人都有笔记本,但是我们可以在QQ上聊一下"。

"就比如我们现在玩的游戏,是每周五更新一个剧情,那些剧情非常有意思,这周完了之后我们就会讨论接下来会怎么样,就像看电视一样,当然,也不完全一样,这个我们是可以在里面玩的,可以讨论的。"

"其实最有趣的就是和她们讨论剧情的时候,我们去上学路上、回家路上有时候会聊,因为有些角色我们会有不一样的看法,各自有喜欢的角色或者不喜欢的,相互想说服对方。这比玩游戏的时候还有趣。"关于情节的分享成了XZ01与小伙伴游戏互动的重心,不过在近半年她们的游戏互动内容又发生了一些变化:"现在网页游戏玩的少,大家(女孩子们)都在玩手机游戏了。"

手机游戏的流行,一定程度上改变了XZ01与小伙伴们互动的内容,"我们开始比切水果啊,会比一下谁打的分高。当然,如果别人分比我高,我就会想把自己的也打那么高。有些关不好过的时候就会去问她们"。此外,在更多地转向手机游戏的同时,他们"聚在"(时间及空间)一起玩游戏的频率开始减少。

在XZ01的游戏实践中,不管在网页游戏时期还是手机游戏时期,游戏互动主要是一种小群体活动方式,而且只是她们众多活动中的一种。但这种互动仍然在为她们的日常交往提供多样性与亲密性。

(三)偶遇性互动——突破日常互动边界

案例一:SD01在高一时已经是班级里成绩非常优异的学生之一,SD素来以教育大省闻名,SD01所在的中学和班级更是一切以学习为重。SD01作为女生,在高中时却留着假小子般的短发,只为方便打理,学习是她日常生活的重心。"(在初中某个假期来临之前)连男生传小纸条给我,我都会交给老师的,更不要说打游戏了。我们班当然也有人打,但是男生和学习比较差的人居多,而且我周围经常一起的那几个同学也没有人玩。"直到那个假期来临,SD01突然对游戏产生了好奇,"具体原因我也忘了,因为时间比较久",她决定亲自去看下游戏"到底有什么好玩"。

SD01把自己学习上的精神拿到了对游戏的学习中去，她去找班里经常玩游戏的那帮同学，向他们表明了想了解游戏的愿望，于是就跟着他们去网吧了。按常规一个好学生突然开始去网吧，老师和家长会有所反应，但是SD01并没有遇到这种阻碍，"我回家跟我妈说了，我说我要去学游戏，想知道游戏怎么玩，你给我点钱，我妈也同意啊"。对于家长的态度，SD01认为与自己的性格有关："我妈知道我这个人对事情的兴趣长不了，玩一段时间也就消停了。"SD01的家长对她决定去玩游戏这件事的豁达态度，并不仅仅是因为SD01具有"三分钟热度"的性格，而更多的是基于对她的信任——她对自己日常生活重心的把握非常有分寸感，"我是假期去的，当然不会影响我上课什么的，而且我就是想知道游戏怎么玩，好奇心也有，又不是有多么喜欢游戏"。

　　SD01跟家长说定之后，就跟着班里的同学到网吧玩，"刚开始是他们教我，因为我完全不会呀，刚开始的时候我刚进去，站在那儿还没明白怎么回事儿就被打死了。他们跟我讲规则啊，应该怎么打啊，就是这些。要组队嘛，他们那些玩得厉害的，就带着我。跟着打几次，我也就会打了"。

　　SD01在跟着这些原本没有太多交往的同学打了几次游戏之后，她发现"继续玩下去很难，打个初级很容易，可是想要往上打，打得很好，需要协调性非常好，而我天生好像协调性差一些，我在打游戏这件事上没有天赋"。

　　随着暑假的结束，SD01的游戏历程也结束了，她再次回到自己的"好学生"朋友中间。短时间的游戏互动一方面满足了她对游戏的好奇心，了解了自己在游戏使用方面的能力和局限。另一方面，游戏使她突破了自己的日常互动边界，给了她一个与不同群体交往的机会，"如果不是因为玩游戏，我跟他们可能永远也不会有什么交集"。

　　案例二：XZ02是当地重点学校的一名高三男生，他的学习成绩排在年级前一百名。按照这所学校往年的招生情况看，这个排名意味着，XZ02考一所985院校是没有任何悬念的。"老师也不会很强调说你们要考什么学校，毕竟他们教出那么多厉害的学生，早就习惯了，（班上学习最好的同学）忙着考奥数、参加比赛，他们是很有可能有保送资格的，但我只能好好努力，通过努力考上大学。"

　　据XZ02观察，班里的同学大部分是网络游戏使用者，尤其是男生。"我知道好几次他们一群人去网吧，从下午一直玩到早晨，好多人，我们班总共四十多个男生，据说整个网吧都沸腾了，大概也就六七个人没有去。"这六七个没有去的同学中除了 XZ02 本人,还有几个是 XZ02 在班里最好的朋友,但这种局面并没有令 ZX02 感到困扰,或者被孤立,"去的人里面也有我的好朋友啊,毕竟大家交往又不是完全看玩不玩游戏,主要还是其他的层面,我不认为玩游戏是不好的事情,只是我不喜欢玩而已。当然我偶尔也玩,只是不像他们那么爱玩"。

XZ02 说自己不玩游戏的原因是他更喜欢别的事情,"我喜欢看电影,科幻、动作片我都爱看的,喜剧片也不错",除电影之外,XZ02 课余时间喜欢读小说,"打游戏打打杀杀的,我不喜欢,当然,我知道大部分男生喜欢,也有他们喜欢的道理,但我还是更喜欢一些有层次的、更有深度的东西"。XZ02 并没有非常明确地在游戏和其他爱好之间作出高下之分,但从他对自己兴趣爱好的评价"更有深度"来看,他对游戏的消极使用其实是经过独立思考后做出的选择。

在 XZ02 看来,游戏使用上的不同并没有影响他和朋友的关系,"一呢我也不是完全不玩,他们在玩的游戏我也会偶尔跟他们一起玩,怎么玩我也知道。他们缺人组队的时候,我也会很乐意陪他们玩一阵"。

游戏中的偶遇性互动在学业表现优异的青少年中存在最为广泛。他们加入游戏,或出于好奇,或受偶然事件的影响,但他们本身对游戏的兴趣并不浓烈,并且学业在他们的生活中相当重要。他们偶尔接触游戏,但持续时间较为短暂,因此,游戏对他们的日常生活影响也较小。不过,游戏仍会带来一些积极影响,比如,偶遇性互动帮助这些原本人际交往单一的"好学生"接触到跟自己差异较大的群体,"跟他们相处很简单、很快乐,大家也不聊学习,就只是玩,感觉很轻松"。XZ02 这样描述他与班里同学一起玩游戏时的感受,不过需要注意的是,游戏互动带来的对日常交往边界的突破,隐含着扰动日常生活的风险。

第二节 学业表现欠佳的青少年的游戏互动模式

(一)协作性互动——胜利假于外求

网络游戏需要玩家相互协作完成,尤其是男生更为热衷的团队竞技类游戏。网络游戏为青少年使用者提供了一种虚拟情境,即与人协作、制定规则、分配任务。合作是首要原则,也是乐趣所在,它为青少年使用者之间的互动提供了更具体的行为空间,因为在日常学习中,他们更多面对的是各自为阵的模式,需要凭借一己之力来应对困境,而在游戏中他们可以依靠团队合作来获得胜利,并在这一过程中对自己与他人合作的能力进行模拟训练。

CD06是一名初中男生,他一个人打单机游戏也可以打得不亦乐乎,但打久了就觉得无聊,网络游戏对他的影响就在于协作和团结过程带来的乐趣,"和朋友一起出去玩,可以建立友谊嘛!比如说打一些比较厉害的东西的时候,你可以和朋友一起想办法嘛!"他将网络游戏的功能定位为"建立友谊",而建立友谊的途径是在玩游戏的过程中"一起想办法"。

由于非常强调合作带来的乐趣,CD06对于合作伙伴的挑选也非常谨慎,如果队友在游戏中犯错,CD06也会非常生气:"游戏玩到后面主要靠的是团队合作,有时一个人玩得不好,也容易拖累整个队伍,所以说(遇到这种情况)是很生气的。"

一个有趣的现象是,在访谈对象中学习成绩好的被访者并没有把游戏伙伴的水平作为重要考虑因素,比如BJ01认为"输赢不重要,和兄弟在一起才是重点"。又比如CD01说:"我们玩的都是那种团队技艺的游戏,完全是必须要合作才能玩好这款游戏,我们之间就会有明确的分工,然后来玩好这款游戏。有专门拿来扛水的,有专门拿来加水的,有专门实施的,专门防御的,有完全用来攻击的,完全用来输出的,就是那种可防可守,完全是一个整体,不让别人来攻击,和他们在一起我会觉得开心。"游戏互动中的协作过程更被CD01认同。

受访的学业表现欠佳的学生群体大多都非常重视游戏玩伴的质量,XZ03就是其中一个。他是一名初二学生,受访前正在一所网吧里,刚结束了期末考试的他和朋友一起来玩游戏。他的成绩用他自己的话来形容是:"反正就是从后往前数很快就看到我了,他(XZ03的好朋友)不是在我前面就是在我后面,反正也离得很近。"XZ03说自己最害怕在游戏中遇到不认识的小孩子,"他们太坑了,被他们一坑,一会儿就死了,所以我一般就是他玩我才玩,他至少不会坑我"。XZ03所说的"他"当时正在旁边"攻城掠地",与机灵好动的XZ03相比,他看起来更踏实稳重,他说:"其实我打得也不好,主要是被不认识的人坑很恼火。"

成绩优秀者中以仪式性互动为主要互动模式的群体与差生中的协作性互动群体有非常多的相同之处,其本质都在于"凭借与团队成员的合作获取成功",团体规范、制度在这两种互动模式中都有生动的体现,只是两个群体在这种互动中所重视的部分有差异,前者更注重合作,后者更注重胜利。

（二）虚拟空间中的互动

案例一：HZ08对游戏伙伴的选择是："要跟高手对决才有意思。"他身边的同学也都爱玩游戏，但他并没有一个固定的游戏团体，"我有时候自己组一队，（玩游戏的同学）够组成一队，有的时候（网吧）位置还不够，但没有人的时候我就在电脑里面组"。可见，HZ08与同学一起玩游戏更多是一种偶然行为，而并非出于约定。原因有以下几点。

原因1：现实中的交往受阻

HZ08面临交往方面的困境，他在描述自己除游戏之外的其他兴趣时，提到自己会去棋牌室："（会去）棋牌室什么的，（除此以外）就没有别的地方去了。有的时候去打球，但现在打球的都是小孩，一般你去找人家，人家也不会来，就怕（被拒绝）什么的就没有再去了。"从HZ08的描述来看，他曾在约人打球的过程中遭到过拒绝，这件事阻碍了他继续向现实交往中的群体寻求陪伴，并进而产生了回避行为。而伙伴不愿与他同去，既可能是因为HZ08欠缺交友技能，也可能是因为他们的学业选择不同。他与过去的同学缺乏联系，同时在职高中，他与现在的同学在相对松散的教学环境下缺乏有效、亲密的交流。

一个细节是，谈到父母对自己外出行动的管理方式时，HZ08表示父母管得比较严："我爸妈会问我同学是谁，就是看是不是这个人很不可靠什么的。"这一方面表明HZ08的父母本身是非常注重HZ08的交往伙伴的，另一方面也反映出HZ08的父母对他的不信任或者低信任感。

原因2：互动配合度低

HZ08不与现实中的同学一起玩的另一个原因，是他自己在多人协作游戏中的不合作态度，"现在想一下（不与同学玩游戏的原因），（主要）就是我去了之后，人家叫我做（游戏任务），我经常不理他们"。至于他为什么表现出这种态度，访谈中并没有直接可供参考的证据，但其结果就是HZ08很难与现实中的群体结成游戏伙伴。

HZ08更习惯由电脑随机分配游戏小伙伴的虚拟结合方式，"碰到谁算谁"的行为与武侠小说中的"独行客"极为类似。不同的是，小说人物总是身怀绝技、独行天下，而HZ08则是受困于自己的交往情境，既无现实中的陪伴，也缺乏在虚拟空间中与陌生人建立情感的愿望。他的互动都建立在随机和偶遇之上，但与前文所述的偶遇的不同之处在于，前者的偶遇是一种日常交往情境受到个别事件影响而偶然产生的游戏互动,后者则属于无现实依托、无后续交往的随机偶遇,即它既不指向过去,也不与未来发生关联。

案例二:HZ03 是一位高一女生,17 岁,喜欢健身,非独生子女,家中有一个妹妹,是她的主要玩伴。在焦点小组中被问到是否有苹果手机时,她脱口而出说:"我们怎么有?""怎么"一词的使用表明苹果手机作为一种物质表征完全不在她的心理预期之中,使用苹果手机是远在她家庭承受能力之外的。HZ03 的家长为她提供的是诺基亚的非触屏手机,她用它来玩手机游戏。

因为家离学校远,她平常都在学校住宿,只有周末在家。她在访谈过程中话很少,谈到与自己相关的问题时回答都非常简短,常以"没有""不是"等类似的语句作为回答,完整的长句子非常少。

在以寄宿制为主的学校中,HZ03 虽然办理了住校,但也时常回家,她也因此失去了与同学一起休闲娱乐的时间,没有在与同学的相处中建立起较稳固的朋友圈子,加之受制于学校条件,也没有其他可供打发时间的娱乐活动。她说:"我都在学校,没有什么事情可以玩,而且都是宿舍,有的时候就回家了,要不就直接在宿舍睡觉或看书。"

朋友数量本身并非决定人际交往成功与否及交友质量高低的关键因素,即便对青少年来说也是如此。但对于处在青春期的小城市姑娘 HZ03 来说,她的情况并不只是朋友少,"我觉得就是,我很喜欢动漫游戏的(原因),就是因为朋友很少,没有人理我"。这是 HZ03 在整个访谈中比较少见的一个长句子,"没有人理我"并不是简单的朋友多少的问题,而是 HZ03 在成长过程中的被孤立感,以及进而产生的自卑感和孤独感。与和大部分网络游戏玩家、朋友约好一起玩的情况不同,HZ03 并没有固定的玩伴,"偶尔遇上的才一起玩"。

她所感受的孤独不仅来自同辈群体,也来自和她父母的相处。谈到游戏是否对自己有负面影响时,HZ03 说:"(那是)父母觉得。"在 HZ03 的观念中,自己与父母至少在网络游戏这个问题上存在较深的代沟,而父母的权威也因此受到削弱。在父母是否监督她玩游戏的问题上,HZ03 说:"不会,只要自己可以控制就可以了。"她也表示父母会过问自己在玩什么游戏,但她感觉"跟他们说,他们也听不懂"。

在学校、家庭、同辈群体三方面的精神支持均缺席的情境下,HZ03 通过引入动漫游戏来改变自身的孤独境况,并且很快达到了预期效果。她认识了一个与自己住同一个小区的男生,"在网上玩的话,一个人完不成这个任务,要求助。就认识他了"。HZ03 从此有了固定的游戏玩伴,且由于家离得近,他俩成了现实生活中的好朋友。HZ03是当天唯一带着自己的朋友来参加焦点小组座谈会的被访者,而这位朋友正是那个通过玩动漫游戏而认识的男生。

对于学习成绩较差的学生,很多时候他们受自身在现实人际交往方面的困境的影响,选择虚假空间中的陌生人作为游戏互动的对象。当日常交往受阻,或对周围情境感到不满时,青少年更容易通过游戏虚拟社区来满足自己的互动需求。

（三）现实场域中的互动

1. 空间上的接近性与情感上的亲密性

案例:CD05进一步扩展了网络游戏中的共同场域,他和自己的朋友一起去网吧,在现实中坐在一起玩才更高兴,"我要去网吧,几个人一起上通宵,五连座,联机坐,都是跟朋友一起嘛,都是约朋友一起去"。

在HZ01看来,家里是否有电脑并不是影响网吧使用行为的主要因素,网吧提供的是切实的"共同在场"的氛围,"一起去网吧,虽然家里面都有电脑,但是玩得不嗨,即使你和另外一个同学同时玩一个游戏,但是没有那种感觉。在网吧里面玩的话,两三个人在一起很兴奋的,玩着玩着就让他们配合什么的,氛围是不一样的"。

NC05是一个初二男生,平时与母亲生活在一起,父亲被派遣到外地工作,他的家里有电脑,而且并没有设置密码,但他还是会选择和朋友约定时间去网吧玩游戏,"其实去网吧主要就是在乎它那个气氛。就是和朋友一起玩嘛！有的时候跟朋友在网吧里面就可以一起玩嘛！这样的话,心理上感觉到比较爽,不会孤单"。

2. 竞技场的实体化

竞技场在古罗马有很重要的象征地位,人兽交战,英雄的名字得以传颂,胜利得以纪念。网吧对于网络游戏使用者而言具有类似竞技场的功能。

NC03是一名高二男生,他对自己学习现状的描述是:"压力肯定是有啊,但是就看自己,又觉得现在自己的成绩又考不上,然后还没怎么有动力去专心读书,就等下学期再说。"他对自己的成绩没有信心,但采取的行动并不是抓紧时间复习功课,而是"等下学期再说",每天放学后,他都要去网吧玩一个多小时游戏。

NC03描述自己在网吧"有快感,(游戏里)你打败的人多,别人就崇拜你！像是有一次我连打败了几个(就出名了),网吧里面的人就在那儿吼,要(在游戏里)逮我一个人,我当时在另一个网吧打,玩得好的人说我,你现在有一点出名咯,这个网吧都说要(在游戏里)打败你。(我在网吧)里面认识了好多人(线上的或线下的),网吧像是一个平台"。由 NC03 的描述可以看出:(1)网吧提供了一个公共空间,在场玩家通常自由组合开始游戏,即便原本陌生的玩家之间也可以迅速结成联盟。在这种情境下,NC03 在游戏中如果有好的表现也会迅速在队友之间传播,他们的反馈"你现在有一点出名"更激发了 NC03 通过在网吧玩游戏来获得炫耀的资本和积累声望的动力。(2)网吧成为一个具有社交的物理场所,进入这一场所的每一个使用者都有可能与其他使用者结识,这样一来他们的交际范围便扩大了,"玩家"与"玩家"之间基于共同爱好的互动行为由此产生。

这种在网吧一起玩游戏的情况在中小城市尤为突出。一方面,城市小、交通便利、居住距离较近,朋友之间相互约定外出较为方便。另一方面,由于中小城市公共基础设施缺乏,青少年一周只有两天假期出来活动放松,网吧就成了一个比较理想的聚会场所。但对于访谈中的部分优等生而言,他们存有"去网吧的都是坏学生"的观念。

第三节 学业表现中等的青少年的游戏互动模式

(一)人际补偿互动

案例一:CD02 是在成都普通中学就读的一名初三学生,刚满 14 岁,学习成绩中等,母亲为全职太太,父亲由于从事商业经营,平常并不在家。CD02 认为友情占据其生活中的重要地位,其重要性甚至排在学习之前。他说:"如果没有朋友好无聊,比如你光学习没有朋友,你在学校中的生活还是很枯燥的,生活中还是要有朋友才欢快一点,可以互相聊天,我觉得朋友更重要一点。"CD02 在班里有七八个伙伴,"一般都在一起玩,在学校里面也是一起逛、一起走、一起买东西吃,有些时候还有借钱不还之类的(情况)"。他们还经常一起周末玩桌球,"一般都是周末的时候去玩,每周基本会去一次"。

这种日常休闲、陪伴的朋友关系并没有为 CD02 带来满足,他希望自己能够结识更多朋友,他认为"(我)交友不广泛嘛,(主要是在)学校、班上的朋友多,但在外面没什么朋友"。与大部分同龄人相比,CD02 所拥有的朋友数量并不算少,但他仍然认为"不广泛",可能是出于他对更为亲密的朋友关系的需要,并非需要数量的"泛",而是期待精神层面的

"深"。

从他描述的他的朋友圈的活动情况来看,现实的人际交往为他提供的仅是一种度过闲暇时光的方式,这样的社交网络本身很难提供 CD02 想要的归属感。此外,在这个圈子中,CD02 并不是主导人物,这对他在自己所属群体中的积极性和活跃度产生了一定影响。

对 CD02 而言,父亲在日常生活中的角色的缺失,并不能靠母亲这一单一角色进行填补。处在成长期的青少年,父亲的角色提供了一种角色规范及性别引导,这是青少年社会化中极为重要的一点。然而,CD02 的父亲平常并不在家,负责照顾 CD02 的是他的母亲,而母亲这一角色对 CD02 而言,缺乏一定的权威性。CD02 在家庭交往和同辈交往中都面对一定困难,他本身兴趣爱好并不广泛,学习成绩中等,同时面临着中考的压力,他需要来自外界更多的交流和支持。

网络游戏区别于单机游戏的本质特征在于提供了玩家之间的互动空间,CD02 在网络游戏中很快满足了自己的需求:"网络上还是有游戏朋友,游戏朋友说话也比较随意,都没有见过对方,反正在网上,但交情比较深嘛。"

(二)情感支持互动

案例二:BJ07 是一名初二男生,他看起来很腼腆,并且在焦点小组访谈中也不会主动表达观点,但只要一个话题打开了局面,他也会主动跟进。BJ07 的学习成绩在中上和中等之间浮动,他的父母将游戏使用作为对他学习表现的激励方式,当他成绩较好时,可以在游戏使用上享有更大的自主权,用他的话来说就是:"按名次说话。"但 BJ07 并不担心游戏会影响自己的学习成绩,"我们学习特别好的同学都玩游戏,除了一些'奇葩'成天学习,不爱玩"。他用自己所处群体中玩游戏的好学生作为参照,以此佐证自己玩游戏的合理性。

BJ07 本身的兴趣相对广泛:"平常喜欢打网络游戏,看看玄幻小说,看了 20 多本了,一般拿手机看,基本上每天放学都打(篮球)。"从 BJ07 的爱好来看,至少打篮球是需要与同伴一起进行的活动。但是在游戏使用过程中,BJ07 很少提到自己日常生活中的朋友。比如从游戏接触来看,其他受访者会提到自己的同学、朋友等日常接触最广泛的人群,而 BJ07 新游戏的接触方式是大众媒介,如电视:"从电视上,电视上有那种专门游戏的台,机顶盒的 167、223、162",或其他媒介,如杂志:"我不知道,因为我没有买过,我见过,同学买,有时候翻过来看看,游戏杂志有好多种类。"

此外,BJ07对游戏的第一联想是"(游戏)需要上网,(尤其是和)好多人玩的大型游戏,既可以和陌生人一起玩,又可以和朋友一起玩"。而其他大部分受访者对游戏的第一联想是"(游戏是)电脑上玩的,跟朋友一起(玩的)"。相比较而言,在BJ07对游戏的联想中,"陌生人"占据特殊地位,而这种区别正是因BJ07与他人日常人际交往习惯不同而产生的。在不同的交往情境下,BJ07对游戏的选择,以及在游戏的互动方面,都与自己所属的群体产生了微妙的差异。

具体到游戏使用的互动过程,BJ07说:"我大部分时间打XX(游戏名),(这款游戏)既可以打单机,(一个人玩得)没有意思了,也可以在网上找一些不认识的人一起玩,挺有乐趣的。"BJ07的乐趣在于"初中那会儿玩游戏,是跟各种玩家一块儿玩,一直在练,游戏水平得到提升,直到现在分也不高也不低"。BJ07所说的各种玩家包括"周末在兴趣班学FLASH的时候,(班里)好多都是高中生,当时我年龄最小,看他们玩DATA,就跟着学"。这一经历影响了后来BJ07对游戏的使用,无论是在对游戏类型还是游戏伙伴的选择上都受到一定影响。在接触到这群高中生之前,BJ07曾玩另一款游戏:"六年级开始玩,玩了一阵就不想玩了,觉得没劲。"但这群高中生的出现将BJ07带入新的游戏世界,而这款游戏,他玩了四年之久。

BJ07与这群高中生玩家在日常生活中没有实际交往的机会,网络游戏为他们的互动提供了一个超脱日常的情境。这些玩家对他而言扮演了超前的引路者角色,他们灌输给BJ07超出他年龄段的游戏品位,在游戏中带着他练习。这些玩家的出现以及这种引导式的游戏互动使得BJ07与他日常生活中的交往群体并没有形成一种有效的关联与互动。与被动地陷入人际交往困境不同,BJ07更多地是进行了一种自我选择,他在游戏使用交往初期遇见的高中生群体奠定了他对游戏伙伴的角色认知与期待。当这些人在他生活中缺席的时候,他也很难再和自己的同学形成游戏互动,因为在他看来,他周围同学玩的游戏和他并不在一个层面,"那些游戏太幼稚了"。

BJ07与高中生群体的游戏互动不仅限于游戏中的引导与指点,还有物质上的帮助与扶持。与其他青少年受访者不同的是,BJ07声称在这个游戏中"一分钱也不花"。不在游戏中花费的原因,用BJ07的话解释是:"这个游戏当你无敌的时候,还会出来更厉害的(角色),你就得充钱,装一些东西才可以(继续升级),感觉遥遥无期,没有期盼。而且还特别幼稚,无聊。"乍听此话可能会得出 BJ07 是非常理性的游戏使用者的印象,但是在后面的对话中,我们发现 BJ07 并不是不花费,而是"有些人可以帮我刷一些"。

与其他受访者明显的不同还在于,BJ07 对自己在游戏世界中建立的游戏交往圈进行了情感上的拓展。CD02 对虚拟世界中认识的游戏伙伴也存在亲密感,但是这种亲密感更多地还是以游戏使用为依托,没有影响到他的现实交往,这种互动催生的交情是排在因游戏而产生的归属感之后的。但 BJ07 则不同,他在游戏使用中的基本习惯之一就是找到虚拟世界中的陌生玩家并与他们形成互动交流,而交流又以内心情感、情绪为主要内容。BJ07 在游戏互动中满足情感需求的行动更多,他跟虚拟空间中的玩伴"有时候聊游戏,有时候聊心情什么的,想什么聊什么"。除了在游戏中的交流外,BJ07 更进一步对自己与虚拟玩伴之间的互动进行了拓展,他们交换电话这一更为私密的联系方式,并且付诸实践——"我们也有打过电话"。

BJ07 对于自己玩游戏的原因给出的解释是:"放松一下,现在课业压力特别大,所以放松一下。""压力"太大或许也是对虚拟空间的情感支持有需求的原因之一。因为就 BJ07 所处的日常背景来看,他在现实生活中的人际交往并不匮乏,来自家庭的支持也较其他受访者更多。与其他同龄人家长相比,BJ07 的家长对游戏的态度是非常开明的,游戏并不受到成见的影响,也并非禁止之物,他们还会和 BJ07 主动谈论关于游戏的话题,"散步的时候跟家长聊天会聊这个"。不仅如此,BJ07 的父母还会与他一起玩,"我们三个人打电脑,对打"。而除了家长的开明态度,BJ07 在学校的副科老师对游戏也持开放态度,"老师出去玩的时候,也跟我们一块儿玩,德育处的老师。出去玩的时候老师跟我们打三国杀什么的"。

成绩处于中等水平、不太稳定,而又面临着升学压力的 BJ07,既不像"好学生"一样对自己的成绩充满信心,又不像部分成绩欠佳的学生对自己的成绩持完全放任的态度,他对成绩还是非常在意的,且父母对他的成长期待也包含了学习成绩。尽管父母也跟他玩游戏,并将游戏作为日常亲子交流的一部分,但是从他们把玩游戏视为成绩提高的奖励这件事来看,他们对 BJ07 的成绩表现还是非常在意的,BJ07 自己的描述也证实了这一点:"最终到底还是怕影响功课。"

在这种学习压力之下,BJ07 把网络游戏当作一种排解方式。而他在早期跟随高中生群体一起玩游戏的这段经历,对他日后的游戏交往产生了非常重要的影响。在本次访谈中,我们也发现初中阶段的男生通过网络游戏及其他聊天工具进行交友的行为相对其他学龄阶段的青少年更多。

在众多关于网络游戏的研究中,以青少年日常生活情境与人际交往为起点进行的考察非常有限。我们通过对质性资料的进一步梳理,发现青少年群体的游戏使用确实与他们自身的日常生活情境(亲子关系、学业表现、人际交往状况等)有密切的关联,网络游戏正是以其自身符合青少年日常人际交往需要的特征进入他们的日常休闲娱乐,并以一种仪式性的、互动性的方式对青少年的日常生活产生影响。网络游戏并不是与青少年的现实交往状况完全脱离的,而是青少年根据自己的日常交际需要选择的一种娱乐方式。本研究更愿意在这种背景下探讨伴随游戏使用而产生的社会化过程,因为只有这样才能尽可能地从"局内人"的视角出发去理解他们的行为和需求,而不仅是作为一个评判者。

在以学业表现为分类维度进行的游戏与青少年自身情境和需要的阐释的结尾,本研究必须回应那个家长和教师最担心的问题:"游戏使用是否会影响孩子们的学习成绩?"在校成绩是衡量学生在学校这一社会化场所的表现的重要指标,如前所述,游戏行为会影响青少年的学习成绩,但游戏使用与学习成绩之间未必存在线性的因果关系,相反,通过对质性资料的梳理可以看出,青少年本身的学习状况在很大程度上影响他的游戏使用行为,而游戏使用行为又反过来会对其学习情况产生影响。

尽管如此,本研究依然会对游戏涉入程度与学习成绩之间的关系进行探索,同时,将社会变迁纳入考虑,用"城市线级"作为中介变量控制城乡教育二元化的情况。

回归结果表明,游戏涉入程度较高的学生的学业表现相对欠佳,且随着城市线级的提高(教育、经济水平的下降),游戏涉入行为对学习成绩的影响逐渐加大。

这表明,在仅考虑城市线级这一个变量的情况下,青少年的网络游戏行为会对其在校成绩产生负面影响,同时,教育、经济水平越落后的地区,青少年一旦沉迷网游,其在校成绩会受到更大的负面影响。这可能是由于在教育、经济水平较为发达的地区,学生除了课堂学习外,还有课外补习班、辅导书等多种知识习得渠道,然而在教育、经济水平较为落后的地区,学生的课堂学习一旦被耽误,其学习知识的进度将会被明显拖后,造成成绩显著下降。

第四节 游戏、学校表现与青少年社会规范习得

根据认知主义社会化理论,青少年在现实生活中的具体表现能够反映其社会化进程。符合社会化场所规范的行为被称为亲社会行为,反之则被称为反社会行为。我们通过收集青少年对其周围的游戏玩家在学校的表现的评估,来考察青少年网络游戏使用者对社会规范的习得情况。值得注意的是,为了获得更加真实、客观的回答,量表采用第三人称提问法,即询问被访者班级中的游戏玩家与其他不玩游戏的同学分别的表现情况。经因子分析,学校表现因子负载了四个条目,分别是迟到次数更少、座位更整洁、学习成绩更好和打架次数更少(见表9-1)。

表 9-1 游戏影响因子分析结果

	学校表现	智力水平	社交能力
玩游戏的同学/朋友比不玩游戏的同学/朋友迟到次数更少	0.758		
玩游戏的同学/朋友比不玩游戏的同学/朋友座位更整洁	0.709		
玩游戏的同学/朋友比不玩游戏的同学/朋友学习成绩更好	0.670		
玩游戏的同学/朋友比不玩游戏的同学/朋友打架次数更少	0.594		
玩游戏的同学/朋友比不玩游戏的同学/朋友逻辑思维能力更好		0.824	
玩游戏的同学/朋友比不玩游戏的同学/朋友反应速度更快		0.791	
玩游戏的同学/朋友比不玩游戏的同学/朋友做事情规划性更好		0.717	
玩游戏的同学/朋友比不玩游戏的同学/朋友朋友数量更多			0.782
玩游戏的同学/朋友比不玩游戏的同学/朋友爱好更广泛			0.761
玩游戏的同学/朋友比不玩游戏的同学/朋友性格更好			0.497

通过对因子的进一步分析发现,在评价游戏玩家与非玩家在各项具体表现上的差异时,游戏玩家认为,自己的学校表现相比非游戏玩家略差,但差异并不显著。

游戏玩家在评价玩家群体和非玩家群体在各项行为表现上的差异的,很可能会高估自己,出现游戏玩家整体表现更优的结果不足为奇。值得注意的是,虽然他们对于自己所属的玩家群体在智力水平和社交能力上给予了更高的评价,但他们也承认非游戏玩家在学习成绩、迟到和打架情况等学校表现方面更优秀。

青少年游戏玩家对游戏的感情是复杂的:他们一方面认为游戏的影响总体上较为负面,尤其是他们不得不承认自己在学校的表现比不上不玩游戏的同学;但另一方面他们又觉得自己的智力水平和社交能力比非游戏玩家更出色。青少年对游戏所持有的这种模棱两可的态度,从侧面反映了当今社会在对待青少年玩游戏这件事上的尴尬处境。游戏已经成为青少年重要的娱乐活动,但主流社会对于青少年玩游戏仍然持负面态度,青少年从父母、老师处和媒体上获得的更多的是有关游戏危害的各种信息,而这些信息很可能影响他们对游戏的影响的判断(见图9-1)。

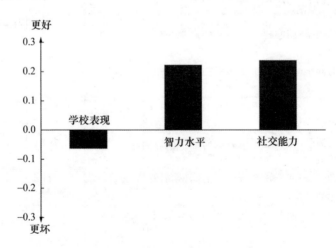

图 9-1　游戏玩家对于玩家与非玩家各项表现的评价

第五节　游戏与青少年校园日常生活的时间安排

游戏对于青少年的影响,也直观地反映在他们的在校日常生活中。在校期间,学生基本上过着课堂听讲、做作业、睡觉的固定生活。而研究发现,青少年中的游戏玩家与非玩家群体在睡眠时间、学习时间等日常行为方面存在较为明显的差异。总的来说,不玩游戏的青少年在日常行为上更接近传统意义上的"好孩子",他们用于上辅导班、做作业的时间更长,睡眠时间也比游戏玩家更充足,娱乐时间则较短。相比之下,青少年中的游戏玩家则学得少、睡得少、玩得多。

这一结论表明,青少年的游戏时间花费确实在一定程度上与学习、睡眠时间形成了替代和竞争关系,游戏挤占了原本用于学习和睡眠的时间。但同时可以看到的是,游戏玩家并不是人们印象中的"宅男宅女",他们在平时和寒暑假中的户外运动时间均多于非游戏玩家(见图9-2)。

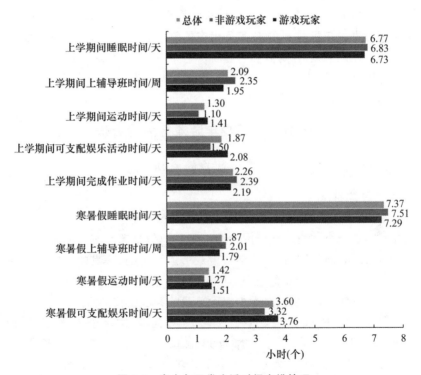

图 9-2 青少年日常生活时间安排情况

第十章 家庭、学校管理与青少年游戏使用的互动过程

尽管青少年在游戏使用中的社会化过程与自己的学业情况最为紧密相关,但也会受到陪伴他们成长或对他们的成长寄予厚望的其他重要社会角色的影响,如家庭与学校。本章将从家庭与学校的角度出发,研究其对青少年玩游戏的态度及相应的管束行为。同时,也将全面考察在游戏使用过程中他们和青少年产生的互动。本章将通过结构性的、可量化的数据来进行分析,同时为青少年工作者提供实际的、可操作的对策与建议。

第一节 对青少年游戏行为的看法

(一)家长对青少年游戏行为的看法

1. 总体看法

家长对游戏的看法的形成一方面来自孩子对游戏的使用情况,另一方面则来自媒体、社会、周围的朋友等其他信息源对游戏的态度。在这些信息的共同作用下,家长会对游戏形成稳定的、一贯的看法。这种看法既包括对游戏本身的态度,也包括对青少年不同游戏行为模式的态度。但总体而言,家长对青少年玩游戏的看法比较负面。

在玩电子游戏方面,近三成家长认为其对孩子有负面影响(28.0%),而认为电子游戏严重影响孩子健康成长的家长占比12.70%,仅不到一成的家长认为电子游戏对孩子有积极影响(9.4%)。但值得注意的是,对于孩子玩电子游戏持中立看法的家长占比最高(47.9%)。可见,如今越来越多的家长正在逐渐转变对游戏的看法(见图10-1)。

相较电子游戏,家长对青少年玩网络游戏的看法更加消极。超过三成的家长认为网络游戏对孩子有负面影响(31.5%),接近两成的家长认为网络游戏严重影响孩子健康成长(17.7%)。而认为网络游戏对

孩子有积极影响的家长占比仅为 7.1%,对网络游戏持中立看法的家长占比为 42.2%。可见,在青少年玩游戏的消极看法方面,网络游戏占比均高于电子游戏,而在积极或中立的看法方面,网络游戏占比低于电子游戏(见图 10-2)。

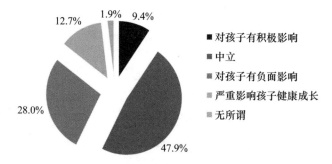

图 10-1　家长对青少年玩电子游戏的总体看法

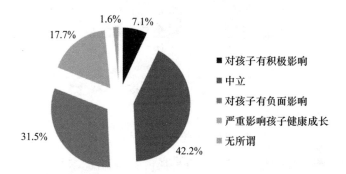

图 10-2　家长对青少年玩网络游戏的总体看法

2. 细分家长群体的态度差异

具有不同群体特征的家长对游戏的看法存在一定差异。总体来看,对游戏持正面看法的家长往往具有以下特征:年轻、高学历、高收入、居住城市发展水平高、自身为独生子女、自己有过网游经历。

(1)"三高"家长对游戏的看法更加正面。不同背景的家长对青少年玩电子游戏、网络游戏的看法有所不同。其中高学历、高收入、居住城市发展水平高的家长对游戏的看法相对更加正面。

从家长的文化程度来看,大体上呈现出文化程度越高的家长对孩子玩游戏的看法越是正面的情况。不管是家长对于青少年玩电子游戏还是玩网络游戏的看法,都呈现出同样的特点(博士及以上文化程度的家长,其样本较少,结果可能有一定偏差)(见图 10-3、10-4)。

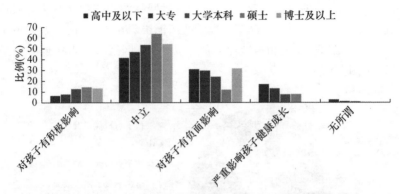

图 10-3　不同文化程度的家长对青少年玩电子游戏的总体看法

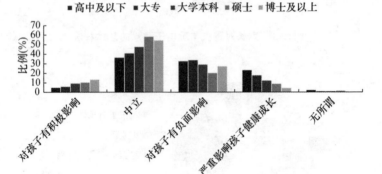

图 10-4　不同文化程度的家长对青少年玩网络游戏的总体看法

在家庭月收入方面,基本上也呈现出收入越高,家长对游戏的评价越正面的特点。收入高的家长认为网络游戏对青少年有积极影响和持中立态度的比例更高,认为网络游戏对青少年有负面影响的比例相对更低,其对于游戏的看法整体上更加正面(见图 10-5)。

来自不同线级城市的家长对青少年玩电子游戏的看法有显著差异。来自一、二、三线城市的家长对于游戏的看法相对更加正面,来自四、五线城市的家长对游戏的总体看法更加负面。在对青少年玩电子游戏的看法方面,一线城市家长中有 13.7% 认为游戏对孩子有积极影响,有 65.0% 持中立态度,而五线城市家长中这两个看法的数据分别为7.8% 和 40.7%,远低于一线城市持正面看法的家长比例(见图 10-6)。

在对青少年玩网络游戏的看法上也呈现出同样的特点。四、五线城市家长中各有 22.9% 和 23.5% 认为游戏严重影响孩子的健康成长;而一线城市和二线城市中仅有 5.9% 和 6.2% 认同这一观点。城市越

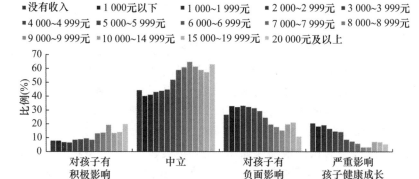

图 10-5　家庭月收入不同的家长对青少年玩网络游戏的总体看法
注：本调查中无持"无所谓"看法的家长，因此未体现在柱状图中。

是发达，家长对游戏的看法越是正面，并且无论电子游戏还是网络游戏都是如此（见图 10-7）。

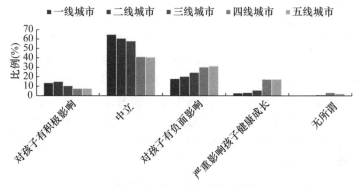

图 10-6　不同线级城市的家长对青少年玩电子游戏的总体看法

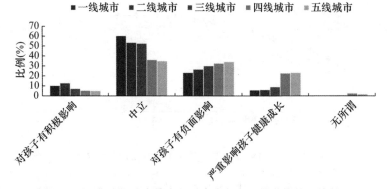

图 10-7　不同线级城市的家长对青少年玩网络游戏的总体看法

总体而言,大城市、学历高、收入高的家长对游戏的看法相对而言更加正面。他们有更多机会去接触社会中更前沿的事物,因此对新事物也有着更为包容的态度。这部分人群对于游戏的看法正朝着积极的方向转变可能预示着未来整个社会对游戏态度的转变趋势。

(2)年轻家长、独生子女家长对游戏的看法更加正面。不同年龄的家长对于青少年玩游戏的看法有所不同。总体而言,越年轻的家长对青少年玩游戏的看法越正面。而随着年龄的增加,家长对青少年玩游戏持负面看法的比例增加。如图10-8,年龄在35~40岁的家长在20世纪70年代后出生,他们出生时正是电脑和网络开始普及的时候,他们的成长伴随着互联网的兴起,因此他们对电脑和电脑游戏的了解更多,其看法也更加正面,同时相对年轻的他们对于新事物也有着更加开放的态度。相较于这些对游戏了解更多的年轻家长,较为年长的家长缺乏亲身体验游戏的经历,对游戏的了解更多来源于游戏沉迷的极端案例,因此更容易对孩子玩游戏产生消极的态度。

此外,年轻家长对于网络游戏的看法较之对电子游戏的看法总体上更加负面,但较为年长的家长对于网络游戏的看法较之对电子游戏的看法总体上更加正面。这说明与其他游戏形式相比,较为年长的家长更倾向于认为孩子玩网络游戏的负面影响更小。

同时,不管是对于青少年玩电子游戏的态度还是对于青少年玩网络游戏的态度,都在45岁左右出现了拐点。实际上,较为年长的家长形成对游戏的相对正面的态度更有可能是因为其对子女更加宽容(见图10-8)。

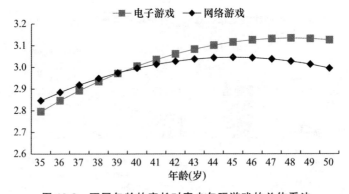

图10-8 不同年龄的家长对青少年玩游戏的总体看法

注:图中纵轴数值代表家长对青少年玩游戏的看法。1代表认为游戏对孩子有积极影响,2代表中立,3代表认为游戏对孩子有负面影响。值越小代表看法越趋于正面,反之相反。

对比自身是否独生子女的家长,独生子女家长对青少年玩电子游戏和玩网络游戏的看法都更加正面。导致这种情况的原因可能与较为年长的家长出现积极态度的原因相同:身为独生子女的家长在自己的成长过程中受到父母更多的关爱,因而在教育他们自己的子女时也相对更加宽容。这种宽容表现在他们对待子女玩游戏的态度上(见图10-9、10-10)。

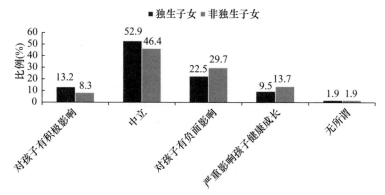

图 10-9 独生/非独生子女家长对青少年玩电子游戏的总体看法

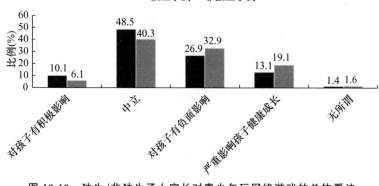

图 10-10 独生/非独生子女家长对青少年玩网络游戏的总体看法

(3)家长自身的网络游戏经历对孩子玩游戏态度的影响。自身互联网和游戏使用行为不同的家长,对孩子玩游戏的态度也有所不同。其中,玩游戏和不玩游戏的家长在这一问题上的态度有显著差异。有 12.2% 的玩游戏的家长认为玩网络游戏对孩子有积极影响,而不玩游戏的家长在积极态度上占比仅 5.8%,不足玩游戏家长的一半。在中立态度上二者的差距更为明显,玩游戏的家长中这一比例高达 54.9%,而在不玩游戏的家长中占比只有 37.5%。与积极态度和中立态度情况相反的是,不玩游戏的家长认为玩游戏对孩子有负面影响的占比最高(33.7%),而玩游戏的家长在这一态度上占比最低(23.9%)。超过两成的不玩游戏的家长认为游戏严重影响孩子的健康成长(20.7%),而玩游戏的家长在此观点上占比不到一成(7.6%)。这说明自身玩游戏的家长对孩子也玩游戏有着更为积极、正面的态度,而不玩游戏的家长在此问题上则相对消极(见图10-11)。

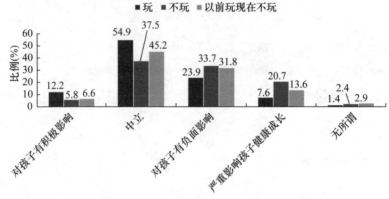

图 10-11 家长对青少年玩网络游戏的总体看法

此外,随着家长上网年限或玩网游年限的增加,其对游戏的看法也逐渐转向中立(见图10-12)。

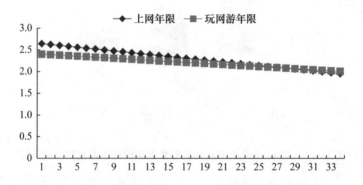

图 10-12 不同上网年限和玩网游年限的家长对游戏的总体态度

注:纵轴数值代表家长对青少年玩游戏的看法。1代表认为游戏对孩子有积极影响,2代表中立,3代表认为游戏对孩子有负面影响。值越小代表看法越趋于正面,反之相反。

3. 家长视角下游戏的具体影响

无论对青少年玩游戏的总体看法如何,家长们普遍认为玩游戏能为青少年带来以下正面影响:锻炼反应能力(62.8%)、缓解学习压力(60.9%)、开发智力(54.1%)(见图10-13、10-14)。

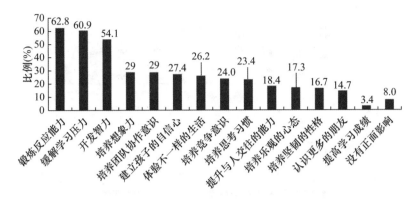

图10-13　家长眼中的游戏对青少年的正面影响

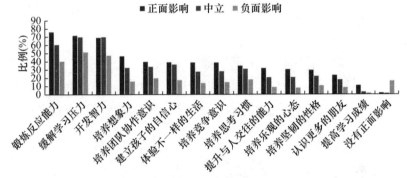

图10-14　总体看法不同的家长眼中的游戏对青少年的正面影响

游戏行为对青少年的影响是极其复杂的,绝不能简单地进行非黑即白的评判。从家长对游戏的感受中也可以看出,总体上认为游戏会带来负面影响的家长也难以否认游戏的可取之处,总体上认为游戏会带来正面影响的家长也能正视游戏可能产生的消极影响。

在游戏可能给孩子带来的消极影响中,总体上认为游戏会带来负面影响的家长最担心游戏会影响孩子学习,其次担心影响孩子的身体健康、养成不好的作息习惯,以及浪费时间。而总体上对游戏持正面或中立态度的家长最为担心的是游戏会让孩子形成暴力倾向以及接触到色情等不良信息(见图10-15、10-16)。

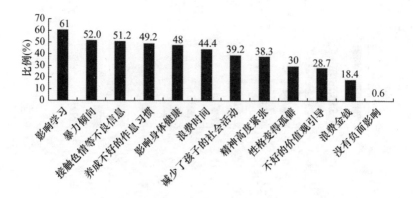

图 10-15 家长眼中的游戏对青少年的负面影响

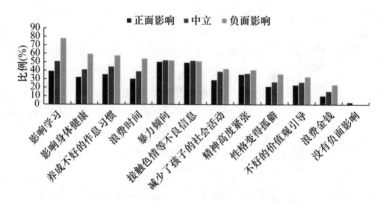

图 10-16 总体看法不同的家长眼中的游戏对青少年的负面影响

综合考虑游戏可能发挥的负面作用对家长总体看法的影响,我们可以构建以下象限图(见图 10-17)。如图所示,影响学习、影响身体健康、浪费时间、养成不好的作息习惯,这是家长最为担心的四个负面因素,它们对家长是否支持孩子玩游戏的总体看法影响力最强,因而这四项因素最需要引起研究者和游戏设计者的关注。而暴力倾向、接触色情等不良信息虽然影响力较小,但认为这两项是游戏负面因素的家长占比非常高,它们也成为游戏最主要的负面标签。

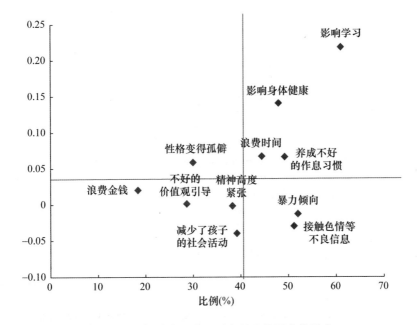

图 10-17 游戏负面作用对家长总体看法的影响

注：横轴代表认同该项影响为游戏负面影响的家长的比例；纵轴代表该项影响对家长总体看法的影响程度。

（二）教师群体对青少年游戏行为的看法

教师作为青少年日常学习生活中的重要角色，其对青少年玩游戏的看法在一定程度上代表了学校这一社会化场所对青少年游戏行为的看法。从调查结果来看，老师既能正视游戏对青少年可能产生的积极影响，也不否认游戏可能给青少年带来的消极作用，整体看法较为理性，但对于青少年玩游戏的行为主要持不鼓励的态度。

10.4%的教师认为网络游戏对青少年的发展没有任何好处，近九成的教师认为游戏对青少年有一定的正面影响。其中"缓解学习压力""锻炼反应能力"和"开发智力"的认可度最高。也就是说，教师群体认为网络游戏既是一种辅助学习的娱乐方式，也是一种开发大脑、培养更好学习能力的方式和途径（见图10-18）。

很少有教师认为游戏对青少年没有负面影响。从比例上看，教师认为网络游戏的负面影响最主要的方面有"暴力倾向""接触色情等不良信息"和"影响学习"等，但值得注意的是，排在前两位的影响主要针对某些游戏可能存在的问题,并不是所有网络游戏都会存在的问题(见图 10-19)。

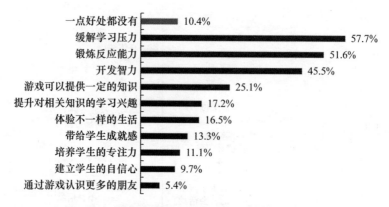

图 10-18 教师群体眼中的游戏对青少年的积极影响

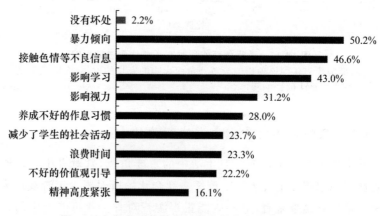

图 10-19 教师群体眼中的游戏对青少年的负面影响

整体而言,大部分教师还是认为网络游戏对学生的负面影响比较大,这一比例占到 50.5%,甚至 13.3% 的教师认为网络游戏会严重影响学生的健康成长。但仍有 26.1% 的教师认为青少年玩网络游戏会产生正面影响,其中,5.7% 的教师甚至认为对学生的正面影响很大(见图 10-20)。

从教师群体对青少年玩游戏和成年人玩游戏的态度的对比,我们也可以发现,坚决反对或特别支持的人都只是少数。对于青少年,一半的教师认为负面影响大,而对于成年人,则只有 11.5% 的教师持这样的看法,更多的教师对成年人玩游戏没什么感觉。这可能是因为青少年

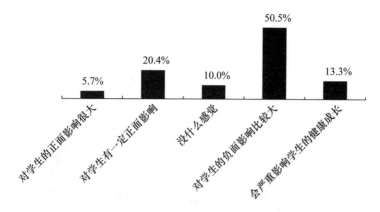

图 10-20 教师群体对青少年玩网络游戏的总体看法

还处于世界观、人生观、价值观的形成时期,其学习习惯、行为规范、自制力等也在慢慢地形成,此时玩游戏对于青少年来说更多地是满足好奇心,而各类游戏题材对孩子价值观的引导又具有很大的不确定性,到底是他们在玩游戏,还是反被游戏绑架,都存在疑问。而对各方面都较为成熟的成年人来说,他们对世界的认知较为全面,其日常重心是工作和照顾家庭,游戏对他们而言更多地是一种休闲娱乐方式(见图10-21)。

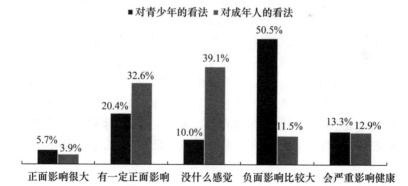

图 10-21 教师群体对青少年与成年人玩网络游戏的总体看法

尽管有不少教师认可游戏的正面影响,但在表态的时候,他们还是展现了"为师必严"的原则。上文已经提及,教师群体中认为游戏有负面影响的比例是63.8%,没感觉的占比10%,认为有正面影响的比例为26.1%。但当被问到是否支持青少年玩游戏时,反对青少年玩游戏的教师比例微升到69.6%,表示无所谓的升到16.8%,而公开表示支持的比例仅为13.6%。也就是说,教师群体认可网络游戏对青少年有正面影响,但总体上并不支持(见图10-22)。

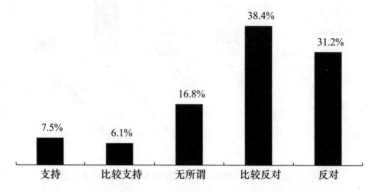

图10-22 教师群体对青少年玩游戏的总体态度

教师群体的这种态度很有可能是受到来自学校系统及家长群体的影响,对于青少年的培养并不是教师或家长单方面的责任,而是一个协同的过程。上文我们已经看到,对于青少年的游戏行为家长的态度是整体反对的,在协同培养的模式下,教师自然不能与家长的态度反差过大。

此外,外界对教师工作表现的评判似乎与学生的成绩息息相关,纵使网络游戏有一定的正面影响,但面对复杂的网络游戏环境,教师该如何规范、如何引导? 这在一定程度上超出了教师的管理范围,在"以升学率说话"的社会环境和学校氛围中,对学生玩游戏的行为持反对态度是更为稳妥的。但在我们的定性调查中,也发现相对年轻的教师会利用课余时间和学生讨论一些与游戏相关的内容。但需要注意的是,这种情况只出现在个别访谈中,而且就访谈对象提到的这类教师而言,他们都担任"副科"教学任务,如体育等。整体而言,教师群体在对青少年玩游戏这件事的态度上偏向不支持甚至是反对,这与学生群体的感受也是一致的。

第二节 对青少年游戏行为的管束

(一)家长对青少年游戏行为的管束

管束行为是家长基于对自己孩子游戏活动了解的基础上,对孩子玩游戏进行干预和控制的行为。管束行为既包括直接对游戏设备和游戏时间进行硬性限制,也包括间接地管理孩子的交际圈和零花钱等。

1. 管束方式概览

家长对于青少年玩网络游戏的态度相较于玩单机游戏更加负面，这主要表现在对二者不同的管束行为上。如图10-23所示，对子女玩单机游戏基本不管的家长比例远高于对子女玩网络游戏基本不管的家长比例。这进一步说明，在家长看来，单机游戏的负面影响要小于网络游戏的负面影响。

"控制游戏设备""控制网络连接"和"玩游戏时在旁监督"是家长针对子女玩单机游戏的主要管束方式。在网络游戏的管束方面，除上述同单机游戏相同的管束行为外，家长最倾向于通过限制孩子的人际交往来管理子女的网络游戏使用行为。显然，在家长看来，网络游戏受到人际关系的影响很大（见图10-23）。

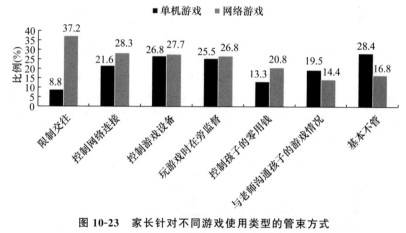

图 10-23　家长针对不同游戏使用类型的管束方式

青少年在自己家里玩网络游戏和在网吧里玩网络游戏是较为典型的两种情景。针对在自己家玩网络游戏的青少年，家长的管束方式主要是"限制交往""控制游戏设备""控制网络连接"和"玩游戏时在旁监督"；针对在网吧玩网络游戏的青少年，家长一方面限制孩子的人际交往，另一方面则侧重于"控制孩子的零用钱"。家长的不同管束方式对青少年的游戏行为有着不同的影响，这是下一部分将要探讨的问题（见图10-24）。

在游戏使用方面，针对处于不同学龄阶段的子女，家长有着不同的管束方式。如图10-25所示，总体而言，家长对念初中的子女的管束最为严格，选择对孩子的游戏行为"基本不管"的家长比例最低。结合我们在引入过程视角时所提到的，从生命周期角度对青少年网络游戏涉

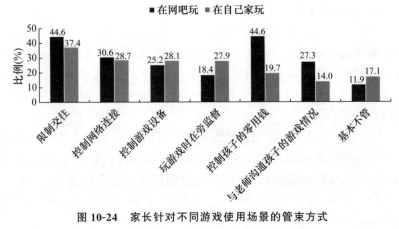

图 10-24 家长针对不同游戏使用场景的管束方式

入及沉迷程度进行分析可以看出,小学高年级是游戏接触的高发期,而初中阶段是青少年游戏涉入程度较高、比较容易出现游戏沉迷的阶段。家长群体也意识到了这一点,其管束也比较严格。

同时,初中生的家长更倾向于使用直接的管束方式,譬如控制游戏设备、控制网络连接,以及玩游戏时在旁监督等。而小学和高中孩子的家长倾向于使用相对间接的管束方式,例如限制交往、控制孩子的零用钱,以及与老师沟通孩子的游戏情况等。

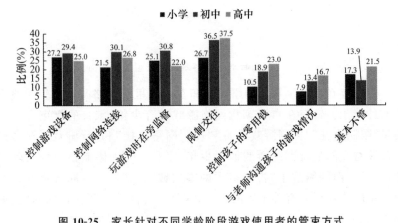

图 10-25 家长针对不同学龄阶段游戏使用者的管束方式

2. 游戏时间管理

从调查来看,绝大多数家长对青少年的游戏行为持中立态度,但同时也会采用不尽相同的管束手段对子女的游戏行为进行管理。在游戏时间上进行限制是家长约束青少年游戏行为的重要手段。从家长允许的游戏时间来看,绝大多数家长允许孩子在假期玩游戏,超过半数的家长允许孩子在周六、日玩游戏,超过四成的家长仅允许孩子在长假期玩游戏。选择对孩子玩游戏的时间没有限制的家长占总体比例不足10%(见图10-26)。

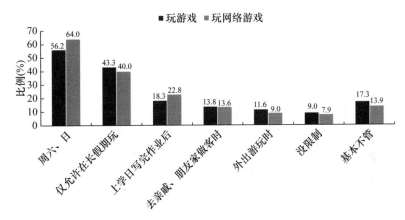

图10-26　家长允许的玩游戏时间

从单次游戏时长上来看,大多数家长允许孩子玩游戏的时长是每次2小时以内。这与下述家长认为的玩游戏1~2小时算是合理的这一看法基本一致。总体来看,大多数家长允许子女在周六、日或者假期玩游戏,单次的游戏时长通常在2小时以内(见图10-27)。

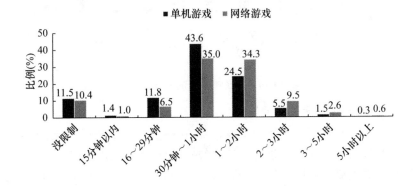

图10-27　家长允许的单次游戏时长

在家长所认可的合理的游戏时长方面,大多数家长同意平均一天玩半小时到1小时游戏是合理的。关于平均一天玩多久游戏算是沉迷,家长们的看法则很难统一。比较多的家长认为平均一天的游戏时长超过 2 小时(24.9%)或超过 3 小时(20.3%)即为沉迷,但也有 12.7%的家长认为平均一天玩 4 小时以上才算是沉迷(见图 10-28、10-29)。

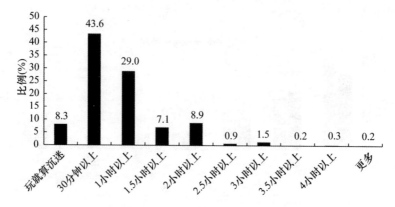

图 10-28　家长眼中的合理游戏时长

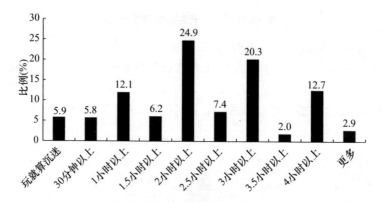

图 10-29　家长眼中的沉迷游戏时长

3. 家长对游戏设备的管理

电脑是青少年最主要的游戏设备,在孩子的电脑使用上,超过四成的家长倾向于在时间上进行管理,严格规定孩子的使用时间,到时间提醒孩子关电脑。同时,31.8%的家长把电脑放在家里的公共空间,以防止青少年私自用电脑玩游戏。采用相对间接的管理方式例如"询问孩子用电脑做什么"和"查看电脑浏览痕迹"的家长的比例较低,分别为 23.3%和 9.6%(见图 10-30)。

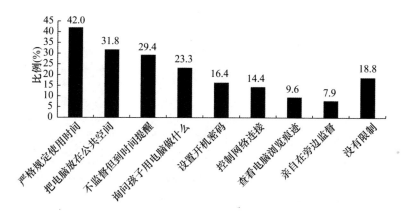

图 10-30　家长对子女电脑使用行为的管理

在手机的管理上,总体而言对青少年的手机使用进行限制(只可在非上学日使用或只可在外出时使用)的家长的比例略多于不对手机使用进行限制的家长。针对处于不同学龄阶段的子女,家长对子女手机使用的限制程度有所不同,大体上呈现出学龄阶段越高,限制越少的特点。只有22.0%的小学生家长表示不会限制子女的手机使用,高中生家长中则有54.1%表示不会限制子女的手机使用。在限制手机使用的家长中,多数家长只允许子女在非上学日使用手机(见图10-31)。

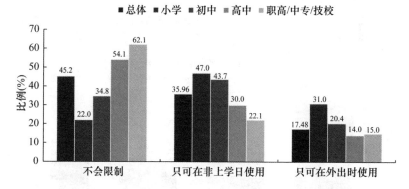

图 10-31　家长对不同学龄阶段子女手机使用行为的管理

在对平板电脑的管理上呈现出与手机使用管理相似的特征。大体上也是青少年所处的学龄阶段越低,家长对青少年的平板电脑使用的管理就越严格。在这里,拥有平板电脑的小学生家长个案较少(仅17个),小学生家长在这一问题上的回答可能不具代表性(见图10-32)。

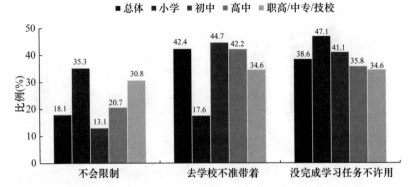

图 10-32　家长对不同学龄阶段子女平板电脑使用行为的管理

4. 游戏下载管理

在青少年的游戏使用中,青少年自身是下载游戏的最主要人群,家长较少进行干预。这一点不管是在电脑、平板电脑还是手机上都是同样的。这说明目前来看,家长们仍然只是把玩电子游戏笼统地看作一种需要管束的行为,而没有尝试在游戏类型或者具体游戏上进行科学的管理。

特别是对于青少年自有比例最高的手机,有 71.2% 的家长表示手机上的游戏由孩子下载,只有 12.3% 的家长自己帮孩子下载游戏。两成左右的家长会对青少年的游戏下载加以了解和限制。在平板电脑的游戏下载上,家长的参与较多,37% 的家长表示平板电脑上的游戏由大人下载(见图 10-33)。

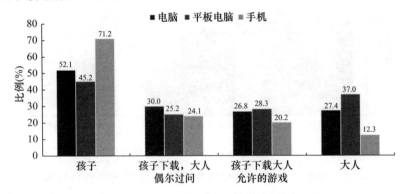

图 10-33　家长了解的不同终端上的游戏下载行为

(二)教师群体对青少年游戏行为的管束

由于青少年学生玩游戏的场景一般不发生在学校中,因此老师对于青少年游戏行为的管束主要持一种规范性的态度,如认为学生在家中何种游戏行为模式是合适的、建议家长应当如何管理等。

1. 教师群体对青少年游戏行为的规范性建议

(1)游戏时间规范。在青少年玩游戏的时间上,教师群体的态度相对宽容,17.5%的老师认为都不行,56.4%的老师认为青少年在寒暑假玩游戏不会影响学习,近一半的老师认为在周末玩也可以(见图10-34)。

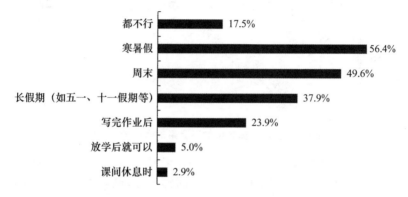

图10-34 教师群体眼中的不会影响学习的游戏时间

(2)游戏地点规范。在青少年玩游戏的地点上,有19.6%的老师认为在哪里玩都不好,其他老师则普遍认可在自己家里玩(73.9%),有超过一成的老师认可在同学或亲友家玩(见图10-35)。

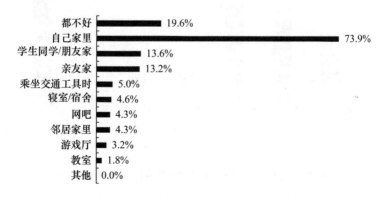

图10-35 教师群体眼中的合理的游戏地点

（3）游戏频率规范。在游戏频率上，老师的态度较为分散，不过仍有15.8%的老师持完全的反对态度，认为最好是不使用。32.3%的老师认为一周玩1次不会影响学习，这是教师群体对游戏频率的主要态度（见图10-36）。

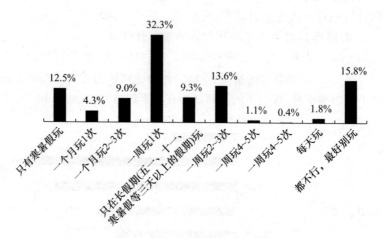

图 10-36　教师群体眼中的不会影响学习的游戏频率

（4）游戏时长规范。对于游戏时长，老师们的标准普遍比较严格。32.3%的老师认为上学期间玩多长时间都不行，最好不要玩。其他老师则认为，青少年在上学期间玩游戏单次不要超过1个小时，最好在半小时以内（见图10-37）。

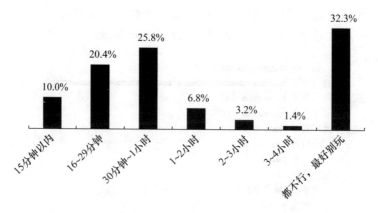

图 10-37　教师群体眼中的上学期间不会影响学习的游戏时长

但如果是在周末和寒暑假玩游戏，老师们则比较宽容，只有13.6%的老师认为在周末最好也不要玩，34.1%的老师认为玩30分钟～1

小时不会影响学习,26.9%的老师认为玩1～2小时也可以。而在寒暑假期间,大多数老师认为玩2个小时以内都是可以的(见图10-38、10-39)。

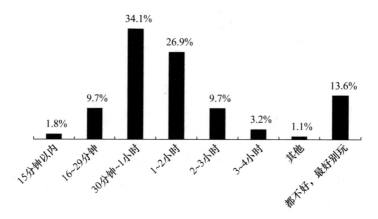

图 10-38 教师群体眼中的周末期间不影响学习的游戏时长

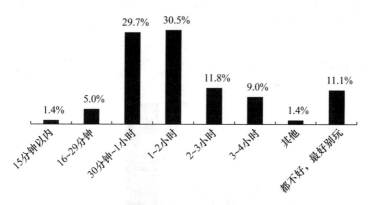

图 10-39 教师群体眼中的长假期间不影响学习的游戏时长

2. 教师对家长管束行为的规范性建议

(1) 适度允许。与老师们自己对游戏的反对立场相比,八成以上的老师希望家长能允许孩子有限度地玩游戏。这也在一定程度上佐证了上文的猜测,即老师们考虑到家长的意见,在青少年玩网络游戏这件事情上采取了更保守的立场(见图10-40)。

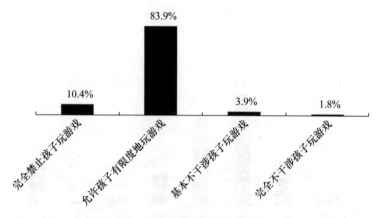

图 10-40 教师群体期待的家长态度

（2）适度监督。在本次调查中，有七成的老师建议家长偶尔查看青少年玩游戏的情况，有两成的老师认为应该深度介入，其他老师则认为不需要监督，要靠孩子的自觉性和自控力。

这一定程度上体现了老师对游戏相对真实的态度：其一，游戏不是洪水猛兽，不会轻易导致青少年沉迷，应当给予青少年游戏行为一定的自由空间；其二，游戏对青少年有一定的负面影响，不能完全放任自流，需要适度地介入和监督（见图 10-41）。

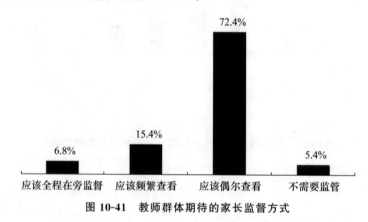

图 10-41 教师群体期待的家长监督方式

（3）适度参与。除了希望家长有限度地允许和适度地监督青少年玩游戏，还有 73.8% 的老师认为家长应该与学生一起玩游戏。这种开明的态度一定程度上反映了网络游戏在青少年世界中被妖魔化的现状，老师们认为适度地参与能够更客观地理解网络游戏对青少年的影响（见图 10-42）。

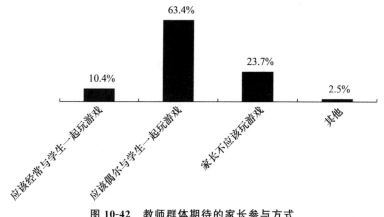

图 10-42　教师群体期待的家长参与方式

在对教师群体的态度进行考察之后,我们希望对游戏使用对师生关系的影响做一个简单考察。因为除了在校成绩外,学生与老师的关系融洽程度也是评价学校社会化成功与否的重要标志。之前有文献认为,游戏沉迷行为会导致学生与老师之间的冲突,从而导致师生关系的不融洽。考虑到日常生活中,学生的在校成绩好坏与老师对学生的态度紧密联系,因此将在校成绩作为控制变量纳入模型。

结果表明,总体来看,出现游戏沉迷行为的学生对师生关系的评价较低,与老师关系较差。但将成绩变量纳入考虑后发现,中等成绩的学生中,沉迷游戏的青少年反而与老师的关系更为融洽,师生关系"非常好"的比例高于不沉迷游戏的青少年(见图 10-43)。

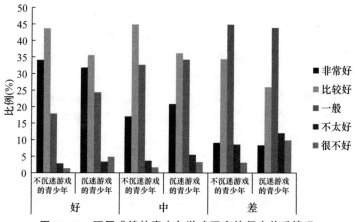

图 10-43　不同成绩的青少年游戏玩家的师生关系情况

第十一章　游戏使用与青少年同辈群体社会化

从青少年、家长以及教师的视角出发，我们结合青少年的自身情境和需求探讨了其游戏行为，尤其是网络游戏介入青少年群体社会化过程的起因、类型及互动过程。家庭、学校两个主要的社会化代理机构详细阐述了它们对青少年的游戏使用行为所秉持的态度，以及由此产生的管理行为。本章对其态度和行为的详细分析意在回溯经由游戏使用产生的，发生在青少年与家长、学校之间的互动、冲突过程，进一步还原网络游戏使用的相关各方采取的行动。

但无论家长、教师的态度如何，我们最终还是要将目光放在青少年与同辈群体上。毕竟，青少年的朋友、同学，甚至那些在游戏中认识的陌生朋友才是他们在游戏中、日常生活中的主要交往对象，是他们赖以生存的"群"。

在定性访谈中我们发现，受访的青少年讲述游戏活动时的用词存在很大差异。那些在游戏玩伴中处于核心地位的青少年往往表现得把游戏视为一种工具理性，会说"放松""和朋友找乐子"等；而在游戏群体中处于小跟班位置的青少年，则在描述玩游戏状态的时候说出"团结""陪伴"等词；还有那些看似不太合群的青少年，在描述玩游戏这一活动时总是说出"无聊""没意思"等词句，并做出"摊手"的姿势。根据这些观察，我们认为游戏行为和游戏动机对于青少年社会化的影响并不是直接的、线性的，而是通过某个中介变量起作用的。

我们发现青少年在同辈群体中的地位对于青少年的社会化模式至关重要，群体中的领导者、追随者、忽视者往往会表现出不一样的社会行为特征。随着虚拟社会化模式的形成，游戏群体成为社会化场景中的重要群体，青少年游戏的玩伴主要是其同学、朋友，以及网络中陌生但处于同一年龄层的线上朋友，在这些群体中的互动地位对青少年的潜移默化的影响不容小觑。因此，我们假设青少年在游戏群体中的地位对同辈群体的社会化会产生重要的影响。

基于这一假设，我们将定量数据中的游戏群体（在线上经常一起玩游戏的玩家)按照青少年对自我群体地位的评价分为游戏圈领导者、游戏圈跟随者和游戏圈忽略者三个组别。游戏圈领导者是游戏朋友圈的意见领袖,在游戏互动中大家一般都听他的。游戏圈跟随者喜欢和游戏圈的朋友相处,在游戏互动中一般跟随大家的主流意见。游戏圈忽略者虽然在游戏中有自己的朋友圈,但绝大多数情况下都是自己一个人玩游戏,和朋友圈的互动较少。

这一群体划分与对同辈群体地位的研究类似,但将同辈群体的概念细化到了游戏圈同辈群体。结合深描式 Logistic 回归模型和定性访谈资料,我们对三类游戏群体地位进行了族群肖像式的深描。

第一节 游戏圈各地位群体族群肖像深描

(一)游戏圈领导者

游戏圈领导者是网络游戏线下约战、游戏内分配角色、领导团战等各个环节的领导者。对于他们来说,玩游戏的过程不仅仅是虚拟游戏内的征战,也是主持团队合作、分配任务、调配资源的过程。根据班杜拉的自我效能感理论,游戏圈领导者由于在游戏群体互动中具有更强的胜任感,因此自我效能感较强,在同辈群体社会化过程中处于优势地位。

从族群特征来看,Logistic 回归结果表明,游戏圈领导者有如下特征:男生,来自富裕的家庭,就读于重点学校的重点班,学业表现优异,家庭关系与师生关系良好。

1. 家庭特征

在对家庭特征的考察中,最重要的变量是家庭收入,这一变量不仅衡量了青少年被访者的家庭所处的社会阶层,同时也衡量了青少年被访者的成长环境。家庭关系也是反映家庭背景特征的重要变量,富裕但成员关系紧张的家庭不一定比经济条件普通但和睦的家庭更有利于孩子的成长。为了控制学校这一除家庭、同辈群体外的第三社会化场所带来的影响,我们纳入了师生关系作为控制变量。同时,由于不同年龄、性别的青少年游戏行为模式存在显著差异,我们在模型中控制了这两个变量。

回归结果表明,当控制了家庭、学校、年龄和性别变量后,游戏圈领导者的比例随家庭收入的增加而升高,且男生在任何收入水平成为游戏圈领导者的比例均高于女生。同时,家庭关系和师生关系变量呈现正相关,即家庭关系和师生关系越好,越有可能成为游戏圈领导者。这一族群特征与大众意识中的网游少年形象存在较大差异,这说明游戏圈群体地位变量在理想类型化游戏族群方面是理想的中介变量(见表11-1、图11-1)。

表11-1 游戏圈领导者家庭月收入的Logistic回归

	系数	标准误差	显著性水平	Exp(B)
家庭关系正序	0.100	0.044	0.022	1.105
师生关系正序	0.196	0.046	0.000	1.216
年龄	−0.008	0.022	0.706	0.992
男生	1.342	0.400	0.001	3.825
家庭月收入的平方根	0.634	0.139	0.000	1.886
家庭月收入的平方根 * 男生	−0.268	0.155	0.084	0.765
常数	−4.765	0.527	0.000	0.009

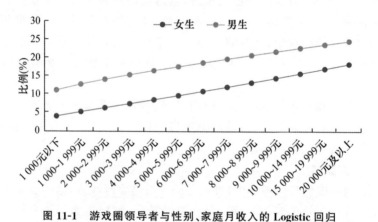

图11-1 游戏圈领导者与性别、家庭月收入的Logistic回归

2. 学校特征

学校作为青少年三大社会化场所之一,在青少年的成长历程中发挥着重要的作用。在学校特征中,我们关注的是学校和班级的类型、师生关系,以及学业表现。

从数据结果来看,游戏圈领导者有更高的比例集中在重点学校的重点班,这一比例在初二达到顶峰,游戏圈领导者占总体游戏人群比例高达27.5%。普通学校普通班的学生无论在哪个年级,游戏圈领导者的比例都一直居于末端。值得注意的是,重点学校重点班学生中游戏圈领导者的比例在高一年级骤降到最低点,随后在高二和高三年级逐步回升。我们认为,中学阶段是男生第二青春期开始的重要时期,许多追寻自我同一性的同辈群体行为均在这一时期发生。

研究发现,在初中时期的重点学校重点班存在这样一些同学:他们由于天资聪颖,不怎么学习也能考高分,游戏的涉入程度较高。而经历了初三升高一的"跌落现象"(从初中年龄最大、体格最强、最有权力的一批学生掉到高中最低位置),高中重点班"强手如林",学习的内容也骤然变难,青少年玩网络游戏的时间减少、动机减弱,游戏圈领导者比例骤然降低为所有班级类型中最低的。而经过高一一年对新环境的适应,学生们逐渐恢复了自我效能感,因此游戏圈领导者比例在高二、高三逐步回升(见图11-2)。

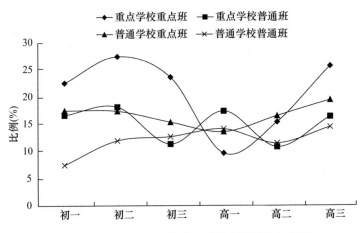

图11-2 不同学校、班级类型的游戏圈领导者比例

反映青少年学校特征的第二个变量是师生关系。相关研究表明,网络游戏的使用总是伴随着较差的师生关系,而在前一部分的回归分析中我们已经发现,游戏圈领导者有着更好的师生关系。

反映学校特征的第三个变量是学业表现,学生在学校的根本任务是学习,学业表现是反映青少年在校状况的重要指标。我们用最近一次学校考试的班级排名来衡量被访学生的学业表现,数值越小说明排名越靠前。研究发现,游戏圈领导者群体的考试排名均值为17.75名,显著高于游戏圈跟随者群体(19.31名)和游戏圈忽略者群体(19.63名),显著性水平小于0.05。这一发现表明,与传统印象不同,一般而言,游戏圈领导者虽然在游戏行为上表现出更高的游戏涉入程度,学业表现却优于其他两个群体。

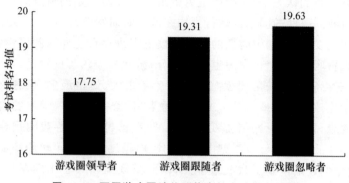

图 11-3 不同游戏圈地位群体在校考试排名情况

3. 生活形态特征

除了家庭特征和学校特征两大族群特征之外,我们还希望描绘不同游戏圈地位群体中个体生活形态的差异。生活形态是指个体对社会时间的分配策略,反映了个体对各种事务的偏好和选择。鉴于网络游戏是青少年的一种休闲娱乐方式,我们主要探寻青少年在休闲娱乐时的生活形态特征的差异。

我们通过对"除了网络游戏,在娱乐活动时间经常做的事情"中的 13 个条目进行因子分析,成功抽取 2 个有效因子(KMO 检验值 0.887,巴特勒特球形检验显著性小于 0.05,累积贡献度 39.35%)。经归类发现,F1 包含 7 个条目,被命名为"设备中介娱乐活动",这一类活动中除了宅在家睡觉之外,全部都是需要电子设备作为中介来完成的娱乐活动,如上网、看电视等。F2 包含 6 个条目,被命名为"脱机娱乐活动",这些活动都不需要电子设备的全程参与,包含社交、运动等外向型活动(见表 11-2)。

表 11-2 休闲娱乐时间的生活形态因子分析结果

	F1 设备中介娱乐活动	F2 脱机娱乐活动
上网	0.710	
看电影	0.655	
睡觉	0.621	
看电视	0.601	
听音乐	0.589	

(续表)

	F1 设备中介娱乐活动	F2 脱机娱乐活动
看动画片或漫画	0.562	
玩单机游戏(无须联网的游戏)	0.477	
参观展览馆、博物馆		0.653
体育运动		0.633
找朋友出去玩		0.551
逛街购物		0.521
阅读图书/杂志		0.475
和朋友聊天		0.455

我们将生活形态因子作为自变量,同时控制年龄、性别、城市线级(不同城市青少年的娱乐活动可能存在结构性差异),对三种游戏圈群体地位分别进行 Logistic 回归分析。结果表明,在设备中介娱乐活动中,游戏圈忽略者＞游戏圈跟随者＞游戏圈领导者;而在脱机娱乐活动中,游戏圈领导者＞游戏圈跟随者＞游戏圈忽略者。游戏圈领导者在除游戏外的娱乐生活形态中,更多地进行脱机娱乐活动,如体育运动、找朋友出去玩等;而游戏圈忽略者则更多进行设备中介娱乐活动,如看漫画、上网等。从生活形态的族群深描可以看出:游戏圈领导者并不是想象中的宅在家、萎靡的网瘾少年形象,相反,他们更多地开展户外体育运动;而游戏圈忽略者在不玩游戏的其他娱乐时间,仍离不开各种电子设备的陪伴,这样的生活形态对其健康、视力、社交等均会产生不利影响(见表11-3)。

总而言之,游戏圈领导者的族群深描分析表明,我们并不能用既往的刻板印象去界定网游少年。玩网游的行为只是一个前置变量,不同的青少年以不同的方式能动地使用网络游戏,其产生的结果和影响是不同的。重点学校重点班、家境富裕、家庭和睦的"好孩子",实际上玩网络游戏的强度并不比那些所谓的"网瘾少年"低,真正对青少年社会化起作用的,也许不是物理性的游戏时长和频率,而是青少年在游戏中的心理状态和群体地位。

(二)游戏圈跟随者

游戏圈跟随者的游戏生活则是另一种状态,他不是游戏圈群体的首领,在游戏中喜欢随大流,却是团队中靠谱的小伙伴,首领交给他的任务,比如《穿越火线》中守在基地埋伏,《英雄联盟》中配合主力一起在

表 11-3 各游戏圈地位群体与生活形态因子的 Logistic 回归

	游戏圈领导者				游戏圈跟随者				游戏圈忽略者			
	系数	Wald	显著性水平	Exp(B)	系数	Wald	显著性水平	Exp(B)	系数	Wald	显著性水平	Exp(B)
年龄	-0.018	0.653	0.419	0.982	-0.076	22.106	0.000	0.927	0.088	28.804	0.000	1.092
男生	0.753	53.773	0.000	2.124	0.194	8.707	0.003	1.214	-0.549	70.104	0.000	0.578
城市线级	-0.052	3.514	0.061	0.949	-0.046	5.117	0.024	0.955	0.076	13.631	0.000	1.079
设备中介娱乐活动	-0.074	3.764	0.052	0.929	-0.065	5.456	0.020	0.938	0.106	14.272	0.000	1.112
脱机娱乐活动	0.164	10.277	0.001	1.179	-0.050	1.828	0.176	1.052	-0.140	13.834	0.000	0.869
常数	-1.891	30.132	0.000	0.151	0.957	14.862	0.000	2.603	-1.590	39.614	0.000	0.204

中路"抓敌人",他都能保质保量地完成。他个人也很享受在团队中发光发热、被认可的感觉。对于跟随者来说,游戏本身好不好玩无所谓,关键是和一群朋友在一起并被接纳的感觉。

在家庭特征和学校特征中,游戏圈跟随者呈现出一种中间状态,他们与老师的关系一般、成绩一般,家庭收入状况和家庭关系也处于样本总体的均值水平。在生活形态上,游戏圈跟随者对于活动类型的选择也不温不火,没有表现出明显的偏好。正如他们对自己的描述,游戏圈跟随者就是这样一群"随大流"的人,他们喜欢玩网络游戏、喜欢跟朋友待在一起,也许这样才会让他们感觉到群体之中的安全感。而对于生活,他们的状态则显得较为中庸。从后文的分析我们也会看出,相比于游戏圈领导者和游戏圈忽略者,网络游戏对于游戏圈跟随者的社会化的影响相对较小。

(三)游戏圈忽略者

游戏圈忽略者是一群孤独的人,尽管他们在游戏中有着自己的朋友圈,但绝大多数情况下都是自己一个人玩游戏。对于他们来说,一帮朋友呼天喊地、嬉笑怒骂并不是他们所需要的,一个人完全沉浸在自己的游戏世界中才更有快感。

回归结果表明,游戏圈忽略者有更高比例来自中小城市,随年龄的增长比例逐渐升高。其中,13~14岁阶段不同线级城市之间的差异最明显,考虑到初二、初三是青少年游戏涉入程度最高的时期,我们认为来自中小城市的青少年更有可能成为游戏圈忽略者(见表11-4)。

表 11-4 游戏圈忽略者年龄、城市线级的 Logistic 回归

	系数	标准误差	Wald	显著性水平	Exp(B)
家庭关系正序	-0.110	0.031	12.945	0.000	0.896
师生关系正序	-0.084	0.033	6.587	0.010	0.919
男生	-0.538	0.065	68.506	0.000	0.584
年龄	-7.230	4.966	2.119	0.145	0.001
年龄倒数的对数	-143.903	97.503	2.178	0.140	0.000
年龄倒数的三次方	35 782.929	24 592.068	2.117	0.146	—.
城市线级	85.384	50.370	2.873	0.090	1.210
城市线级 * 年龄	2.117	1.269	2.781	0.095	8.306
城市线级 * 年龄倒数的对数	42.051	24.940	2.843	0.092	1.830
城市线级 * 年龄倒数的三次方	-10 805.296	6 309.412	2.933	0.087	0.000
常数	-291.238	196.841	2.189	0.139	0.000

中小城市提供给青少年的替代性娱乐方式较少,大城市常见的博物馆、电影院、体育运动设施在中小城市并没有广泛普及。因此,在娱乐生活形态中,游戏圈忽略者表现出更高比例的电子设备中介娱乐行为,他们到哪里都会带着一块屏幕,也许看动画、听音乐,也许上网玩游戏。他们较少在闲暇时光去找朋友,跟朋友聊天,仿佛这种社交生活对于他们没有太大意义。正如一位来自惠州的受访者说的那样,"出去也没事干,就一个人,一个人在街上"。

在学校特征中,游戏圈忽略者也表现出自己的特征。在学业表现上,游戏圈忽略者成绩平平,但至少没有显著低于其他同学。在师生关系方面,游戏圈忽略者很难处理好与老师的关系,他们不仅在同辈群体中没有被接纳,也没有很好地被老师接纳。而对于青少年的成长来说,被家庭以外的群体接纳是从家庭通往社会的重要一步。这一接纳受阻可能会对游戏圈忽略者群体的社会化产生负面影响。

总而言之,游戏圈忽略者在游戏圈群体互动中选择茕茕孑立,一个人置身于游戏的世界,他们是孤独的或是被同辈群体忽视的一群人。我们认为,游戏圈忽略者是一个值得注意的群体。在传统社会化理论中,研究者十分关注在班级中被忽略的学生,因为他们长大之后更有可能产生自我同一性混淆和反社会倾向。而在虚拟社会化发挥着重要作用的今天,我们发现,游戏世界中被忽视的孩子可能也处于一个危险境地。他们在闲暇时光中较少外出、较少与朋友交流,更多地只是靠一块电子屏幕与这个世界连接。同时,他们在学校被老师接纳的程度较低,学业成绩较差。这些因素都可能导致社会化过程中的一些负面结果(见图11-4)。

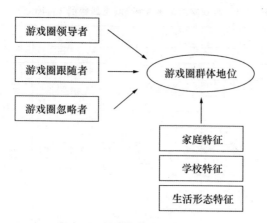

图 11-4 游戏圈群体地位结构图

第二节 游戏圈群体地位对同辈群体社会化的影响

（一）同辈群体社会化的测量指标

根据不同游戏圈群体地位的族群肖像分析，游戏圈领导者、游戏圈跟随者、游戏圈忽略者三种群体不仅在游戏群体互动地位上存在显著差异，而且在家庭特征、学校特征以及生活形态特征上均存在显著差异。我们假设游戏圈群体地位是网络游戏影响同辈群体社会化的中介变量，因此我们需要验证处于不同游戏圈群体地位的青少年在同辈群体社会化的各项指标上是否存在显著差异。结合我们对青少年被访者的了解及既有研究成果，领导能力、社交能力和团队精神可以作为衡量青少年同辈群体社会化的指标。

考虑到领导能力、社交能力、团队精神等概念较为抽象，被访者作为 12～18 岁的青少年可能难以理解，因此在变量的测量上没有采用直接测量，而是使用工具变量来间接考察。领导能力方面，本研究选取担任班级、学校主要学生干部的情况来进行领导力刻画。社交能力方面，相关研究中一般有两种测量方式，一种是基于自我报告的心理学量表对社交能力指标进行打分，另一种则是将朋友数量作为工具变量进行考察。我们认为，对社交能力的考察还要考虑到朋友圈的互动质量，因此我们从数量和质量两个方面来刻画社交能力，数量方面选取班级内外的朋友数量，质量方面考察与朋友一起进行活动的频率。在团队精神方面，我们采取因子分析的方法抽取反映团队合作、互助、互信的因子以及利用、背弃团队的因子来进行刻画。

（二）游戏圈群体地位与领导能力

关于领导能力的探讨自 20 世纪早期开始，到现在已有百余年历史。在早期领导能力的界定中，领导力被看作一种个体人格特质，心理测量专家开发了各种量表来测量不同个体的领导能力。20 世纪五六十年代以来，将领导能力归因于人格特质的观念受到了冲击，学者们逐渐发现领导力是在具有某种特点的情境中发生的，并塑造了领导者的行为方式及其结果。近年来，两种领导力研究传统出现了整合的趋势，学者们开始关注领导者个人特质和外部情境之间的相互作用，以及领导者和追随者之间的关系。实际上，追随者"随大流"现象的存在增加了领导者的权力，影响着领导者的行为，并最终决定着领导关系的结果。

而我们更加关心的是,这种基于游戏圈互动形成的领导力能否迁移到现实生活中的同辈群体中,转化为现实世界的领导能力。如果在游戏中形成的领导力能够迁移到线下,则说明这一同辈群体在互动中形成的游戏模式是有利于青少年社会化的。如果在游戏中形成的自我效能感无法迁移到线下,那么这些人只有在游戏中才能够获得对群体的掌控感和领导力,在学校里并不是领导者。这种挫折将反过来让他们沉溺在游戏虚拟世界的一呼百应的快感里不能自拔,最终对其社会化产生负作用。

对于现实生活中的领导力,我们用担任主要学生干部这一变量来刻画。主要学生干部包括班长、团支书、学生会委员、学生会主席四种职务。在中学阶段,担任主要学生干部的学生被认为在同龄学生中有着较强的领导能力。

数据表明,游戏圈领导者在学校担任主要学生干部的比例达到23.3%,显著高于其他两类青少年,同时也高于非游戏玩家。游戏圈忽略者担任主要学生干部的比例最低,仅为14.5%。也就是说,在游戏圈互动中形成的虚拟领导力与青少年在现实生活中的领导力是正向相关的。在网络游戏使用中呈现出同辈群体领导力的青少年,在社会化过程中也表现出更强的领导力(见图11-5)。

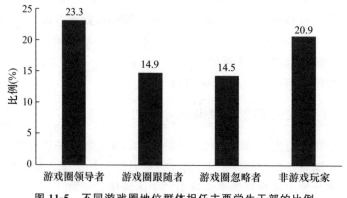

图11-5　不同游戏圈地位群体担任主要学生干部的比例

通过进一步观察回归模型,我们发现,游戏圈领导者担任主要学生干部(现实领导力)的情况受到学校类型的影响,现实生活中领导力最强的细分群体是重点学校住校的游戏圈领导者。重点学校的游戏圈领导者无论住校与否,其现实领导力水平均高于来自其他学校类型的青少年,这说明重点学校中的游戏圈领导者,是一群"又会学,又会玩"的青少年。同时,住校集体生活使得学习空间和生活空间重合,在这种生活形态中,同辈群体间平等、非正式的互动地位更有可能迁移到组织化、结构化的学校互动地位上,因此,随着年级的升高,重点学校住校的青少年中,游戏圈领导者中有更高的比例将游戏圈群体领导力转化为现实领导力,成为主要学生干部(见图11-6)。

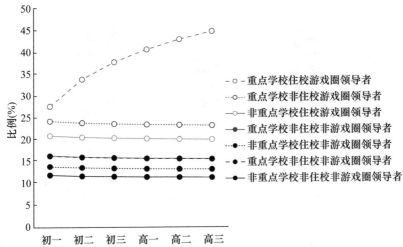

图11-6 游戏圈领导者担任主要学生干部的情况与学校类型的Logistic回归

(三)游戏圈群体地位与社交能力

社交能力是进行人际关系管理和人际沟通的能力。陈会昌认为,社会交往能力是指与人交往时运用语言、体态、情绪等的技能。

考虑到本研究考察的游戏圈群体涉及线上游戏朋友圈和现实生活朋友圈两种,在综合考察数据易得性和有效性的基础上,本研究选取了班级内外朋友的数量、游戏线上线下玩伴的数量和与朋友活动的频率这三个变量。

班级内外朋友的数量采用自我报告式填空题来测量,并在数据处理中去掉了超过三个标准差的极值。线上线下玩伴的数量采用单选题按数量段进行测量,并在数据处理中以数量段中点的方式将定序变量转化为定距变量。与朋友活动的频率为单选题,共分为7个级别,频率范围从一个月不到一次到几乎每天。

从数据结果来看,首先,在游戏线上线下玩伴的数量这一指标上,游戏圈领导者明显高于其他两类群体,尤其是线上的玩伴数量。游戏圈领导者平均有 9.21 个线上游戏玩伴,而游戏圈忽略者仅有 6.17 个,差异显著。这一发现与研究假设相符(见图 11-7)。

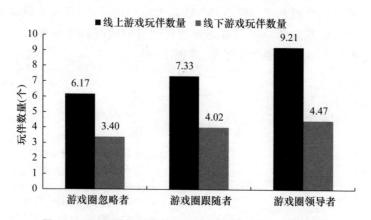

图 11-7　不同游戏圈地位群体线上、线下游戏玩伴的数量

其次,在班级内外朋友的数量上,无论是男生还是女生,均呈现游戏圈领导者＞游戏圈跟随者＞非游戏玩家＞游戏圈忽略者的情况。这表明在游戏圈群体互动中形成的人际交往能力能够迁移到现实生活中。游戏圈领导者不仅拥有更多的网络游戏玩伴,还拥有更多的线下朋友;相比之下,在游戏世界中被忽略的群体,在现实生活中朋友数量也较少。值得注意的是,游戏圈忽略者群体在现实生活中的朋友数量甚至少于非游戏玩家(不玩游戏的青少年)。也就是说,网络游戏这种基于线上群体互动的娱乐方式不仅没有提高游戏圈忽略者的社交能力,反而使其在现实生活中变得更加孤僻和不合群,这种社会疏离的特征说明游戏对游戏圈忽略者的社会化产生了负面影响(见图 11-8)。

最后,除了对数量的考察,我们还需要对青少年的社交质量进行分析。借助与朋友的"线下活动频率"这一变量,可以描摹出青少年群体在社会交往中的互动紧密程度。通过 Logistic 回归将朋友数量和活动频率进行交叉项处理发现,朋友数量多、线下活动频繁的青少年,更有可能成为游戏圈领导者。也就是说,朋友圈领导者维系着庞大而紧密的朋友圈,具有较强的社交能力(见表 11-5、图 11-9)。

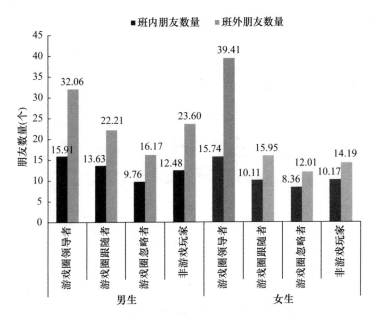

图 11-8 不同游戏圈地位群体班内班外朋友的数量

表 11-5 游戏圈领导者朋友数量与线下活动频率的 Logistic 回归

	系数	标准误差	Wald	显著性水平	Exp(B)
班级考试排名	−0.008	0.003	6.213	0.013	0.992
年龄	0.014	0.025	0.295	0.587	1.014
男生	0.624	0.114	30.152	0.000	1.866
城市线级	−0.069	0.031	5.070	0.024	0.933
朋友数量	−0.006	0.008	0.661	0.416	0.994
线下活动频率	−0.061	0.104	0.345	0.557	0.941
朋友数量对数的倒数	−2.058	1.022	4.057	0.044	0.128
朋友数量 * 线下活动频率	0.003	0.001	5.019	0.025	1.003
朋友数量对数的倒数 * 线下活动频率	0.377	0.193	3.803	0.051	1.458
常数	−1.869	0.670	7.777	0.005	0.154

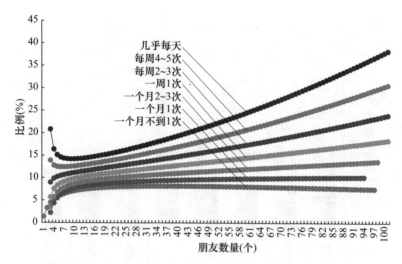

图 11-9　游戏圈领导者与朋友数量、线下活动频率的 Logistic 回归

第三节　游戏圈群体地位与团队精神

对团队精神或团队合作的研究是组织行为学的重要内容,主要是指一个团体为了实现某一特定目标,通过主动调节团体内部的矛盾和行为,而呈现出通力合作、一致对外的精神面貌。罗斯等人的研究发现,群体合作的目标结构比竞争性或个体性的目标结构更能够使青少年群体达成更高的目标、形成更好的同辈群体关系。[①] 中国作为集体主义文化占优的国家,团队精神同样是被主流价值观所承认的积极价值观。因此,团队精神也是我国青少年同辈群体社会化的重要内容。

在深访中我们发现,有着紧密朋友圈的被访者往往在群体互动中有更强的团队协作意愿和团队奉献精神。如北京的一位受访青少年觉得"做朋友就得互相帮助,不然就不做"。这引发我们思考同辈群体互动中产生的地位对青少年的团队精神是否会有影响。在本研究中,我们通过考察团队合作、团队互助和团队互信意愿来测量青少年在社会化过程中所表现出的团队精神。

---

① 参见 Roseth, C. J., et al., "Promoting Early Adolescents' Achievement and Peer Relationships: The Effects of Cooperative, Competitive, and Individualistic Goal Structures," *Psychological Bulletin*, 2008, 134(2)。

本研究通过将"游戏圈中和朋友关系的认知"下的 8 个条目进行因子分析,成功抽取了 2 个有效因子(KMO 检验值 0.663,巴特勒特球形检验显著性小于 0.05,累积贡献度 42.99%)。通过归类发现,F1 包含 5 个条目,被命名为"合作、互助、互信",这一因子表明该被访者在游戏圈同辈群体互动中富有团队精神,能积极进行团队合作,对团队中的伙伴坦诚、信任,并愿意互相帮助。

F2 包含 3 个条目,被命名为"利用、背弃朋友",这一因子表明该被访者会在游戏圈中利用、背弃群体中的朋友(见表 11-6)。

表 11-6 团队精神因子分析结果

	F1 合作、互助、互信	F2 利用、背弃朋友
网游中,我和朋友之间是相互帮助的	0.607	
在游戏中如果缺乏合作不可能打赢	0.467	
在游戏中答应了别人的事情,即便不愿意,我也都能做到	0.541	
我在网游中可以很好地和朋友合作	0.706	
我和网游中的朋友是相互信任、坦诚相待的	0.708	
我认为网络游戏中的朋友是可以利用的		0.672
在网络游戏中遇到利益纠纷时,我会背弃朋友		0.725
网络游戏中背弃朋友不算什么,毕竟不是现实生活		0.668

为了验证"游戏圈群体地位"这一中介变量对团队精神的影响,我们以游戏圈群体地位为自变量,以合作、互助、互信因子为因变量,同时加入反映家庭特征、学校特征和个人特征的控制变量,建立 Logistic 回归模型。

模型结果表明,在控制了年龄、性别、城市线级、学校类型、家庭收入和是否独生子女后,在合作、互助、互信因子水平上,游戏圈领导者＞游戏圈跟随者＞游戏圈忽略者。游戏圈领导者在同辈群体社会化表现中,团队合作意识和互助、互信意识显著高于游戏圈忽略者。这表明,青少年在游戏圈中的地位对其在同辈群体中的社会化有显著影响(见表 11-7)。

表 11-7　合作、互助、互信因子的 Logistic 回归

	系数	标准误差	Beta	t	显著性水平
常数	1.465	0.115		12.723	0.000
年龄	−0.004	0.007	−0.009	−0.617	0.537
男生	0.042	0.028	0.022	1.501	0.133
城市线级	−0.037	0.009	−0.061	−4.170	0.000
重点学校	−0.023	0.026	−0.013	−0.896	0.370
家庭月收入	0.013	0.004	0.047	3.170	0.002
独生子女	0.114	0.026	0.064	4.427	0.000
游戏圈领导者	0.268	0.039	0.108	6.953	0.000
游戏圈跟随者	0.123	0.028	0.069	4.471	0.000

另一个因子,即利用、背弃朋友,经方差分析,三种游戏圈群体地位者没有显著差异(Sig. =0.204)。因此,尽管三类青少年在积极的团队合作精神上存在显著差异,但在利用、背弃朋友这一越轨价值观上并没有出现显著差异(见表 11-8)。

表 11-8　不同游戏圈地位群体利用、背弃朋友的方差分析结果

	平方和	df	均方	F	显著性水平
群体间	0.284	2	0.142	1.590	0.204
群体内	453.385	5 083	0.089		
总计	453.669	5 085			

总而言之,在团队精神上,在游戏圈中地位不同的群体之间存在显著差异。这具体表现在三种群体的团队合作、团队互助和团队互信上,游戏圈领导者的表现显著优于游戏圈跟随者,而游戏圈忽略者表现最差。

通过本章的分析,我们验证了占据不同游戏圈群体地位的青少年在同辈群体社会化的各项指标上存在的显著差异。这种差异具体表现在领导能力、社交能力、团队精神三个方面。游戏圈领导者呈现出较强的领导能力、社交能力和团队协作精神,更多担任主要学生干部,维系着好友众多、活动频繁的庞大朋友圈,在同辈群体互动中表现出更强的团队协作意愿。而相比之下,游戏圈忽略者则呈现出较为不足的领导能力、社交能力和团队精神。

至此,我们勾画了网络游戏对青少年同辈群体社会化的第一个影响模式图(见图 11-10)。

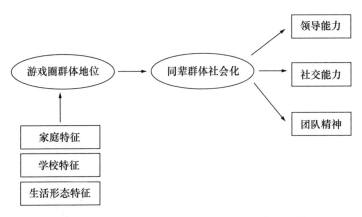

图 11-10　游戏圈群体地位对同辈群体社会化的影响模式图

第四节　游戏动机对游戏圈群体地位的影响

在前一章我们验证了不同游戏圈群体地位对于同辈群体社会化的影响。为了探讨游戏圈群体地位的中介变量地位,我们需要通过定量数据进一步验证游戏动机与游戏圈群体地位之间的因果关系。

通过回归发现,游戏动机与游戏圈群体地位存在因果关系。理性计算动机负向预测游戏圈领导者,对其他两类游戏圈群体地位无显著影响;社交成就动机正向预测游戏圈领导者和游戏圈跟随者,负向预测游戏圈忽略者;游戏内容动机正向预测游戏圈领导者和游戏圈忽略者,负向预测游戏圈跟随者;逃避现实动机负向预测游戏圈领导者和游戏圈跟随者,正向预测游戏圈忽略者。这表明,游戏圈领导者玩游戏往往是被游戏过程中和朋友互动带来的社交满足感和团队成就感所吸引;而游戏圈跟随者的游戏动机则单一表现为社交满足,对游戏内容本身并不在意;此外,游戏圈忽略者的游戏动机体现为强烈的逃避现实倾向,同辈游戏圈社交并不能给其带来满足,这也与上一章发现的游戏圈忽略者社交能力较弱相符(见表 11-9)。

表 11-9　游戏圈群体地位与游戏动机的 Logistic 回归

变量	游戏圈领导者		游戏圈跟随者		游戏圈忽略者	
	系数	Exp(B)	系数	Exp(B)	系数	Exp(B)
理性计算	−0.248	0.780	0.043	1.044	0.095	1.100
社交成就	0.416	1.516	0.195	1.215	−0.426	0.653
游戏内容	0.109	1.115	−0.159	0.853	0.106	1.111
逃避现实	−0.301	0.740	−0.240	0.787	0.399	1.490
常数	−1.963	0.140	−0.172	0.842	−0.337	0.714

这一定量结论同样印证了定性访谈中的观察。CD01性格活泼开朗,在游戏朋友圈中是铁打不动的核心人物之一,他玩游戏的核心诉求便是获得社交满足感和团队合作的成就感。HZ10则将其在游戏世界中取得的虚拟成就内化为其自我效能感的重要组成部分,具有强烈的逃避现实倾向。相应地,HZ10的游戏玩伴主要是他的战队和游戏中他眼中的"高手",现实生活中的玩伴寥寥,仅限于"很多人找我给他们过关"。

我们发现,游戏动机通过游戏圈群体这一中介变量,间接影响着青少年同辈群体的社会化过程。以逃避现实为主要动机的青少年,作为游戏圈忽略者,在同辈群体社会化的领导力、社交能力、团队精神指标上均呈现负面表现。而以社交成就为主要动机的青少年,作为游戏圈领导者,在同辈群体社会化的上述指标上均呈现正面表现。

通过对网络游戏中的游戏动机进行因子分析,并对游戏动机和游戏圈群体地位之间的因果关系进行回归分析,结果表明:游戏圈领导者玩游戏往往是被游戏过程中和朋友互动带来的社交满足感和团队成就感所吸引;游戏圈跟随者的游戏动机则单一地表现为社交满足,对游戏内容本身并不在意;此外,游戏圈忽略者的游戏动机体现为强烈的逃避现实倾向,同辈游戏圈群体的社交并不能给他们带来满足。至此,我们勾画了网络游戏对青少年同辈群体社会化的第二个影响模式图(见图11-11)。

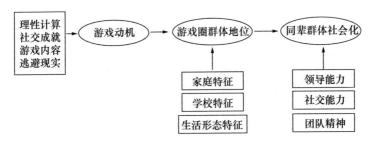

图 11-11　游戏动机对游戏圈群体地位的影响模式图

第五节　游戏行为对游戏圈群体地位的影响

（一）游戏行为模式对游戏圈群体地位的塑造

游戏圈群体地位是在长期的同辈群体游戏活动互动中形成的,并被游戏圈内所有成员共同认可的非正式群体结构。因此,特定的游戏圈群体地位与特定的游戏行为模式有着密不可分的关系。

我们仍然采用在定距变量基础上进行了指数变化的游戏频率、游戏时长、游戏花费、游戏丰富度及游戏龄作为考察游戏模式的主要变量。控制变量方面,由于不同类型的青少年在游戏模式上存在结构性的差别,会对回归产生影响,因此我们对人口统计变量进行控制。

回归结果表明,在控制了年龄、性别、家庭收入、城市、独生子女等人口统计变量后,游戏龄、游戏频率、游戏时长、游戏花费、游戏丰富度五个变量均显著正向预测游戏圈领导者比例。这表明游戏圈领导者在以上五个游戏行为方面的表现都显著优于游戏圈跟随者和游戏圈忽略者。在游戏圈忽略者的游戏行为模式中,仅有游戏频率和游戏花费与其他两个群体存在显著差异,且均显著低于其他两个群体。而对于游戏圈跟随者而言,仅有游戏龄显著低于其他两类群体(见表 11-10)。

总体来看,游戏圈领导者在游戏行为的各个方面均表现出更高的游戏涉入程度。在国内既往研究中,这些重度游戏涉入指标往往预示着网络成瘾、学业成绩下降、社会化指标低等结果。然而,如前文所述,游戏圈领导者在各项同辈群体社会化指标中均优于其他两个群体。单一的重度游戏行为并不直接导向颓废、萎靡的网瘾少年,其中重要的是青少年在玩网络游戏的过程中所处的群体地位和心理状态。

表 11-10 不同游戏圈地位群体与人口统计变量、游戏行为的 Logistic 回归

变量	游戏圈领导者				游戏圈跟随者				游戏圈忽略者			
	系数	Wald	显著性水平	Exp(B)	系数	Wald	显著性水平	Exp(B)	系数	Wald	显著性水平	Exp(B)
年龄	-0.050	4.003	0.045	0.952	-0.064	13.481	0.000	0.938	0.072	17.218	0.000	1.075
男生	0.598	32.671	0.000	1.818	0.215	10.411	0.001	1.239	—	—	—	—
家庭月收入	0.084	41.522	0.000	1.088	0.001	0.014	0.906	1.001	0.033	2.488	0.115	1.034
城市线级	0.005	0.034	0.855	1.005	-0.048	5.233	0.022	0.954	-0.051	26.207	0.000	0.950
独生子女	0.128	2.223	0.136	1.136	-0.005	0.008	0.928	0.995	-0.066	1.196	0.274	0.936
游戏龄	0.009	15.331	0.000	1.009	-0.004	6.704	0.010	0.996	-0.001	0.292	0.589	0.999
游戏频率	0.010	12.352	0.000	1.010	0.002	1.623	0.203	1.002	-0.008	19.371	0.000	0.992
游戏时长	0.005	5.125	0.024	1.005	-0.001	0.673	0.412	0.999	-0.002	1.100	0.294	0.998
游戏花费	0.002	4.513	0.034	1.002	0.000	0.006	0.937	1.000	-0.002	6.191	0.013	0.998
游戏丰富度	0.006	3.983	0.046	1.006	-0.003	1.912	0.167	0.997	0.000	0.005	0.941	1.000
常数	-3.688	67.669	0.000	0.025	0.782	6.454	0.011	2.187	-0.346	1.260	0.262	0.707

(二) 游戏龄与游戏圈群体地位

游戏龄是指青少年从第一次玩游戏到现在的时间长度,与网龄类似,衡量了青少年涉入网络游戏世界的时序维度和纵向涉入深度。由于网络游戏在中国的普及经历了由城市向农村、由发达地区向欠发达地区扩散的历程,在考察游戏龄的时候,必须控制青少年居住的城市和家庭收入情况,因此我们纳入了城市线级和家庭月收入两个变量作为控制变量。同时,游戏龄不仅需要考察被访者进入游戏世界的时长,也需要考察被访者进入游戏世界时的年龄。毕竟一个 7 岁就开始玩游戏的人和一个 15 岁才开始玩游戏的人,同样是玩了 3 年游戏,游戏对他们的影响是不同的。因此在模型建构中,我们对游戏龄和被访者现在的年级进行了交叉项处理,以期发现两种游戏龄影响因素的交互影响。

回归结果表明,对于游戏圈领导者而言,在各个阶段的青少年中,随着网络游戏的扩散,1 年之内刚开始接触网络游戏的"游戏新人"和玩网络游戏 4 年以上的青少年有更高的比例成为游戏圈领导者。同时,越小开始接触网络游戏,越有可能成为游戏圈领导者。年级越小的青少年越有可能成为网络游戏的原住民,对网络游戏的规则和机制越能熟练掌握,网络游戏也越有可能成为他们的主要同辈群体娱乐方式,因此当游戏龄相同时,年级越小,成为游戏圈领导者的比例越高(见表 11-11、图 11-12)。

表 11-11 游戏圈领导者与游戏龄的 Logistic 回归

	系数	标准误差	Wald	显著性水平	Exp(B)
城市线级	0.042	0.032	1.752	0.186	1.043
家庭月收入	0.092	0.014	41.259	0.000	1.097
年级	0.090	0.087	1.074	0.300	1.094
游戏龄的倒数	−0.649	1.473	0.194	0.659	0.522
年级 * 游戏龄的倒数	−0.999	0.478	4.364	0.037	0.368
游戏龄倒数的三次方	0.479	1.419	0.114	0.736	1.615
年级 * 游戏龄倒数的三次方	0.818	0.483	2.873	0.090	2.267
常数	−2.135	0.350	37.156	0.000	0.118

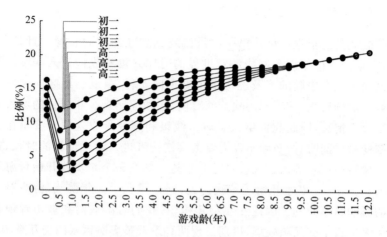

图 11-12 青少年游戏圈领导者与年级、游戏龄的 Logistic 回归

游戏圈跟随者在总体模型中则呈现出显著较低的游戏龄。具体来看,游戏圈跟随者明显集中于接触网络游戏不满 1 年的青少年人群,随着游戏龄的增加,他们成为游戏圈领导者的比例逐渐降低。对比游戏圈跟随者和游戏圈领导者可以看出,个人领导气质和游戏接触历史导致了二者的差别。在不满 1 年的游戏新接触人群中,游戏圈跟随者和游戏圈领导者的比例都很高,这其中发挥作用的变量主要是个人特质;而随着玩游戏年限的增加,青少年个体对游戏世界的规则越来越熟悉,游戏圈跟随者逐渐转化为游戏圈领导者,导致游戏圈领导者的比例上升(见图 11-13)。

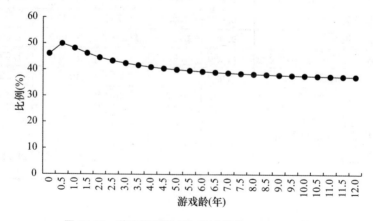

图 11-13 游戏圈跟随者与游戏龄的 Logistic 回归

（三）游戏频率与游戏圈群体地位

游戏频率是指被访者青少年在上学期间和寒暑假玩网络游戏的频率，范围从一个月不足一次到几乎每天都玩不等，反映了青少年游戏玩家游戏涉入的程度。模型所用变量是将上学期间的游戏频率和寒暑假期间的游戏频率两个变量综合指数化后得到的指数变量，最大值为100，最小值为16.58。同样，考虑到不同年龄和性别的青少年在游戏频率上可能存在群体性的显著差异，我们将年龄和性别两个控制变量纳入模型。

回归结果表明，游戏频率对游戏圈领导者的影响呈波浪式上升趋势。总体来看，游戏频率越高的群体，其中游戏圈领导者的比例越高。但具体而言，这一影响对于不同游戏频率段的影响模式不同：对于游戏频率整体较低的人群，随着游戏频率的增加，其成为游戏圈领导者的比例显著增加；在游戏频率中等的人群中，游戏频率对游戏圈地位的影响不显著；在高频率游戏人群中，随着游戏频率的增加，游戏圈领导者的比例又迅速升高（见表11-12、图11-14）。

表11-12　游戏圈领导者与游戏频率的Logistic回归

	系数	标准误差	Wald	显著性水平	Exp(B)
年龄	−0.017	0.022	0.627	0.429	0.983
男生	0.653	0.101	42.114	0.000	1.922
游戏频率	0.832	0.337	6.099	0.014	2.298
游戏频率的五次方	−0.035	0.015	5.885	0.015	0.965
常数	−11.386	3.427	11.041	0.001	0.000

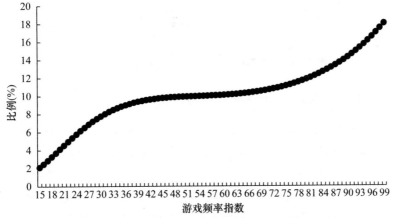

图11-14　游戏圈领导者比例与游戏频率的Logistic回归

对于游戏圈忽略者而言,在控制了年龄、性别、家庭收入、城市线级后,游戏频率越低的群体,其成为游戏圈忽略者的比例越低。这表明游戏圈忽略者的游戏行为呈现出低游戏频率的特征,这与游戏圈领导者的高频率游戏特征形成鲜明对比(见表 11-13、图 11-15)。

表 11-13 游戏圈忽略者与游戏频率的 Logistic 回归

	系数	标准误差	Wald	显著性水平	Exp(B)
年龄	0.086	0.016	28.021	0.000	1.090
男生	−0.503	0.066	58.660	0.000	0.605
家庭月收入	−0.048	0.010	24.666	0.000	0.953
城市线级	0.053	0.021	6.520	0.011	1.055
游戏频率对数的平方	−0.055	0.013	19.217	0.000	0.946
常数	−0.086	0.365	0.056	0.813	0.917

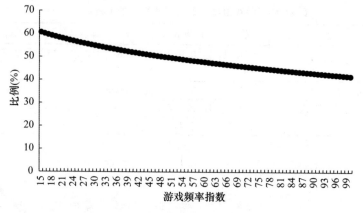

图 11-15 游戏圈忽略者与游戏频率的 Logistic 回归

(四)游戏时长与游戏圈群体地位

游戏时长是指青少年被访者平均每次玩游戏持续的时间,范围从 15 分钟以内到 8 小时不等,一共分为 10 个刻度,反映了青少年游戏玩家游戏使用的强度。为便于建构模型,将该变量变为指数化变量,变量范围值域从 10 到 100。考虑到经济发展水平不同的地区之间由于电脑、网络的可得性差异,青少年玩家表现出的单次游戏时长可能出现结构性的差异,同时,不同年龄、性别的青少年的游戏模式也有所不同,因此在建构模型时,需纳入年龄、性别、城市线级三个变量作为控制变量。

回归结果表明,游戏时长对游戏圈群体地位呈现正向影响,单次游戏时间越长的青少年群体中游戏圈领导者的比例越高(见表11-14、图11-16)。

表 11-14　游戏圈领导者与游戏时长的 Logistic 回归

	系数	标准误差	Wald	显著性水平	Exp(B)
年龄	-0.033	0.022	2.194	0.139	0.967
男生	0.706	0.102	47.676	0.000	2.025
城市线级	-0.058	0.028	4.406	0.036	0.944
游戏时长的倒数	-13.550	6.120	4.903	0.027	0.000
游戏时长的四次方	0.000	0.000	4.135	0.042	1.000
常数	-1.335	0.387	11.898	0.001	0.263

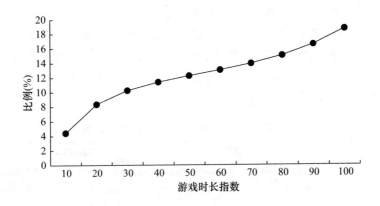

图 11-16　游戏圈领导者与游戏时长的 Logistic 回归

(五)游戏花费与游戏圈群体地位

游戏花费是指平均每个月青少年被访者花在网络游戏上的金额,范围从完全不花钱到每个月 500 元不等,衡量了青少年在游戏过程中的消费强度。将该变量进行指数化后,得到游戏花费指数变量,变量范围为 0~100。

游戏花费首先跟青少年的家庭经济情况有关,排除那些极个别的极端情况,家庭经济状况越好,能够给孩子花费在游戏中的钱越多。其次,游戏花费还跟家长给孩子的零花钱数量有关,孩子手中的零花钱越多,能够在游戏世界中支出的就越多。最后,在游戏中付费的行为还跟不同年龄段、不同性别的青少年游戏模式有关。因此,在该模型中,我们纳入家庭月收入、零花钱数量、年龄、性别四个控制变量,以考察游戏花费对游戏圈群体地位的影响。

回归结果表明,在控制了上述变量之后,游戏花费总体正向预测游戏圈领导者的比例,负向预测游戏圈忽略者的比例,即总体而言游戏圈领导者游戏花费较多,游戏圈忽略者游戏花费较少。

值得注意的是,尽管游戏圈领导者的游戏花费较多,但花费水平只处于中上等,出现极端高花费的比例较低。在游戏高花费区(游戏花费指数 90~100 的区域),随着游戏花费的增加,游戏圈领导者的比例出现下降趋势。相对于游戏圈领导者的高家庭收入特征,可以认为游戏圈领导者的游戏花费表现得较为理性。

相比之下,尽管游戏圈忽略者的游戏花费较少,但在游戏高花费区,游戏圈忽略者的比例出现了上升趋势。考虑到游戏圈忽略者来自中小城市的比例高、家庭月收入较低的情况,我们认为游戏圈忽略者中存在部分极端花费的个体,而这种现象是比较危险的(见表 11-15,图 11-17、11-18)。

表 11-15 游戏花费与游戏圈群体地位的 Logistic 回归

变量	游戏圈领导者				游戏圈忽略者			
	系数	Wald	显著性水平	Exp(B)	系数	Wald	显著性水平	Exp(B)
年龄	−0.067	7.635	0.006	0.935	0.118	45.468	0.000	1.126
男生	0.633	37.118	0.000	1.884	−0.478	52.952	0.000	0.620
家庭月收入	0.067	25.599	0.000	1.069	−0.035	12.390	0.000	0.965
零花钱数额	0.230	37.157	0.000	1.258	−0.119	20.118	0.000	0.888
游戏花费	−0.024	6.016	0.014	0.976	0.028	12.393	0.000	1.028
游戏花费的三次方	0.031	10.213	0.001	1.031	−0.032	16.649	0.000	0.969
常数	−2.710	55.351	0.000	0.067	−0.972	14.403	0.000	0.378

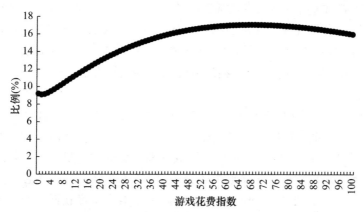

图 11-17　游戏圈领导者与游戏花费的 Logistic 回归

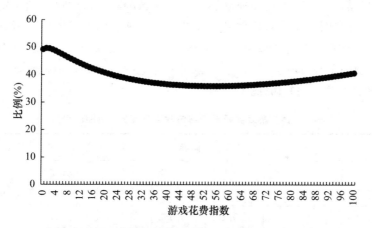

图 11-18　游戏圈忽略者与游戏花费的 Logistic 回归

（六）游戏丰富度与游戏圈群体地位

除了频率、时长、花费外，网络游戏内容也是考察游戏行为的重要方面。在这里，我们建构了游戏丰富度变量来考察不同游戏圈地位群体在和同辈群体一起使用游戏的过程中，整个游戏群的内容丰富度。从深访中我们了解到，CD01 所代表的游戏圈领导者经常在游戏群中组织民主讨论，商议和伙伴们一起玩的新游戏。与之对照，SZ04 在 5 年的网络游戏生活中，翻来覆去玩的不过是那两款游戏。因此我们假设，相比于其他两种群体，游戏圈领导者的游戏内容更加丰富多样。

我们通过统计被访者经常玩的游戏题材,包括奇幻/魔幻/玄幻、体育、军事/战争、科幻、赛车、童话、武侠/仙侠、西游、现实、历史、三国等11种题材,并进行指数化建构,得出游戏丰富度变量。变量满分为100分,最小值为8.73。同时我们纳入性别、年龄、是否独生子女变量作为控制变量。

回归结果表明,游戏丰富度在低水平区域和高水平区域对游戏圈群体地位产生了相反的影响。对于网络游戏丰富度较低的青少年群体而言,游戏丰富度越低,该群体中游戏圈领导者的比例越高。结合之前关于游戏龄和游戏圈群体地位的分析可知,这部分青少年接触网络游戏不到1年,对于在玩的网络游戏很专一,游戏丰富度较低。而对于网络游戏丰富度较高的青少年群体,游戏圈领导者的比例随着游戏丰富度的升高而升高,但提高速度逐步递减。当游戏丰富度提高到一定水平时,游戏圈领导者的比例基本保持不变。这表明游戏圈领导者并不是一群频繁转换游戏以寻求新鲜和刺激的"游牧族群"。相反,当对不同类型的游戏有所尝试后,他们会在一定范围内经常玩他们喜欢的那几款游戏(见表11-16、图11-19)。

表11-16 游戏圈领导者与游戏丰富度的Logistic回归

	系数	标准误差	Wald	显著性水平	Exp(B)
年龄	−0.033	0.022	2.332	0.127	0.967
男生	0.718	0.100	51.807	0.000	2.050
独生子女	0.189	0.082	5.340	0.021	1.207
游戏丰富度倒数的平方	−167.309	87.836	3.628	0.057	0.000
游戏丰富度倒数的三次方	1173.238	675.723	3.015	0.083	
常数	−1.574	0.350	20.171	0.000	0.207

本节通过回归分析,探讨了不同网络游戏行为对游戏圈地位群体的影响。总体来看,游戏圈领导者在游戏行为的各个方面均表现出更高的游戏涉入程度。在游戏龄、游戏频率、游戏时长、游戏花费、游戏丰富度五个维度上,游戏圈领导者都显著高于游戏圈跟随者和游戏圈忽略者,而游戏圈忽略者在游戏频率和游戏花费上显著低于其他两个群体,游戏圈跟随者的游戏龄显著低于其他两个群体。

至此,我们勾画了网络游戏对青少年同辈群体社会化影响的第三

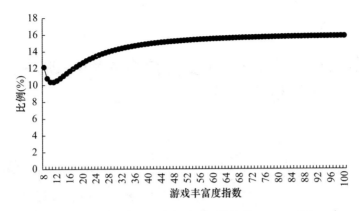

图 11-19　游戏圈领导者与游戏丰富度的 Logistic 回归

个影响模式图,描绘出游戏动机和游戏行为通过影响游戏圈群体地位,间接影响青少年同辈群体社会化结果的影响路径,游戏圈群体地位的中介变量特征得到了验证(见图 11-20)。

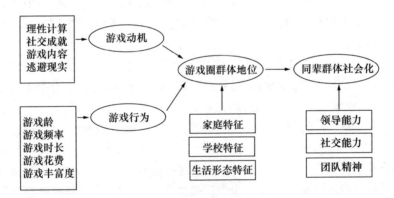

图 11-20　游戏行为对游戏圈群体地位的影响模式图

第十二章　多元主体参与青少年网络游戏防沉迷治理

根据中国互联网络信息中心（CNNIC）发布的第 52 次《中国互联网络发展状况统计报告》，截至 2023 年 6 月，我国网络游戏用户规模达 5.50 亿，较 2022 年 12 月增加了 2806 万，网络游戏用户占网民整体的 51.0%。① 2023 年底，共青团中央维护青少年权益部发布《第 5 次全国未成年人互联网使用情况调查报告》，显示我国未成年网民规模不断扩大，2022 年未成年网民规模已突破 1.93 亿，未成年互联网普及率增长到 97.2%，上网玩游戏的未成年网民比例为 67.8%。其中，高中生网民群体中上网玩手机游戏的占比最高，达 72.0%；而小学生网民玩手机游戏的群体增速最快，2022 年的占比达到 55.5%，较 2021 年提升 12.3 个百分点。② 可以看出，网络游戏作为由现代化工业生产的文化产品，因其固有的趣味性、竞争性和网络性受到青少年的青睐，对青少年的学习、生活和成长产生了深度影响。

一方面，随着互联网行业的飞速发展及其对青少年日常生活的嵌入，将青少年与网络游戏完全隔离开是不现实的；另一方面，青少年健康成长事关国家和民族的未来，无视网络游戏对青少年的影响与风险是绝不可取的。党的二十大报告明确指出，广大青年要"怀抱梦想又脚踏实地，敢想敢为又善作善成，立志做有理想、敢担当、能吃苦、肯奋斗的新时代好青年"③。青少年阶段是儿童向青年转变的关键时期，在这一时期，个体心智逐渐健全、思维进入最活跃状态，最需要精心引导和栽培。因此，如何从机制、策略、方法等方面切入，实现青少年健康成长

---

① CNNIC：第 52 次《中国互联网络发展状况统计报告》，2023 年。
② 共青团中央维护青少年权益部、中国互联网络信息中心：《第 5 次全国未成年人互联网使用情况调查报告》，2023 年。
③ 习近平：《高举中国特色社会主义伟大旗帜　为全面建设社会主义现代化国家而团结奋斗——在中国共产党第二十次全国代表大会上的报告》，北京：人民出版社 2022 年版，第 53 页。

与文化产业高质量发展相互促进,是值得深入研究的现实问题。

第一节 多元主体参与青少年网络游戏防沉迷治理的必要性

在本书前面的章节中,我们力求中立、客观地对青少年的网络游戏使用状况进行了研究。为尽可能真实地反映在新的媒介环境下与社会发展历程中青少年所呈现出的游戏使用行为与其社会化过程,在访谈与研究过程中,我们时刻牢记保持"悬置"的态度,既不推崇任何游戏行为,也不将其预设为洪水猛兽,而是尽可能地还原事实,记录下青少年被访者最真实的表现与感受。这一研究为合理引导青少年的游戏使用行为、系统有效治理对游戏沉迷进行奠定了坚实基础。

在调查中,我们发现青少年使用网络游戏是因为网络游戏满足了他们的一部分需求。从马斯洛需求金字塔来看,在生理需求与安全需求得到满足以后,人们逐步需要满足其社交需求、尊重需求和自我实现需求,而青少年对游戏的使用正满足了这部分需求。在社交需求方面,网络游戏作为人际交往的工具,满足了青少年与朋友交流和维持社交关系的需求,青少年不仅可以在虚拟世界中结交新的朋友,共同参与游戏也成为维系线下社交的重要手段。在尊重需求方面,通过游戏,青少年可以展示自己的能力、获得他人的认可、增强自尊。尤其对于学业表现不够突出的青少年来说,由于平时在学校环境中获得的认可与正反馈较少,游戏可能成为其展示自我的一个主要平台。在自我实现需求方面,网络游戏为青少年提供了展现个人能力和追求个人兴趣的机会,特别是那些在现实生活中难以获得满足感和成就感的学生。游戏成就可以被看作自我实现的一种形式,尤其是当这些成就在游戏社区中被认可时。

但与此同时,游戏厂商以盈利为最终目的,采取各种手段吸引思想尚未成熟、自控能力不强的未成年人,需要受到合理管控。例如,游戏厂商可通过复杂的奖励系统和角色升级路径,激发玩家的成就感和游戏欲望,或通过鼓励玩家邀请朋友加入、建立社交网络来增强游戏的黏性。此外,游戏厂商还可以采用"免费游戏,付费内容"模型,吸引未成年人免费参与游戏,再通过各种游戏内购买手段实现盈利。由于未成年人的思想尚未完全成熟,自控能力较弱,因而更容易受到这些设计策略的吸引和影响,进而沉迷于游戏世界、忽视现实生活中的交往与学习，甚至进行不理智的消费，身心健康受到不利影响。因此，需要对游戏行业进行合理的监管，通过实施实名注册制度、限制游戏时间、控制和限制付费机制等措施保护未成年人的利益，促进其心理健康发展，保持社会的和谐稳定。

　　青少年网络沉迷不单是青少年自身的问题，更是一个复杂的综合性社会问题，应系统分析青少年发展的外部条件，比如家庭、学校、社区等，推动实现多元主体对青少年网络沉迷的共治。对于多元主体的协调问题，王芳提出了"以政府为主导，多主体协同协作"的网络社会治理结构模式，或者说，政府是治理的核心，并与其他治理主体建立起一种"互动"的协同治理模式。[①] 在下文中，我们将分别讨论政府如何主导以及如何与其他主体协同互动，以实现对青少年网络沉迷的治理。

第二节　基于青少年游戏涉入模型提出的网络沉迷界定和影响因素

　　在分析政府如何主导以及如何与其他主体协同互动之前，我们首先来梳理对网络沉迷的界定及其影响因素。

　　当前世界范围内对"网络沉迷"缺乏被广泛认可的学术界定，在已有研究中，"网络沉迷"也被称为"网络成瘾"。美国精神病学家伊凡·戈德堡最先提出了"网络成瘾"的概念，认为这是一种病态的网络使用行为，[②]进而延伸到"网络游戏成瘾"中。库斯和格里菲思认为网络游戏成瘾是一种个体不能有效地控制对网络游戏的长期依赖的状态，并且在使用网络游戏的过程中会感受到充分的刺激与快乐，以至于对个体的现实功能造成了损害。[③] 还有学者将网络游戏成瘾和手机成瘾相结合，并编制了网游成瘾量表，将"网络游戏成瘾"定义为"当用户无法使用网络游戏时会产生负面情绪，从而以网络游戏为手段去处理这部分压力与负面情绪，对学习与生活造成负面影响"[④]。但以上定义的问题在于：其一，缺少本土化视角，对中国青少年的网络游戏沉迷缺乏有针

[①] 参见王芳：《论政府主导下的网络社会治理》，《人民论坛·学术前沿》2017年第7期。

[②] 参见纪秋发：《对国外网络成瘾失调症研究的略述》，《北京青年政治学院学报》2005年第1期。

[③] 参见 Kuss, D. J., et al., "Internet Gaming Addiction: A Systematic Review of Empirical Research," *International Journal of Mental Health and Addiction*, 2012, 10(2)。

[④] Jia-Rong Sheng, Jin-Liang Wang, "Correction to: Development and Psychometric Properties of the Problematic Mobile Video Gaming Scale," *Current Psychology*, 2019, 8(4)。

对性的描述;其二,"对个体现实功能造成了损害"描述不够客观与量化;其三,其研究视角限于"使用—沉迷"的二元结构,缺乏从使用到沉迷的阶段与过程分析。

在本书中,我们建立的青少年游戏涉入指数量化模型,不仅对青少年的游戏涉入程度进行了评估,还囊括了影响因素模型,分析了青少年接触游戏并对其产生依赖的多维度因素。通过明确游戏涉入的定义以及建立关于游戏涉入影响因素的结构化定量分析模型,我们将青少年的行为与心理等方面的不同表现纳入游戏涉入程度评价体系,以进一步寻找影响青少年日常生活形态的因素。同时,我们将行为、心理作为终结变量,观察这些因素的影响模式差异,从而更加结构化、系统化地阐释青少年涉入网络游戏的原因,并进一步界定青少年中的哪些群体面临更大的沉迷风险,以及如何应用涉入模型的因素来建立防沉迷多元主体治理体系(见表12-1)。

表12-1 游戏涉入指数模型

一级指标	二级指标	三级指标	四级指标
游戏涉入	游戏心理	付出心理	过度消费
			时间管理
		依赖心理	强迫性
			戒断反应
		游戏心理	现实替代
			边际效用
	游戏丰富度	游戏类型丰富度	
		游戏题材丰富度	
		游戏地点丰富度	
		游戏玩伴丰富度	
	游戏频率	学期游戏丰富度	
		假期游戏丰富度	
	游戏时长		
	游戏花费		

游戏涉入指数模型囊括了五个二级指标:游戏心理、游戏丰富度、游戏频率、游戏时长和游戏花费。游戏心理关注青少年使用游戏的动机和模式,其他二级指标则描述了青少年具体的游戏行为。通过游戏涉入指数模型,我们发现,在各项游戏行为中,玩游戏的频率以及单次玩游戏的时长是最能直观反映青少年游戏沉迷情况的两个变量。

基于游戏涉入指数模型,我们不仅总结了青少年游戏使用的周期与阶段性特征,还分析了这些特征背后的原因,为设计和实施具体的干预措施提供了指导。在游戏涉入程度上,青少年群体性差异明显,例如男生的游戏涉入高于女生、初中生高于高中生与小学生、职高/中专/技校学生高于普通高中学生等。在游戏使用周期上,青少年的游戏使用分为四个主要时期:接触期、成长期、前成熟期与后成熟期。其中成长期是涉入程度直线上升的沉迷风险期。游戏涉入程度是环境与个体因素共同作用的结果,其中环境因素尤其重要,包含社交环境、家庭环境与学习环境等,这些因素是我们建立多元治理体系的指南。

第三节 政府主导青少年网络游戏防沉迷治理的历程

如前文所述,政府在青少年网络游戏的防沉迷治理中占主导地位。我国网络游戏行业的起步相对较晚,但发展迅速。至2022年,我国已拥有全球最大的游戏市场。我国网络游戏在二十余年的发展中,经历了从端游、页游,到手游、小程序游戏等多种游戏形态的变迁,政府也在各阶段出台了相应的配套政策,对网络游戏行业的发展进行监管。本节通过对我国不同时期的网络游戏发展阶段与监管政策的梳理,说明在网络游戏发展的早期阶段,有关部门已前瞻性地意识到了防沉迷工作的重要性,出台了从主体、内容、使用时长等多方面对游戏厂商进行约束的相关政策,以保护青少年游戏玩家。

(一)网络游戏发展与监管的早期阶段(1995~2006)

1995年,武侠题材的Mud游戏《侠客行》作为我国首款自研端游,开创了国产网游的先河。1996年,河洛工作室根据金庸武侠小说改编推出中国武侠RPG游戏《金庸群侠传》,以内容高度忠于原著、游戏自由度高为特色,推动中国网游向开放式发展。2001年,盛大公司引进了韩国Actoz开发的MMORPG游戏《传奇》。中国版《热血传奇》成功打开了我国网游市场,成为第一款现象级网游。上线一个月后,最高同时在线人数已达到60万人,标志着我国网络游戏正式进入大众视野。

2000年,国务院出台《互联网信息服务管理办法》,对网络游戏实施监管。2001年,国务院颁发《出版管理条例》,对网络游戏的政府监管进行了全新的规定。2002年,新闻出版总署作为起步阶段的网络游戏的主要监管主体,与信息产业部共同出台《互联网出版管理暂行规定》,规定网络游戏运营商在开发和推行新的游戏产品时,必须向新闻出版总署申请"互联网出版许可证"。获得许可证后,再取得"著作权合同登记号",才可以获得推行上市的资格。

为进一步规范行业发展、健全市场机制,2003年,国家广电总局、中央文明办、国家工商行政管理总局(后改组为国家市场监督管理总局)等政府机构,都针对网络游戏监管权制定了政策。2004年伊始,新闻出版总署发布《关于实施"中国民族网络游戏出版工程"的通知》,国家广电总局发布《关于禁止播出电脑网络游戏类节目的通知》等文件。2005年,文化部和信息产业部颁布《关于网络游戏发展和管理的若干意见》,重点关注网络游戏的社会影响,加强了对网络游戏的政府监管。

可以看出,在互联网与网络游戏发展的早期阶段,有关部门便高度重视防沉迷工作。2005年6月,为贯彻落实《中共中央国务院关于进一步加强和改进未成年人思想道德建设的若干意见》,净化网络环境,推广文明上网,保护未成年人身心健康,有效解决未成年人沉迷网络游戏的社会问题,新闻出版总署组织有关部门、行业组织、专家、教育工作者、家长等共同研究,并广泛征求意见,制定出《网络游戏防沉迷系统开发标准》。该系统针对未成年人沉迷网络游戏的诱因,利用技术手段对未成年人在线游戏时间予以限制,是实施"文明办网、文明上网"的实际举措之一。2005年8月,新闻出版总署向全国七家主要网络游戏运营企业发出《关于开发网络游戏〈防沉迷系统〉的通知》,各参与企业均签署了《网络游戏防沉迷系统开发使用责任书》。2006年3月,系统的开发工作基本完成,经过半年多的试运行后投入正式使用。为更有效地在未成年人中推行网络游戏防沉迷系统,新闻出版总署还组织有关方面制定了配套的《网络游戏防沉迷系统实名认证方案》。

(二)网络游戏发展与监管的成长阶段(2007~2017)

2008年前后,随着我国科技发展水平的进一步提升,以及宽带和手机普及率的提升,我国网络游戏产业进入了快速发展的阶段。2008年,网易代理的《魔兽世界》与其旗下的《大话西游2》和《梦幻西游》均呈爆发性增长,网易成为中国游戏的领头企业,游戏行业进入市值飞速增长的阶段,助力我国经济增长。

在这一阶段,政府既鼓励游戏产业的发展,也进一步加强了对其的管控。党的十七大明确提出要大力发展文化产业。2009年,国务院常务会议讨论并通过《文化产业振兴规划》,明确提出要发展动漫游戏等重点文化企业,加大扶持力度,完善产业政策体系,实现跨越式发展,增强影响力和带动力,拉动相关服务业和制造业的发展,并明确重点扶持网络游戏等文化产品进入国际市场。各地政府也结合当地实际情况,出台各种政策和意见,扶持和推动网络游戏产业的规范发展。例如,杭州作为我国较早规划游戏产业发展的城市,在2005年颁行《杭州市动漫游戏产业发展规划(2006—2010年)》,推出了《关于鼓励和扶持动漫游戏产业发展的若干意见(试行)》等扶持游戏产业发展的政策文件,并制定了税收优惠、社会保障等政策措施。同期,广州也推出了《关于加快发展广州网络游戏动漫产业的指导意见》。此外,上海、深圳、长沙等城市都出台了类似的产业和扶持政策。

2008年,伴随着我国政府机构改革的深化,网络游戏监管的主管部门初步明确,国务院在重新定职责、定机构、定人员编制的"三定"中"将动漫、网络游戏管理(不含网络游戏的网上出版前置审批),及相关产业规划、产业基地、项目建设、会展交易和市场监管的职责划给文化部",即将游戏行业的管理划给了文化部,但游戏出版的前置审批权仍保留在新闻出版总署。2009年9月7日,对于此前的职责调整,中央编办发出《关于印发〈中央编办对文化部、广电总局、新闻出版总署"三定"规定中有关动漫、网络游戏和文化市场综合执法的部分条文的解释〉的通知》,对于涉及的相关部门的职责做了更加明确的解释,对监管网络游戏的部门职责进行了进一步完善。在这一阶段,新闻出版总署对网络游戏的审批职责得到进一步强化,并且加大了对网络游戏内容的审核。

在网络游戏防沉迷方面,为贯彻落实中共中央国务院《关于进一步加强和改进未成年人思想道德建设的若干意见》,保护未成年人身心健康,新闻出版总署、中央文明办、教育部、公安部、信息产业部(2008年重组并划入工业和信息化部)、共青团中央、中华全国妇女联合会、中国关心下一代工作委员会等八个部门于2007年3月、2011年7月先后联合下发《关于保护未成年人身心健康实施网络游戏防沉迷系统的通知》《关于启动网络游戏防沉迷实名验证工作的通知》。自两个《通知》发出后,有关部门相继出台了更多的相关政策,积极引导教育未成年人科学使用网络游戏,养成文明、健康的上网习惯,网络游戏防沉迷系统实施工作取得了阶段性成果。

表 12-2 未成年人保护与防沉迷的相关监管政策,2007～2017 年

时间	发布机构	相关政策/文件	核心内容
2007 年 3 月	新闻出版总署、中央文明办、教育部、公安部、信息产业部、共青团中央、中华全国妇女联合会、中国关心下一代工作委员会等八个部门	《关于保护未成年人身心健康实施网络游戏防沉迷系统的通知》	各地新闻出版行政部门要加强对网络游戏出版运营企业的监督管理,督促各企业严格按照本通知要求做好开发推广工作,并对实施情况进行监督;教育、共青团、妇联等部门要采取各种方式,引导未成年人合理安排学习、生活、娱乐,养成文明健康的上网习惯,切实推进"健康上网,拒绝沉迷——帮助未成年人戒除网瘾行动";等等。
2011 年 7 月	新闻出版总署、中央文明办、教育部、公安部、工业和信息化部、共青团中央、中华全国妇女联合会、中国关心下一代工作委员会等八个部门	《关于启动网络游戏防沉迷实名验证工作的通知》	对网络游戏用户注册信息进行识别;按流程及时报送需验证的用户身份信息;严禁将经实名验证证明是提供了虚假身份信息的用户纳入网络游戏防沉迷系统。
2014 年 7 月	国家新闻出版广电总局	《关于深入开展网络游戏防沉迷实名验证工作的通知》	各级出版行政主管部门受理网络游戏出版申请时,须要求申报单位所申报出版网络游戏的运营企业完备网络游戏防沉迷实名验证手续,并提供全国公民身份证号码查询服务中心出具的证明文件;否则,不予受理。
2016 年 2 月	国家新闻出版广电总局、工业和信息化部	《网络出版服务管理规定》	网络出版物不得含有诱发未成年人模仿违反社会公德和违法犯罪行为的内容,不得含有恐怖、残酷等妨害未成年人身心健康的内容,不得含有披露未成年人个人隐私的内容。

(续表)

时间	发布机构	相关政策/文件	核心内容
2016年12月	文化部	《关于规范网络游戏运营加强事中事后监管工作的通知》	限定未成年用户游戏时间,并采取技术措施屏蔽不适宜未成年用户的场景和功能等。
2017年1月	国家互联网信息办公室	《未成年人网络保护条例(送审稿)》	网络游戏服务提供者应当按照国家有关规定和标准,采取技术措施,禁止未成年人接触不适宜其接触的游戏或游戏功能,禁止未成年人在每日的0:00至8:00期间使用网络游戏服务。
2017年12月	文化部	《网络游戏管理暂行办法(2017修订)》已于2019年7月10日废止)	网络游戏经营单位应当根据网络游戏的内容、功能和适用人群,制定网络游戏用户指引和警示说明,并在网站和网络游戏的显著位置予以标明。以未成年人为对象的网络游戏不得含有诱发未成年人模仿违反社会公德的行为和违法犯罪的内容,以及恐怖、残酷等妨害未成年人身心健康的内容。网络游戏经营单位应当按照国家规定,采取技术措施,禁止未成年人接触不适宜的游戏或者游戏功能,限制未成年人的游戏时间,预防未成年人沉迷网络。

(三)网络游戏发展与监管的转折点(2018~2022)

党的十九大以来,我国经济迈向了新的发展期,社会改革持续深化。2018年3月,国务院机构改革对网络游戏监管相关部门进行了调整。根据这次机构改革方案,新闻出版广电总局和文化部两个部门都有很大调整。新闻出版广电总局被撤销,原国家新闻出版广电总局的新闻出版管理职责被划归中宣部,后者加挂国家新闻出版署(国家版权局)牌子。将文化部、国家旅游局的职责整合,组建文化和旅游部,不再保留文化部、国家旅游局。由于监管部门的调整,2018年3月我国实施了版号管控,暂停了电子游戏版号的审批,直至2019年恢复审批。米哈游的现象级手游《原神》即在恢复审批后上线,受到了海内外玩家的喜爱。2020年实施了第二次版号管控,直至2022年重启。

在版号管控期间,未成年人保护成为本阶段政府网络游戏监管政策的核心关注。2018年,教育部等八部门印发《综合防控儿童青少年近视实施方案》。2019年10月,国家新闻出版署出台《关于防止未成年人沉迷网络游戏的通知》,从多角度出发全面预防未成年人沉迷网游。2021年,教育部、中宣部等十五个部门认真贯彻落实习近平总书记关于儿童青少年近视防控系列重要指示批示精神,聚力下好"一盘棋",共同推进《儿童青少年近视防控光明行动工作方案(2021—2025年)》。2021年6月1日,新修订的《中华人民共和国未成年人保护法》开始实施,该法专门增设了"网络保护"一章,特别规定"不得在每日二十二时至次日八时向未成年人提供网络游戏服务"。2021年8月30日,国家新闻出版署印发《关于进一步严格管理切实防止未成年人沉迷网络游戏的通知》,要求仅可在周五、周六、周日和法定节假日每日20时至21时向未成年人提供1小时网络游戏服务,其他时间均不得以任何形式向未成年人提供网络游戏服务,对未成年人的保护进一步加码。2021年10月20日,教育部办公厅等六部门发布《关于进一步加强预防中小学生沉迷网络游戏管理工作的通知》,进一步落实好防沉迷要求,有效预防中小学生沉迷网络游戏,切实促进中小学生健康成长。

(四)网络游戏发展与监管的近况(2023年以来)

2023年12月22日,国家新闻出版署发布《网络游戏管理办法(草案征求意见稿)》(以下简称《办法》),向社会公开征求意见,对网络游戏的监管进一步收紧。《办法》中提到:网络游戏不得设置每日登录、首次充值、连续充值等诱导性奖励;网络游戏出版经营单位不得在网络游戏中设置强制对战;网络游戏出版经营单位在提供随机抽取服务时,应对抽取次数、概率做出合理设置;网络游戏出版经营单位不得向未成年人提供账号租售、游戏币及虚拟道具交易服务,以及陪练、代玩等第三方服务;网络游戏出版经营单位不得以炒作、拍卖等形式提供或纵容虚拟道具高价交易行为;所有网络游戏须设置用户充值限额,并在其服务规则中予以公示,对用户非理性消费行为,应进行弹窗警示提醒等。《办法》进一步延续了2021年以来对游戏行业的强监管不仅有利于减少未成年人沉迷游戏的现象,也对网游业的"过度氪金"机制进行了治理,避免厂商为盈利盲目诱导消费和刺激充值。

可以看出,我国的监管政策随着游戏行业的蓬勃发展在不断收紧,并逐渐将不同的形式与机制纳入监管框架,根据不同阶段的特性有的放矢地进行管控,不仅针对未成年人的网络游戏使用出台了多项有关政策,还对游戏厂商的商业模式进行引导与重塑,在防止青少年网络游戏沉迷工作中起到了有力的主导作用。

第四节 多主体协同参与青少年网络游戏防沉迷治理的分析与建议

青少年网络游戏沉迷作为一个复杂且多维的现象,涉及个体心理、家庭环境、学校教育和社会文化等多个方面。由于这些因素相互交织和影响,单一主体的干预往往难以达到有效的治理效果。诚然,个体的内部特征,例如其个性与心理特征对游戏沉迷也有直接影响,但正如吴仁和等人的研究所显示的,在网络游戏中获得的成就感和享受感对玩家继续游戏的意愿有显著影响,游戏过程中对个体心理需求的满足构成了其持续参与游戏的直接动机。① 如果青少年能在现实生活中获得更多陪伴、安全感、成就感,其沉迷于虚拟世界的可能性就会减少。因此,多主体要协同参与,家庭、学校、政府和社会组织要共同努力,以构建一个全面的支持系统。这种协同治理不仅能够从不同角度和层面解决问题,还能提供更全面的支持和干预,从而更有效地应对和减少青少年网络游戏沉迷问题。通过多方的合作和资源共享,可以创造一个更有利于青少年健康成长的社会环境,同时也能增强干预措施的综合效果和持久性。

(一)家庭环境对青少年网络游戏沉迷的影响与防沉迷治理策略

在探究家庭环境如何影响青少年网络游戏沉迷现象时,需深入分

---

① 参见 Jen-Her Wu, et al., "Falling in Love with Online Game: The Uses and Gratification Perspective," *Computers in Human Behavior*, 2010, 26(6).

析青少年的家庭陪伴和情感交流状况。家庭,作为现代社会的基本单元,不仅是青少年生活的物理空间,也是他们发展社会性的重要渠道。本节将从家庭陪伴与情感交流的视角出发,探讨家庭环境对青少年网络游戏行为的影响,并结合国际上的相关研究成果,提出相应的预防游戏沉迷的策略。

家庭陪伴状况会对青少年的心理健康和行为选择产生显著影响。家庭陪伴不仅涉及物理时间的投入,更关键的是情感上的支持和交流。当家庭陪伴不足时,青少年可能会借助网络游戏满足他们的社交和情感需求。家庭中的情感交流对青少年心理发展的重要性不容忽视。一个开放和坦诚的沟通环境有助于青少年表达自己的感受和需求,减少误解和冲突。有效的家庭沟通不仅能帮助青少年形成健康的游戏习惯,而且有助于他们正确区分现实世界与虚拟世界。

本研究的结果显示,家庭陪伴与基于情感交流的亲密程度直接影响青少年的游戏涉入程度(其中对陪伴状况的衡量参考了在家庭中父母是否有条件给予足够的陪伴,亲密程度则基于青少年自身对家庭关系的主观感知与判断)。家庭关系越不佳,青少年沉迷游戏的可能性大,在游戏行为、游戏心理指标上的平均得分会显著高于其他群体,表现出更长的游戏时间、更高的游戏频率,在心理上也对游戏有更多的向往和依赖。此外,国际研究也支持家庭环境与青少年游戏行为之间的密切联系。例如,有学者研究发现,缺乏家庭活动参与和经历家庭不幸的青少年更容易沉迷于网络游戏。

因此,在家庭环境方面,首先需提高家庭陪伴和情感交流的质量。家长应营造支持性环境,尊重与理解青少年的心理需求,通过有效沟通建立起亲密的家庭关系。家庭中的情感支持可以帮助青少年满足其社交和情感需求,减少对网络游戏的依赖。在安全的环境下,青少年更可能分享他们的感受和担忧,包括对网络游戏的态度及使用情况,这是预防网络游戏沉迷的关键。

此外,家庭对网络游戏的管理需要在严格与宽松之间找到一个平衡点。家长应在时间、空间上进行合理限制,划定可玩游戏的时间段,并在非游戏时间对游戏设备进行管控。此外,对青少年可支配的零花钱进行管理也是避免过度游戏消费的重要措施。一方面,过于严格的管理可能会导致家庭关系紧张,尤其是在青少年叛逆期,这种紧张可能会加剧叛逆行为,成为游戏沉迷的诱导因素。另一方面,过于宽松的管理方式则可能使青少年有更多机会接触游戏或游戏设备,特别是当家长或长辈本人也是游戏玩家时,青少年容易更早地尝试游戏,并形成使用游戏的习惯。

本研究还表明,不同的家庭交流方式与青少年游戏沉迷之间存在显著关联。数据显示,那些表示自己与父母互不干涉的青少年游戏沉迷的比例最高,而完全听从父母安排的青少年游戏沉迷的比例次之。相比之下,那些表示与父母以朋友方式相处的青少年游戏沉迷的比例则相对较低。

因此,建议家长通过适度管控、平等交流的方式与青少年进行交流,在游戏使用方面达成共识。家长应对网络游戏的内容及机制有一定的了解,并正视网络游戏的优缺点,通过与孩子进行开放的沟通,尝试理解其使用网络游戏的原因与动机。在此基础上,引导孩子合理安排上网时段与设备使用时长,制定明确具体、可视化、书面化的规则,这对于培养青少年健康的上网习惯至关重要。

(二)学习环境对青少年网络游戏沉迷的影响与防沉迷治理策略

在考虑青少年网络游戏沉迷的因素时,学校环境的影响不容忽视。青少年在学校度过了他们的大部分时间,学校环境中的师生关系和管理方式对他们的行为模式产生了深远的影响。

其一,师生关系影响着青少年的游戏行为。研究表明,无论采取何种管理模式,良好的师生关系都能有效降低青少年参与网络游戏的程度,进而预防沉迷。良好的师生关系不仅让青少年感到被理解和接纳,还对其行为起到了制约作用。青少年通常希望维持良好的师生关系,满足老师的期望,这种心理动机在一定程度上限制了他们在网络游戏上的时间和精力投入。例如,有研究发现,教师的支持是抑制网络游戏沉迷的关键因素,当学生在学校生活中感受到较高水平的自主性时,他们更可能加大对学校活动的投入,从而降低网络游戏沉迷的发生概率。

其二,学校的管理方式同样影响着青少年的游戏行为。过于松散或严格的管理都难以有效预防学生的游戏沉迷。在学校环境中,由于教师需要同时管理多名学生,实施严格的管理措施往往具有挑战性。因此,建议学校采取以下策略:首先,学校应落实相关政策规定,并将这些规定融入校规,例如禁止学生携带电子产品进入校园;其次,学校应明确不鼓励校园内使用网络游戏的行为,并引导学生减少网络游戏的使用;最后,通过加强网络素养教育,提升青少年对网络信息的筛选能力和对抗网络游戏沉迷的能力,增强他们的自律意识和主体性。

综合以上分析,我们可以看到,学校环境对青少年网络游戏沉迷的影响是多方面的。通过建立积极的师生关系、采取恰当的管理策略,并通过教育提高学生的网络素养,学校可以在预防青少年网络游戏沉迷方面发挥关键作用。这些措施不仅有助于创造一个健康的学习环境,还能促进学生的全面发展,从而减少他们沉迷网络游戏的可能性。

(三)社交环境对青少年网络游戏沉迷的影响与防沉迷治理策略

在探讨青少年网络游戏沉迷的社交环境因素时,社会学习理论和同伴聚集理论提供了重要的视角。这些理论指出,青少年的社交圈,特别是他们的同伴关系,对其行为和兴趣有着显著的影响。当青少年结交了更多不良同伴时,他们在这些同伴的影响下,可能会更深地沉迷于网络游戏。

社交环境是青少年日常生活的重要组成部分,在许多情况下,青少年参与网络游戏不仅仅是出于对游戏本身的兴趣,更多地是为了与同学或朋友共享话题和休闲时间。这种社交驱动在一定程度上加剧了他们对网络游戏的依赖,特别是当他们的同辈群体也积极参与这些活动时。

在治理策略上,家庭和学校可以通过安排各种活动来干预青少年的社交环境。例如,增加青少年课余时间中的户外活动时间,鼓励他们参与羽毛球、足球、乒乓球等体育运动。多样化的体育活动不仅可以提升青少年的身体健康水平,还能帮助他们建立更健康的社交网络。通过对课余时间进行合理规划,将青少年的注意力从手机和网络游戏转移到其他活动上,不仅有助于减少他们对网络游戏的依赖,也有助于缓解他们在学习过程中承受的压力。在户外活动中,青少年有机会增加与同龄人的面对面互动,这有助于他们建立更为健康和积极的社交关系。通过参与集体活动,青少年能够体验团队合作的乐趣,这不仅有助于他们社交技能的发展,还能够减少他们对于虚拟世界的依赖。

综上所述,通过调整和优化青少年的社交环境,可以有效减少他们沉迷于网络游戏的风险。家庭和学校应共同努力,通过提供多样化的活动选择,引导青少年建立健康的社交网络,养成健康的生活习惯。此外,加强青少年的社交互动和体育活动参与,不仅有利于他们的身心健康,也有利于他们形成更加均衡的生活方式。

防治青少年网络游戏沉迷需要多元主体的共同参与和努力,家庭、学校、社交环境及政府的协同作用对于构建一个全面的支持系统至关重要。在我国的防沉迷治理历程中,政府在青少年网络游戏沉迷的预防和治理中扮演了主导角色。政府通过出台相关政策和法规,如实名制上网、限制游戏时间和内容、监管游戏市场等,不仅对游戏行业进行了有效监管,还为未成年人提供了更安全的网络环境。这些措施体现了政府对青少年健康成长和网络游戏行业健康发展的高度重视。

本章还通过探讨家庭、学校、社交环境等因素对青少年网络游戏行为的影响,提出了多项多元主体参与防沉迷治理的策略和方法。首先,家庭环境在防止青少年网络游戏沉迷中扮演着至关重要的角色。家庭陪伴和情感交流的质量直接影响青少年的心理健康和行为选择。家长的支持、理解和有效沟通对于引导青少年形成健康的网络游戏习惯至关重要。因此,提高家庭陪伴的质量、建立开放和坦诚的沟通环境,以及制定合理的网络游戏管理策略,对预防青少年的网络游戏沉迷具有重要意义。其次,学校作为青少年主要的社会化环境,对青少年网络游戏行为的影响不可忽视。良好的师生关系和恰当的管理方式可以有效减轻青少年参与网络游戏的程度。学校应采取综合措施,包括加强网络素养教育、制定合理的校规、鼓励健康的课余活动,以及建立积极的师生互动关系等,预防网络游戏沉迷。最后,社交环境对青少年网络游戏沉迷同样具有显著影响。通过促进健康的社交互动和组织多样化的集体活动,可以有效转移青少年对网络游戏的注意力,降低其沉迷风险。家庭、学校等主体应协同发力,为青少年提供丰富多彩的社交和娱乐选择,帮助其建立积极、健康的人际关系。

结　语

托尼·朱特说,他的学生30年以来一直向他抱怨:"你们当然容易啦",意思是"你们"这一代人有理想、有思想,你们相信某种理念、相信变革,而与此相对的"我们"却一无所有,这里的"我们"包括00后、90后和80后们。托尼说:"如果今天的年轻人陷入迷惘,并不是因为缺乏目标。和学生或小学生挑起任何话题,都可以引出令人触目惊心的一串焦虑。事实上,成长中的一代在敏锐地为它即将继承的世界而担忧。但是,伴随着这种担忧的,是一种普遍的沮丧情绪:'我们'知道有什么不对,很多我们不喜欢的东西。但是,我们该相信什么?我们怎么办?"①

如今的青少年并不缺乏了解世界的途径,也不缺少发现问题的敏感触觉,他们缺少的正是在这些问题逼近之下的一个出口。青少年沉迷游戏就像成年人嗜酒、嗜赌一样,是一种寻找生活出口的行为,越是压制,越难取得良好的效果。

网络游戏也非洪水猛兽,它与电视、电影、音乐在青少年中的流行具有同样的社会意义,是一代青少年共同的生活方式和记忆。

我们在定性研究中也发现,游戏是青少年心理年龄的映射。也就是说,游戏行为是随着游戏者的"长大"而改变的,并非相反的关系。事实上,通过对受访青少年的观察可以看到,往往是他们的现实经历,如跟随父母工作前往其他城市居住、外出打工和参与商业活动、照顾家中的弟弟妹妹等,使其表现出更为成熟的言行举止。

总而言之,通过这一次在全国范围内展开的调查与分析,我们希望澄清一些误解。与20世纪90年代游戏只是部分孩子的娱乐选择不同的是,在当前技术变革及由此带来一系列社会变迁的过程中,游戏尤其是手机游戏已经成为青少年日常生活中非常稳定的一种娱乐形式,我们必须转变那种认为游戏会带来负面影响的先验心态,而回到其日常

---

① 〔美〕托尼·朱特:《沉疴遍地》,杜先菊译,北京:中信出版社2015年版,第3页。

生活情境中,通过了解其日常生活形态考察其真实的使用动机、行为和心理。

技术发展意味着日常生活、社会结构甚至全球性的变迁,而要意识到这一切对青少年的影响并非那么容易。因为在宏观关注下,微观日常往往容易被忽略。"为什么使用游戏"问的就是一个微观问题。我们从青少年的日常生活世界出发,以学习情况、现实人际交往状况等青少年日常生活作为分类维度来探讨他们的游戏使用动机,其中还涉及他们因为学业表现不同而引发的社会支持之别在游戏使用动机方面的影响。这些因素在分析过程中都表现出一定的交织状况,因为它们本来就处于一个相互影响的过程中,错综复杂。

我们对游戏在青少年群体中的扩散进行了结构性的分析,从全国的数据和昆明市的数据所呈现出的扩散特征中,我们同样可以看到,政治、经济、文化因素在哪怕游戏接触这样一个普通的媒介产品使用上所体现出的群体差别。与传统观念不同,我们发现,最早接触游戏的恰恰是那些学业表现优异、拥有优质教育资源、生活在城市中的孩子。在游戏扩散的过程中,同样可以看到"信息鸿沟"的存在。随着网络的继续普及,截至我们在全国展开大规模调查的 2013 年,网络游戏在青少年群体中的扩散已基本完成。经济的、地理的差别开始不断缩小甚至消失,我们在一线城市到五线甚至以下城市所做的问卷、访谈中发现,青少年几乎都在玩相同的畅销游戏,只是因为年龄不同,选择的游戏略有差别。

在历程性地梳理之后,我们对当前青少年真实、具体、日常化的游戏行为进行了描述与分析。在这一过程中,我们发现大部分使用者只是再正常、再普通不过的孩子,他们关心自己在游戏中的形象,在乎自己的伙伴能否在游戏中进行合作,为了在游戏中换一套好看的衣服攒一点零花钱,和游戏中遇到的陌生小伙伴打一个招呼,在游戏的聊天室里和玩伴分享一点自己的生活。他们在意自己在游戏中的成绩,但更在意的是和自己的朋友们通过游戏联结在一起。

至于我们一直谈之色变的网络游戏沉迷,原因是多样和多层次的。行为与心理是两个主要的中介因素,其下的具体因素更不容忽视。实际上,从游戏产业入手规范游戏商家,如设置防沉迷措施等固然是一种有效的方式,但并不能从根本上解决问题;将问题归因于青少年心理转型期的某种特殊"病症"或"匮乏"虽然在心理学研究中是成立的,但是缺少人文关怀。事实上,青少年的生活环境、人际关系处境、家庭背景、学业表现等都构成了游戏使用、游戏高涉入,尤其是游戏沉迷的动因。如果游戏涉入的确发展到"问题"的程度,那么问题的解决不仅在于宏观上的责任归咎,更在于细微之处,即青少年真实生活的"近处"。

另外,需要澄清的一点是,在以往的研究中,网络游戏与沉迷之间的关系被过度地关注与强调,而伴随着游戏的日常化趋势,更多的青少年被卷入游戏世界。他们更多地是普通的孩子,而不再是过去的"坏孩子"。如何与一个喜爱玩游戏的孩子相处,是家长、学校需要适应和处理的问题。

在对互动模式的分析中,我们发现家庭的经济社会地位、教养方式显现出特殊意义。民主型家庭对孩子的管理更加平等、宽松,家庭和谐度较高,家长与孩子之间普遍可以就游戏使用进行交流和沟通。而专制型家庭和放任型家庭则没有这种氛围,家长一方面对游戏持非常深的刻板成见,另一方面又缺乏有效的管理经验,这使得青少年在家庭内寻求理解和引导的可能性减少甚至消失。

尽管社会环境与日常生活很难割裂,但日常生活更侧重面对面交往的人,也就是人际关系的第一层级,而社会环境更注重物化的氛围、场景。如果社会环境的长期改善能够从根本上改善青少年的游戏沉迷现象,那么青少年对日常生活中的短暂而剧烈的事件更加敏感。

成长期的青少年的自身需求时常是摇摆而模糊的,他们感到空虚却不知道需要什么。对青少年的引导是不可或缺的,也是决定青少年能否合理使用游戏的关键。家长、老师面对面的引导是一种方式,来自其他方面的引导则是不可控的另一方面。这方面的引导以网络环境中的玩伴为代表。同时,网吧"桌面"或"陌生人"是连接青少年日常生活和社会环境的桥梁,具有网络社会的"半熟社会"特征。家长、老师肩负了最多的引导责任,同时,网吧老板、邻座网友、游戏电商毫无疑问也很关键。很多青少年玩家是从网吧的线上和线下宣传、陌生人网友处获取的游戏信息。这些不断变动的日常情境使我们意识到,不仅是青少年在面对这个陌生、新鲜的世界,家长、学校、其他社会机构和研究者同样需要对此有所知晓。其中所蕴含的对日常生活构成巨大扰动的因素,却可能是以最为平常的状态存在于青少年的生活之中的。如何在日常管理中注意到这些因素,并加以有效的预防与引导是十分必要的。

最后,我们需要看到的是,游戏并非洪水猛兽,游戏对于个体的意义其实在于个体对自己日常时间的安排与适应,对自己日常交往关系的维护,对自我塑造的需要,甚至只是为了满足好奇心。真正需要担心的并不是游戏本身,而是在研究中所体现出的其他因素如技术变迁带来的生活情境变化、城市化过程中的区域差异、学校管理方式的变化、对亲子关系的影响等,它们在青少年成长的各个方面都起着非常关键的作用,游戏使用只是冰山一角。通过游戏使用这一角,我们才知道如何在不断变化的时代中,留给孩子们真正的快乐与忧惧,真正的进步与风险,真正的拥有与缺失。

诚如米德所言,现代世界的另一个特点就是:"承认代与代之间的断裂,承认每一代新人都将经历技术不同的世界。"[①]我们希望,这是一个更美丽的世界。

---

① 〔美〕玛格丽特·米德:《代沟》,曾胡译,北京:光明日报出版社1988年版,第63页。

附录　样本分布

（一）全国青少年学生群体样本特征

性别与年龄

本次线上调查针对的是青少年学生群体。在所得样本中,男、女生的比例基本相当;男生占比为55.2%,女生占比为44.8%。

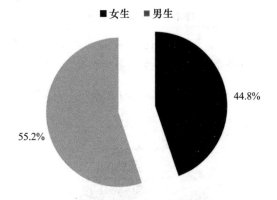

图Ⅰ-1　调查样本性别分布

在年龄方面,本次线上调查所得的青少年样本的年龄分布较均匀,12~18岁之间各年龄青少年所占的比例基本相当。

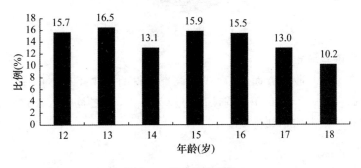

图Ⅰ-2　样本年龄分布

年级情况

本次线上调查主要针对小学高年级学生和初中、高中生,所得样本在各个年级均有一定比例的分布,其中小学六年级和初中三年级的学生占比较高,分别为22.8%和18.0%。

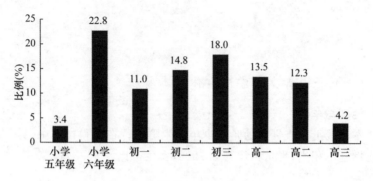

图Ⅰ-3 样本年级分布

本次线上青少年样本中,不住校的走读生占了大多数,比例超八成,达81.8%。另外18.2%的青少年则为住校生。

图Ⅰ-4 样本住校情况分布

家庭与城市

在家庭月收入方面,本次线上调查所得的青少年样本的家庭月收入分布在2 000~6 000元的区间内较为集中,家庭月收入在这一区间内的青少年占比达到了54.5%。

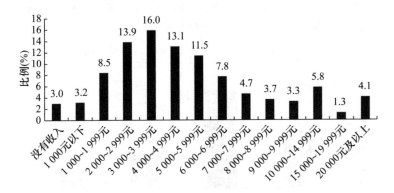

图Ⅰ-5 样本家庭月收入分布

本次线上调查所得的青少年样本中,独生子女与非独生子女的比例几乎相等,分别为50.5%和49.5%。

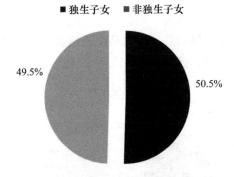

图Ⅰ-6 样本独生子女分布

在所在城市线级的分布方面,本次调查样本中五线城市青少年的比例达到了41.8%。在一线、二线、三线和四线城市上,样本分布较为均匀。

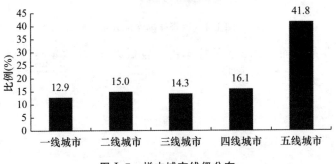

图Ⅰ-7 样本城市线级分布

关于家庭在城市中的位置,样本中近五成的青少年居住在非市中心的城区。居住在市中心的样本比例也较高,为27.1%。另外,样本中分别有16.6%和9.8%的青少年居住在城市的近郊和远郊。

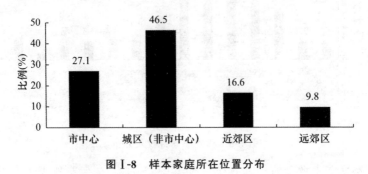

图Ⅰ-8 样本家庭所在位置分布

(二)昆明市学生群体调查数据的样本特征

性别与年龄

本次线下分层抽样调查针对的是中学生群体。在所得样本中,男、女生的比例基本相当;男生占比为51.4%,女生占比为48.6%。

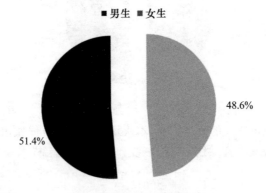

图Ⅰ-9 调查样本性别分布

在年龄方面,除12岁的样本占比较低以外,其他年龄的样本占比相差不大。

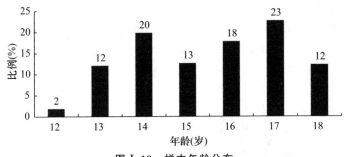

图Ⅰ-10 样本年龄分布

年级情况

本次调查在初中、高中的各三个年级进行,所得样本在各个年级均有一定比例的分布,其中毕业生年级(初中三年级和高中三年级)由于学习压力比较大,参加本次调查的比例比较低。初三的学生占5%,高三的学生占2%。

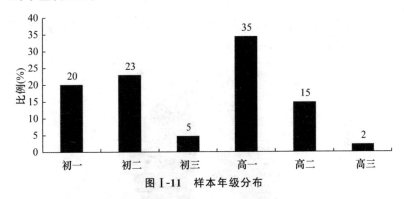

图Ⅰ-11 样本年级分布

本次线下调查所得的青少年样本中,住校和不住校的学生比例大致相当,住校生占48.4%,不住校的学生占51.6%。

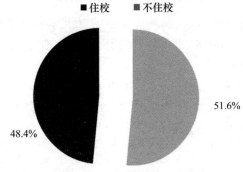

图Ⅰ-12 样本住校情况分布

家庭与城市

在家庭月收入方面,本次线下调查所得的青少年样本家庭月收入分布在 1 000~4 000 元的区间内相对较为集中,样本分布略微左偏,但总体而言比较合理。

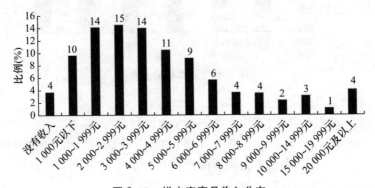

图 I-13 样本家庭月收入分布

本次线下调查的青少年样本中,独生子女与非独生子女的比例几乎相等,分别为 47.1% 和 52.9%。

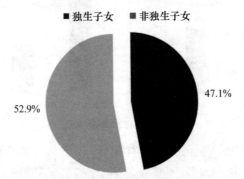

图 I-14 样本独生子女分布

在地区分布方面,本次调查样本中的青少年主要来自昆明市主城区,占到 57%;在副城区、远郊区县、云南省其他地方、云南省以外的地方的比例依次降低。

对于家庭在城市中的位置,样本中 35% 的青少年居住在非市中心的城区,居住在市中心的样本占比为 18%。另外,样本中分别有 26% 和 22% 的青少年居住在城市的近郊区和远郊区。

附录 | 样本分布

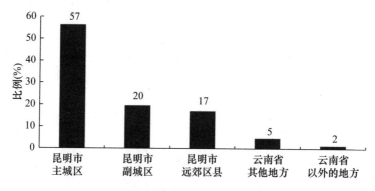

图Ⅰ-15 样本地区分布

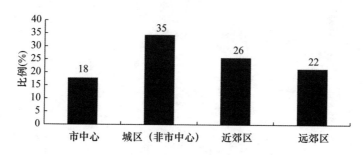

图Ⅰ-16 样本家庭所在位置分布